U0556108

# 跨境电子商务精细化运营管理研究

王夏　柴少宗　王珮 ◎ 著

中国商业出版社

## 图书在版编目（CIP）数据

跨境电子商务精细化运营管理研究 / 王夏， 柴少宗，王珮著 . -- 北京：中国商业出版社，2024.7. -- ISBN 978-7-5208-2951-9

Ⅰ . F713.365.1

中国国家版本馆 CIP 数据核字第 2024KW0720 号

责任编辑：李　飞

（策划编辑：蔡　凯）

中国商业出版社出版发行

（www.zgsycb.com　100053　北京广安门内报国寺 1 号）

总编室 :010-63180647　　编辑室 :010-83114579

发行部 :010-83120835/8286

新华书店经销

安徽中皖佰朗印务有限公司印刷

787 毫米 ×1092 毫米　　16 开　　13.25 印张　　273 千字

2024 年 7 月 第 1 版　　2024 年 7 月 第 1 次印刷

定价：58.00 元

\* \* \* \*

（如有印装质量问题可更换）

# 前　言

　　随着经济全球化、产业信息化的快速发展，跨境电商在世界经济发展中扮演着越来越重要的角色，世界各国都在大力推动跨境电商的发展，主动应对全球贸易新格局。跨境电商已经成为国际贸易领域极具竞争力的新业态、新模式、新引擎，是我国推进贸易强国建设、提升国际地位和影响力的重要选择。跨境电子商务在电子商务交易中起着网络中枢作用，在交易活动日益复杂化的趋势下，跨境电子商务分类也随之呈现出多样化的特点。我们在重视跨境电子商务发展的同时，要结合跨境电子商务运营模式的特点出台相应的法律法规，并强化对跨境电子商务平台的有效监管，使跨境电子商务积极创新运营策略，不断提高市场竞争力，稳步扩大发展规模，增强自身可持续发展能力。

　　本书是一本关于跨境电商精细化运营管理方面的书籍，首先对跨境电商进行简要概述，介绍跨境电商的概念与特征、跨境电商主要模式、跨境电商从业基本技能、跨境电商企业核心竞争力、跨境电商人才培养；其次对跨境电商运营管理的相关问题进行梳理和分析，包括跨境电商运营管理、跨境电商支付与物流管理、跨境电商供应链管理、跨境电商数据运营、跨境电商网络营销及策略；最后在大数据环境下跨境电商运营管理创新方面进行探讨。本书论述严谨，结构合理，条理清晰，内容丰富新颖，具有前瞻性，能够为跨境电子商务精细化运营管理提供翔实的理论知识。

　　本书在创作过程中参考了相关领域诸多的著作、论文、教材等，引用了国内外部分文献和相关资料，在此一并对作者表示诚挚的谢意和致敬。由于跨境电子商务精细化运营管理工作涉及的范畴比较广，需要探索的层面比较深，作者在撰写的过程中难免会存在一定的不足，对一些相关问题的研究不透彻，提出的优化提升路径也有一定的局限性，恳请前辈、同行以及广大读者斧正。

# 目  录

# 第一章 跨境电商概论

## 第一节 跨境电商的概念与特征

进入 21 世纪以来，随着互联网的普及和快速发展，全球经济各个领域已经进入了互联网时代，互联网已经成为国际贸易交易形式发展的新方向。

### 一、跨境电商概述

跨境电商，是指分属于不同国家的交易主体，通过电子商务手段将传统进出口贸易中的展示、洽谈和成交环节电子化，并通过跨境物流或异地仓储送达商品、完成交易的一种国际商业活动。从狭义上看，跨境电商近似于跨境零售电商，第一印象会想到洋码头、蜜淘等"海淘"平台，主要向中国消费者进口海外商品。但从广义上看，跨境电商指的是电子商务在对外贸易中的应用，是传统国际贸易商务流程的电子化、数字化和网络化。

从业务模式的角度分类，跨境电商可分为跨境零售电商（B2C 及 C2C）和跨境 B2B 电商，其中跨境 B2B 电商不仅包括通过跨境交易平台实现的线上交易部分，还包括通过线上进行撮合实现线下交易的部分。从关境角度分类，跨境电商可分为出口跨境电商和进口跨境电商。

#### （一）跨境零售电商

跨境零售中的跨境 B2C（Business-to-Consumer）电商，是指分属不同关境的企业直接面向消费者个人开展在线销售产品和服务，通过电商平台达成交易、进行支付结算，并通过跨境物流送达商品、完成交易的一种国际商业活动。

跨境 C2C（Consumer-to-Consumer）电商，是指分属不同关境的个人卖方对个人买方开展在线销售产品和服务，由个人卖家通过第三方电商平台发布售卖产品信息、价格等内容，个人买方进行筛选，最终通过电商平台达成交易、进行支付结算，并通过跨境物流送达商品、完成交易的一种国际商业活动。跨境 B2C 电商有以下三种物流模式：国际小包和国际快递、海外仓储、聚集后规模化运输。

国际小包包括中国邮政小包、中国香港地区邮政小包和新加坡邮政小包等，特点是运输时间长。国际快递有 DHL 和 EMS 等，特点是成本较高。这两种是最为传统且最简单直接的物流方式。对于众多未上规模的企业而言，国际小包和国际快递几乎是唯一可选择的物流方式。

海外仓储是指企业在国外预先租下仓库，以海运或空运的形式先把货物运达仓库，然后在接到客户订单后从仓库直接发货。要实现这一模式并不容易，因为虽然在海外建仓库运输成本会低很多，还可以提高物流速度，但建设成本和运营成本很高。

聚集后规模化运输有以下两种类型：一种是企业自身集货运输，这种物流运输模式主要适用于 B2C 平台本身即为外贸公司，企业自己从国内供应商处采购商品，通过自身的 B2C 平台出售给国外买家，通过买入卖出赚取利润差价；另一种是通过外贸企业联盟集货，主要是利用规模优势和优势互补的原理，将一些货物相似的小型外贸企业联合起来，组成 B2C 战略联盟，通过协定成立共同的外贸 B2C 物流运营中心。这种类型的缺点是有较长的运输周期和复杂的物流程序，并且企业在前期需要投入大量的资金，对于许多中小型外贸企业，这笔费用是难以承受的。

### （二）跨境 B2B 电商

跨境 B2B（Business-to-Business）电商，是指分属不同关境的企业对企业，通过电商平台达成交易、进行支付结算，并通过跨境物流送达商品、完成交易的一种国际商业活动，已纳入海关一般贸易统计。

### （三）跨境进出口电商流程

从跨境电商出口的流程看，生产商或制造商将生产的商品在跨境电商企业的平台上线上展示，在商品被选购下单并完成支付后，跨境电商企业将商品交付给物流企业进行投递，经过两次（出口国和进口国）海关通关商检后最终送达消费者或企业手中，也有的跨境电商企业直接与第三方综合服务平台合作，让第三方综合服务平台代办物流、通关商检等一系列环节，从而完成整个跨境电商交易的过程。跨境电商进口的流程除了与出口流程的方向相反外，其他内容基本相同。

## 二、跨境电商的特征

### （一）跨境电商与国内电子商务的区别

#### 1．业务环节的差异

国内电子商务属于国内贸易，而跨境电商实际上是国际贸易。较之国内电子商务，跨境电商业务环节更加复杂。需要经过海关通关、检验检疫、外汇结算、出口退税、进口征税等环节。在货物运输上，跨境电商通过邮政小包、快递方式出境，货物从售出到国外消费者手中的时间更长，因路途遥远，货物容易损坏，且各国邮政派送的能力相对有限，急剧增长的邮包量也容易引起贸易摩擦。国内电子商务发生在国内，以快递方式将货物送达消费者手中，路途近，到货速度快，货物损坏概率低。

#### 2．交易主体差异

电子商务交易主体一般在国内，国内企业对企业、企业对个人或者个人对个人。而跨境电商交易的主体是在关境之间，可能是国内企业对境外企业、国内企业对境外个人或者国内个人对境外个人，交易主体遍及全球，有不同的消费习惯、文化心理、生活习俗，这要求跨境电商对国际化的流量引入、广告推广营销、国外当地品牌认知等有更深入的了解，需要对国外贸易、互联网、分销体系、消费者行为有很深的了解，要有"当地化、本地化"思维，这都远远超出日常国内的电商。

### 3. 交易风险差异

国内生产企业知识产权意识比较薄弱，再加上跨境 B2C 电商市场上的产品多为不需要高科技和大规模生产的日用消费品，很多企业缺乏产品定位的意识，什么热卖就上什么产品，大量的低附加值、无品牌、质量不高的商品和假货仿品充斥跨境电商市场，侵犯知识产权等现象时有发生。在商业环境和法律体系较为完善的国家，很容易引起知识产权纠纷，后续的司法诉讼和赔偿十分麻烦。国内电子商务行为发生在同一个国家，交易双方对商标、品牌等知识产权有统一的认识，侵权引起的纠纷较少，即使产生纠纷，处理时间较短，处理方式也较为简单。

### 4. 适用规则差异

跨境电商比一般的国内电商需要适应的规则更多、更细、更复杂。跨境电商经营借助的平台除了国内的平台，还可能在国外平台上开展交易，国内的 B2B 及 B2C 平台已经很多，各个平台均有不同的操作规则，海外各国的平台及其规则更是令人眼花缭乱。跨境电商需要熟悉不同海内外平台的操作规则，需要具有针对不同需求和业务模式进行多平台运营的技能。

国内电子商务只需遵循一般的电子商务的规则，但是跨境电商要以国际通用的系列贸易协定为基础，或者是双边的贸易协定为基础。跨境电商需要有很强的政策、规则敏感性，要及时了解国际贸易体系、规则，进出口管制、关税细则、政策的变化，对进出口形势也要有更深入的了解和分析能力。

## （二）跨境电商和传统国际贸易的区别

### 1. 跨境电商的多边化

多边化，是指跨境电商贸易过程相关的信息流、商流、物流、资金流已由传统的双边逐步向多边的方向演进，呈网状结构。跨境电商可以通过 A 国的交易平台、B 国的支付结算平台、C 国的物流平台，实现与其他国家间的直接贸易。而传统的国际贸易主要表现为两国之间的双边贸易，即使有多边贸易，也是通过多个双边贸易实现的，呈线状结构。

### 2. 跨境电商的小批量

小批量，是指跨境电商相对于传统贸易而言，单笔订单大部分是小批量，甚至是单件。这是由于跨境电商实现了单个企业之间或单个企业与个人之间的交易，跨境电商与传统贸易方式相比，产品类目多、更新速度快，具有海量商品信息库、个性化广告推送、支付方式简便多样等优势，由于掌握更多的顾客数据，跨境电商企业更能设计和生产出差异化、定制化产品，更好地为顾客提供服务。

### 3. 跨境电商的高频度

高频度，是指跨境电商实现了单个企业或消费者能够即时按需采购、销售或消费。传统国际贸易模式下，信息流、资金流和物流是分离的，而跨境电商可以将信息流、资金流和物流集合在一个平台上完成，而且可以同时进行，因此相对于传统贸易而言，交易双方的交易频率大幅提高。

### 4. 跨境电商的透明度

透明度，是指跨境电商不仅可以通过电子商务交易与服务平台，实现多国企业之间、企业与终端消费者之间的直接交易，在跨境电商模式下，供求双方的贸易活动可以采用标准化、电子化的合同及提单、发票和凭证，使得各种相关单证在网上即可实现瞬间传递，增加贸易信息的透明度，从而减少信息不对称造成的贸易风险。特别是传统贸易中一些重要的中间角色被弱化甚至替代了，国际贸易供应链更加扁平化，形成制造商和消费者的"双赢"局面。通过电子商务平台，跨境电商大大降低了国际贸易的门槛，使得贸易主体更加多样化，丰富了国际贸易的主体阵营。

### 5. 跨境电商的数字化

数字化有以下两层含义：一是越来越多的传统跨境贸易借助于电子化平台开展，传统的贸易环节相关信息也更好地以无纸化的方式呈现；二是指随着信息网络技术的深化应用，数字化产品（软件、影视作品、游戏等）的品类和贸易量快速增长，且通过跨境电商进行销售或消费的趋势更加明显。与之相比，传统的国际贸易主要存在于实物产品或服务中间。

## 三、发展跨境电商的意义

第一，有利于主动应对全球贸易新格局，建设贸易强国。跨境电商作为全球外贸发展的新兴贸易形式，具有无边界、全球化的特性，为我国应对贸易新格局，避免被边缘化提供了新途径。做大做强无边界跨境电商，是与全球新贸易格局下主要国家与地区形成新型贸易关系的新途径，这不仅有利于主动应对全球贸易新格局，也有利于改变长期以来我国在传统国际贸易分工格局中处于低端的局面，构建全球化的自主销售终端，为我国从贸易大国向贸易强国转变贡献力量。

第二，有利于抢占全球跨境电商发展制高点，打造信息化强国。随着经济全球化和产业信息化的快速发展，跨境电商在世界经济中扮演着越来越重要的角色，世界各国都在大力推动跨境电商发展，并使之成为最强制造业，控制全球销售环节，进入别国市场的利器。目前全球已形成了亚马逊、eBay、Wish 等全球型跨境电商平台，并在这些平台上优先保护本国产业和商户。虽然我国电商交易量居全球第一，但跨境电商发展刚起步，基础较弱，障碍较多。若我国不加快发展跨境电商，掌握核心平台与技术，必将受制于人。国家建立跨境电商综合试验区，从国家战略高度谋划跨境电商发展，搭建具有全球竞争力的跨境电商平台，建立权威的全球跨境电商的大数据交易中心，建立服务全球的跨境电商服务体系，抢占境外市场，掌握跨境电商行业话语权和制高点，推动网络时代下我国产业信息化、国际化发展，有利于建设信息化强国。

第三，有利于赋能制造业，提升产业水平。传统企业借助跨境电商实际解决了以下三个问题：市场问题、利润问题、价值问题。市场问题：通过电子商务平台实现"买全球、卖全球"，大大扩展了市场信息的来源渠道，有效解决了企业因信息不对称带来的外贸订单减少的问题，不是没有市场，是没有发现市场。利润问题：互联网外贸能够使外贸链更加扁平化，充分减少了中间环节，直达客户终端，降低交易成本，有效解决了企业利润下降的问题，不是没有利润，是没有利润分配的话语权。价值问题：通过在线化、直接化的经营模式，自主掌握营销渠道，有利于企业创建自主品牌，摆脱"代工"和"价值链低端"困境，不是没有价值，是没有能力挖掘价值。

这种尴尬的背后，实质上是外贸在结构调整、转型升级方面遇到的突出问题。从当前中国外贸面临的困境看，市场订单不足、利润空间变小、产品价值低端，这是困扰外贸企业发展的三大难题。

如何破解难题？从跨境电商发展来看，当前跨境B2B形态日渐成熟，从信息发布1.0时代，部分流程在线化的2.0时代，发展到今天的3.0时代，实现信息发布、合同达成，最终形成互联网的完整闭环，依托电子商务开展企业之间的大规模跨境贸易已经水到渠成，这就是互联网带来的商业变迁，这就是互联网带来的贸易革命，势不可当。

第四，有利于探索网络时代下政府行政监管方式的创新。现行的管理体制、政策、法规及现有环境条件已无法满足其发展要求，按传统贸易方式监管，普遍存在"通关难、结汇难、退税难"等问题。在跨境电商发展过程中，积极探索并解决其面临的"关""税""汇""检""商""物""融"等方面的障碍，并建立全程监管标准体系，有助于促进跨境电商规范化、便利化发展，有助于深化国际贸易领域和电子商务领域新一轮监管体制的改革。

# 第二节　跨境电商主要模式

## 一、跨境电商主要模式介绍

### （一）根据商品流向可分为跨境进口和跨境出口

1. 跨境进口

跨境进口的传统模式是海淘，即中国国内消费者直接到外国B2C电商网站上购物，然后通过转运或直邮等方式把商品邮寄回国的购物方式。除直邮品类之外，中国消费者只能借助转运物流的方式完成收货。

主要的跨境进口模式还有"直购进口"模式和"保税进口"模式。"直购进口"模式是指符合条件的电商平台与海关联网，境内消费者跨境网购后，电子订单、支付凭证、电子运单等由企业实时传输给海关，商品通过海关跨境电商专门监管场所入境，按照个人邮递物品征税。

"保税进口"模式则是指国外商品整批抵达国内海关监管场所——保税港区，消费者下单后，商品从保税区直接发出，在海关、国检等监管部门的监管下实现快速通关，能在几天内配送到消费者手中。

**2. 跨境出口**

跨境出口是指国内电子商务企业通过电子商务平台达成出口交易、进行支付结算，并通过跨境物流送达商品、完成交易的一种国际商业活动。

### （二）根据交易主体可分为跨境一般贸易和跨境零售

**1. 跨境一般贸易**

跨境一般贸易也称为跨境B2B贸易，是指分属不同关境的企业对企业，通过电商平台达成交易、进行支付结算，并通过跨境物流送达商品、完成交易的一种国际商业活动。已纳入海关一般贸易统计。

B2B跨境电商或平台所面对的最终客户为企业或集团客户，提供企业、产品、服务等相关信息。目前，中国跨境电商市场交易规模中B2B跨境电商市场交易规模占总交易规模中90%以上。在跨境电商市场中，企业级市场始终处于主导地位。

**2. 跨境零售**

跨境零售又可分为跨境B2C和跨境C2C。相关内容前文已有介绍，这里不再赘述。

### （三）根据服务类型可分为信息服务平台和在线交易平台

信息服务平台主要是为境内外会员商户提供网络营销平台，传递供应商或采购商等商家的商品或服务信息，促成双方完成交易。

在线交易平台不仅提供企业、产品、服务等多方面信息展示，并且可以通过平台线上完成搜索、咨询、对比、下单、支付、物流、评价等全购物链环节。在线交易平台模式正在逐渐成为跨境电商中的主流模式。

### （四）根据运营方式可分为第三方开放平台和自营型平台

第三方开放平台是指平台型电商通过线上搭建商城，整合物流、支付、运营等服务资源，吸引商家进驻，为其提供跨境电商交易服务。同时，平台以收取商家佣金及增值服务佣金作为主要盈利模式。

自营型平台是指自营型电商通过在线上搭建平台，平台方整合供应商资源通过较低的进价采购商品，然后以较高的售价出售商品，自营型平台主要以商品差价作为盈利模式。

## 二、不同模式的主要代表企业介绍

### （一）阿里巴巴（Alibaba）

阿里巴巴的跨境电商业务分为国际站和"速卖通"。阿里巴巴国际站是全球最大的B2B贸易市场，其注册企业会员超过230万人，覆盖超过200多个国家和地区，覆盖超过34个进出口行业。它曾连续7年被美国《福布斯》杂志评为全球最佳B2B网站，是帮助中小企业拓展国际贸易的出口营销推广服务平台，它基于全球领先的企业兼电子商务网站阿里巴巴国际站贸易平台，通过向海外买家展示、推广供应商的企业和产品，进而获得贸易商机和订单，是出口企业拓展国际贸易的首选网络平台。

阿里巴巴国际站提供一站式的店铺装修、产品展示、营销推广、生意洽谈及店铺管理等全系列线上服务和工具，帮助企业降低成本，高效率地开拓外贸大市场。在阿里巴巴国际站，海外买家可以寻找、搜索卖家并发布采购信息，卖家可以寻找、搜索买家并发布公司产品及产品信息。阿里巴巴国际站作为B2B交易平台，为买家、卖家提供了沟通工具、账号管理工具，为双方的网络交易提供了诸多便利。

"速卖通"也是阿里巴巴旗下面向全球市场打造的在线交易平台，被广大卖家称为国际版"淘宝"。

"速卖通"是俄罗斯最受欢迎的跨境网购平台，交易额占俄罗斯跨境网购市场总值的35%，紧随其后的是eBay，所占的比率为30%，亚马逊为7.5%。"速卖通"不仅拥有英文主站，还拥有俄语、葡语分站，并计划建立印尼分站，有向东南亚扩张的趋势。

"速卖通"的优势在于平台交易手续费率低，和其他竞争对手相比有明显的优势。丰富的淘宝商品资源，其淘代销功能使得卖家可非常方便地将淘宝商品一键卖向全球，"速卖通"为卖家提供一站式商品翻译、上架、支付、物流等服务。凭借其阿里巴巴国际站的知名度，再加上各大洲相关联盟站点、谷歌线上推广等渠道，为"速卖通"引入源源不断的优质流量。

### （二）eBay

eBay是在线交易平台的全球领先者，利用其强大的平台优势和旗下全球市场占有率第一的支付工具PayPal，为全球商家提供网上零售服务。通过eBay的全球平台，中国卖家的支付、语言、政策、品牌、物流等问题得到很好的解决，同时在出口电商网络零售领域发挥自身优势，将产品销售到世界各国，直接面对亿万消费者。中国卖家可通过eBay推广自己的自有品牌，提升世界认可度。eBay也帮助买卖双方削减中间环节，创造价格优势，降低运营成本。

eBay对进驻其平台进行跨境电商交易的商家收取两项费用：一项是刊登费，即商家在eBay上刊登商品所收取的费用；另一项是成交费，即当交易成功时，会收取一定比例的佣金。

eBay的优势在于品牌的国际影响力和全球市场覆盖率，健全的买家保障体系和PayPal支付的紧密合作。在物流方面，eBay联合第三方合作伙伴中国邮政速递，为中国卖家提供便捷快速经济的国际 e 邮宝货运服务，并逐渐从美国、澳大利亚、德国等发达国家向俄罗斯等新兴市场延伸。eBay 推出的卖家保护政策，通过大数据技术及买家质量评估，强化对卖家的支持和保护，助力卖家业务的快速发展。

### （三）亚马逊（Amazon）

亚马逊以优质的仓储物流系统和售后服务体系闻名于世，除了自营业务外，还对第三方卖家开放。根据卖家选择的服务不同，亚马逊采用不同的收费模式。卖家在亚马逊的全球网站开店，亚马逊收取平台的月费和交易佣金，无交易则不收取交易佣金。选择亚马逊物流的卖家加收仓储和物流费用。自主配送的卖家选择的配送服务，必须符合亚马逊对服务质量的相关要求。

亚马逊的优势在于品牌国际影响力和优质的买家服务体系，以及领先的国际物流仓储服务。亚马逊在北美市场提供 FBA 服务，能实现 2～3 天到货，最快次日送货；在欧洲市场，可以帮助卖家实现欧洲 5 国（英国、法国、德国、意大利、西班牙）的统一仓储和物流服务，并可配送欧盟其他国家，方便卖家向亚马逊欧洲网站的顾客提供本地化客户服务及快捷的送货服务。亚马逊平台提供免费的站内推广服务，以及向消费者精准推荐商品的服务。

### （四）环球资源（Global Sources）

环球资源成立于 1970 年，2000 年在美国纳斯达克股票市场公开上市。环球资源是一家多渠道整合推广的 B2B 媒体公司，致力于促进中国的对外贸易，环球资源为其所服务的行业提供最广泛的媒体及出口市场推广服务，公司的核心业务是通过一系列英文媒体，包括环球资源网站、印刷及电子杂志、采购资讯报告、买家专场采购会、贸易展览会等形式促进亚洲各国的出口贸易。环球资源同时提供广告创作、教育项目和网上内容管理等支持服务。

未来规划方面，环球资源将继续扩大在线上外贸交易中枢的业务，在地区及行业层面上充分扩展其范围，以协助环球资源为贸易社群中所有成员提供一个全套的网络市场交易中枢。同时，环球资源将继续发展跨境业务，积极适应经济全球化的浪潮，大力开拓海外市场。

### （五）兰亭集势

兰亭集势是整合了供应链服务的在线 B2C 企业，拥有一系列的供应商，并拥有自己的数据仓库和长期的物流合作伙伴。兰亭集势以国内的婚纱、家装、3C 产品为主，这些产品毛利相对来说比较低，其盈利主要来源于制造成本的低廉与价格差。

兰亭集势的企业宣言是"One World One Market"，公司目标是通过创新的商业模式、领先的精准网络营销技术、世界一流的供应链体系，为全世界中小零售商提供一个基于互联网的全球整合供应链。在近期规划上，兰亭集势希望能把多年来精心打造的配送体系、本地化体系、客户支持体系及数据分析系统开放出来，为卖家所用。同时，随着国家对跨境电商的重视与扶持，兰亭集势已经与多地合作，走通了跨境电商出口退税流程。

在不久的将来，平台商家也有望自动享受到跨境电商的出口退税政策优惠。此外，基于现有顾客群和中国产品的特点，兰亭集势的开放平台刚开始专注于服装品类，以 15% 的分成方式与商家结算，不收取年费。

### （六）Wish

作为较新的电商平台，Wish 不得不说它是跨境电商移动端平台的一匹黑马：凭借仅 50 个人的团队，只用了 3 年时间，就成为北美最大的移动购物平台，95% 的订单来自移动端，89% 的商户来自中国，App 日均下载量稳定在 10 万人左右，注册用户数超过 3300 万，日活跃用户 100 万人，重复购买率超过 50%，向卖家收取高达 15% 的佣金费率……

Wish 的优势在于坚持追求简单直接的风格，不讨好大卖家，也不扶持小卖家，全部通过技术算法将消费者与想要购买的物品连接起来；卖家进驻门槛低、平台流量大、成单率高、利润率远高于传统电商平台；与 PC 端展开差异化竞争，利用移动平台的特点，卖家不用以牺牲产品价格来取胜。

# 第三节 跨境电商从业基本技能

## 一、跨境电商公司主要岗位介绍

### （一）初级岗位

初级岗位的特点是掌握跨境电商技能，懂得"如何做"跨境电商。

#### 1. 客户服务

能采取邮件、电话等沟通渠道，熟练运用英语及法语、德语等小语种和客户进行交流，还需要了解不同国家的法律，能够处理知识产权纠纷。

#### 2. 视觉设计

既精通设计美学又精通视觉营销，能拍出合适的产品图片和设计美观的页面。

#### 3. 网络推广

熟练运用信息技术编辑、上传、发布产品，利用搜索引擎优化、社区营销、数据分析方法进行产品推广。

### （二）中级岗位

中级岗位的特点是熟悉现代商务活动，掌握跨境电商运营和管理知识，懂得跨境电商"能做什么"。

#### 1. 市场运营管理

既精通互联网，又精通营销推广，了解当地消费者的思维方式和生活方式，能够运用网络营销手段进行产品推广，包括活动策划、商品编辑、商业大数据分析、用户体验分析等。

2. 采购与供应链管理

所有电商平台的成功都是供应链管理的成功,跨境电商从产品方案制订、采购、生产、运输、库存、出口、物流配送等一系列环节都需要专业的供应链管理人才。

3. 国际结算管理

灵活掌握和应用国际结算中的各项规则,有效控制企业的国际结算风险,切实提升贸易、出口、商品及金融等领域综合管理能力和应用法律法规水准。

### （三）高级岗位

高级岗位的特点是熟悉跨境电商前沿理论,能够从战略上洞察和把握跨境电商的特点和发展规律,具有前瞻性思维,引领跨境电商产业发展,懂得"为什么要做跨境电商"。主要包括熟悉跨境电商业务的高级职业经理人,以及促进跨境电商产业发展的领军人物。

目前众多跨境电商企业多处于初创阶段,客服人员、视觉设计人员、网络推广人员等是最迫切需要的初级人才。随着企业向纵深方向发展,竞争不断加剧,负责跨境业务运营的商务型中级人才需求也会越来越迫切。而有 3～5 年大型跨境电商企业管理经验,能引领企业国际化发展的战略管理型高级综合人才更是一将难求。

## 二、跨境电商的从业基本技能要求

### （一）素质要求

①遵守法规。严格遵守国家信息和互联网的相关法律法规,具有较高的网络文化素养和网络行为文明素质,具备跨境电商领域相关的诚信与信用素养、信息安全与保密素养。②职业素养。具有良好的道德素养、人文素养、科学素养和职业素养,具备较高的网络沟通素质。③具备良好的人际沟通素质和团队合作精神。

### （二）能力要求

①具有 Office 工具使用、PPT 制作、简单图片处理及外语听、说、读、写能力;②具有用互联网思维来处理网络商务活动的能力;③具有较强的跨境电商业务操作能力和市场拓展能力;④具有较强的商务大数据分析能力;⑤具有从事国际企业经营的跨文化管理与沟通的能力;⑥具有利用创造性思维方法开展科学研究的能力,以及基于多学科知识融合的创意、创新和创业能力。

### （三）知识要求

①牢固掌握现代管理、网络经济和信息技术相关的基本理论和专业知识;②掌握跨境电商基本理论和方法,了解快速发展的跨境电商新兴产业相关动态;③熟悉我国电子商务对外贸易的方针政策和法规,精通各国法律、惯例和准则;④了解全球主要国家和地区的经济发展、风俗习惯、消费习俗;⑤掌握电子商务企业管理相关知识,注重技术创新,把握商业模式创新动态。

### （四）跨境电商从业者的七项必备技能

①外语交流：良好的外语是做好跨境贸易的必要条件。尤其是英语，英语是最为普及的国际通用语言，只有具备基本的英语交流与沟通技巧，才有资格进入跨境电商领域。

②贸易实务：一名跨境电商从业人员首先应懂得外贸流程与操作，了解信用证和通关业务，精于处理复杂的客户投诉。更进一步地，应知道如何设计和策划企业国际推广方案，如何快速提升出口业绩，如何进行企业外贸团队建设和管理，如何建设欧美渠道等方面的贸易实务知识和能力。

③行业背景：努力研讨、熟记产品资料、说明书、广告等，注意收集竞争对手的广告、宣传资料、说明书等，加以研究、分析，真正知己知彼，采取相应对策。平时多读有关经济、销售方面的书籍、杂志，阅读报纸，了解国家、社会消息、新闻大事，这往往是拜访客户最好的话题，且不致孤陋寡闻、见识浅薄。

④国际营销：做跨境电商要懂得电子商务的方法和技巧，如怎样在阿里巴巴国际站发布高质量的产品信息，怎样提高搜索引擎 SEO 的排名，怎样提炼关键词，怎样提高询盘转化率，怎样做 P4P 和诚信通等国际网络营销的技能。

⑤法律法规：由于电子商务的发展，全球贸易规则正在发生巨大的变化，跨境电商从业者需要及时了解国际贸易体系、政策、规则、关税细则等方面的变化。对进出口形势也要有更深入的了解和分析，避免在跨境贸易中出现侵权行为。

⑥人文地理：跨境电商从业者需要对海外贸易、互联网、分销体系、消费者行为有很深的理解，对世界各国人民的风俗人情、购物习惯都得有一定的了解。

⑦良好心态：跨境电商从业人员应该具备较好的心态和性格特征，要善于和客户沟通，处理各种纠纷。更要时刻保持高涨的工作热忱和激情，做事持之以恒，不因一时的失败而气馁。

## 三、外贸企业电子商务部门岗位介绍

### （一）电子商务主管、经理岗位

#### 1. 岗位职责

①协助总经理制定年度销售目标；②保证每月销售额达到预期目标；③每月与本部门人员进行实质沟通，分析和交流现存问题；④帮助本部门人员解决工作中存在的问题；⑤从实际出发，安排好每个岗位人员的工作任务和内容；⑥督促本部门人员完成工作，并随时加以鼓励或指导；⑦做好与总经理之间的沟通，制订企业品牌网络营销方案，制订宣传推广计划，并传达到相关部门执行；⑧维护供应商与客户的关系；⑨完成上级临时指派的其他工作任务。

#### 2. 任职要求

①大专以上学历，三年以上电子商务主管工作经验；②熟悉直通车、钻石展位、网络搜索引擎，擅长 SEO 熟悉网络推广模式，了解行业现状与发展趋势，具备网络社区或

电子商务网站运营策划经验;③熟悉主要的外贸电商平台运营环境、交易规则、推广方法;④具有良好的文案撰写能力,善于运用语言文字打动买家,熟悉各大论坛的运作情况;⑤负责网络营销及推广方案的制订与实施,编制推广费用预算,审核广告投放数据和进度,通过策划各类活动,结合互联网资源,进行有效的广告宣传和促销推广。

### 3. 具备技能

组织领导能力:决策能力、管理能力、沟通协调能力。解决问题能力:计划能力、创新能力、执行力。

## (二)业务员岗位

### 1. 岗位职责

①完成每月的销售定额目标;②对客户提出的问题耐心、仔细、迅速地解答;③维护好与新老客户的关系;④建立客户档案跟踪售后服务信息。

### 2. 任职要求

①大专以上学历,国际贸易或相关专业毕业,两年以上工作经验;②英语听、说、读、写能力达到六级水平以上;③好学、上进,具备良好的沟通能力和销售技巧,性格开朗乐观,有较强的工作责任心。

### 3. 具备技能

沟通协调能力、谈判能力、解决问题能力、创新能力。

## (三)网络运营组长岗位

### 1. 岗位职责

①制订行之有效的推广计划;②精通 Google、Yahoo、Baidu 等搜索引擎的相关知识,以及 Alexia 排名机制和优化原则;③利用各种互联网资源、网络媒介推广企业品牌、产品及服务,提高企业网络曝光度、知名度和美誉度;④提出富于创意的网络推广方案并能高效推动方案的执行;⑤完成上级临时指派的其他工作任务。

### 2. 任职要求

①大专以上学历,电子商务专业,两年以上各类网络推广经验、网络营销工作经验,文字功底扎实,有较强的策划、文案撰写能力,能够独立策划并撰写活动文案,书写各种宣传文件;②精通 SEO 优化技术和部署技巧,熟悉网络和论坛,熟悉网络营销手段和策略,能根据要求提高关键词排名;③具备多种迅速提高网络人气的技能,如微信、微博、软文、博客、SNS 社区等;④熟悉相关网络广告投放者,有成功网站 SEO 推广经验和丰富的互联网资源者(如网站站长、联盟、网络资源等)优先。

### 3. 具备技能

沟通协调能力、管理能力、培养下属能力、学习能力、创新能力、执行力、计划能力。

### （四）网络推广岗位

**1. 岗位职责**

①利用微信、博客、微博、论坛、BBS 等多种网络推广方式，进行相关产品推广工作；②运用多种网络手段，提高网站访问量及传播效果；③分阶段按时完成网络推广任务，定期或不定期地对推广效果进行跟踪、评估；④对网站的流量负责；⑤及时提出网络推广的可行性建议；⑥完成上级临时指派的其他工作任务。

**2. 任职要求**

①一年以上推广发帖工作经验；②了解网络推广，了解各大论坛、博客、SNS、微信等一些网络推广手段和方向；③有较强的责任心和耐心，较好的书写能力；④有电子商务行业推广工作经验或专职网络推广经验者优先。

**3. 具备技能**

团队协作能力、学习能力、创新能力、执行力、计划能力。

### （五）网站建设主管岗位

**1. 岗位职责**

①分析现有网站资源是否能满足企业需求；②负责网站的设计、建设及日常的维护与更新；③对网站系统数据库进行日常管理，统计数据库中的相关信息；④负责网络运行的安全性、可靠性及稳定性；⑤负责网站的链接、广告交换和网站层面的合作推广工作；⑥负责软件开发工作；⑦负责电脑硬件和软件的维护；⑧完成上级临时指派的其他工作任务。

**2. 任职要求**

①大专以上学历计算机软件开发专业；②两年以上相关工作经验；③能独立完成网站设计及软件开发项目；④能承受工作压力，有较好的工作责任心。

**3. 具备技能**

管理能力、专业知识技能、创新能力、执行力、计划能力、解决问题能力、培养下属能力。

### （六）网络程序员岗位

**1. 岗位职责**

①协助主管建立、开发企业网站；②保证企业网站正常运行；③定期对网站进行维护、更新；④协助主管做好软件开发工作；⑤完成上级临时指派的其他任务。

**2. 任职要求**

①一年以上网络开发经验，熟悉软件开发过程和软件工程方法，熟悉软件开发工具使用；②熟悉 SQL Server 数据库系统的开发与应用，有较强的编程语言功底，熟悉 C++、ASP.NET、JavaScript.XML、Html；③熟悉相关工具的使用，如 PowerDesigner、

Vision Project、VSS 等；④有大型专业网站开发经验者优先。

### 3. 具备技能

专业技能、团队协作能力、创新能力、分析能力、概括能力、判断能力、逻辑思维能力、沟通协调能力、执行力。

## （七）设计主管岗位

### 1. 岗位职责

①负责企业品牌形象设计；②进行网络项目的整体板式、风格设计，负责网页、专题设计和动态调整；③负责企业网站的网页设计，网页内容的更新和网站优化；④负责各类包装设计、平面设计；⑤负责各类活动的道具设计、美术陈列；⑥完成上级临时指派的其他工作任务。

### 2. 任职要求

①本科以上学历，视觉设计类专业，美术和电脑应用功底扎实；②精通 Web 网页设计原理，有良好的视觉设计能力，有优秀的布局感和色彩感，能够整体把握网站的风格和结构；③精通平面设计，熟练掌握 CorelDraw、PS、illustrator、Flash、Dream Weaver 等平面设计软件；④敬业爱岗、积极进取，富有灵感，能高质量、快速地实现设计创意；⑤具备网页制作和设计经验，有团队领导能力者优先。

### 3. 具备技能

管理能力、专业知识技能、创新能力、执行力、计划能力、解决问题能力、培养下属能力。

## （八）美工岗位

### 1. 岗位职责

①负责优化、上传产品图片，更新库存；②协助主管完成对网店装修和各类美工工作；③协助主管完成各类活动的道具设计、美术陈列；④完成上级临时指派的其他工作任务。

### 2. 任职要求

①大专以上学历，视觉设计、平面设计类专业；②有较强的平面设计和美术功底；③熟练使用 CorelDraw、PS、Illustrator、Flash、Dream Weaver、Office 等常用的设计软件；④精通 Web 页面设计原理，有良好的视觉设计能力，有优秀的布局感和色彩感，能够整体把握网站的风格和结构；⑤具备网页制作和设计经验，有团队领导能力者优先。

### 3. 具备技能

专业技能、团队协作技能、创新能力、执行力、沟通协调能力。

### （九）摄影岗位

**1. 岗位职责**

①负责产品照片的拍摄工作及后期的制作；②对拍摄出来的图片做好分类、上传工作；③测量产品尺寸；④完成上级临时指派的其他工作任务。

**2. 任职要求**

①大专以上学历，一年以上影棚的拍摄经验；②具备扎实的美术功底，对色彩感觉强烈，对视觉表达有独特的观点；③积极热情，具有职业道德和良好的行业素质；④有较强的团队意识，能承受较大的工作压力。

**3. 具备技能**

专业技能、团队协作技能、创新能力、执行力、沟通协调能力。

# 第四节　跨境电商企业核心竞争力

## 一、开放心态，成为数据的"既得利益者"

### （一）挡不住的数据热潮

历经半个世纪的发展之后，数据已经深深地渗透到人类经济社会的各个角落，成为企业重要的生产要素。根据美国学者对 179 家大型企业进行的研究，采用"数据驱动型决策"模式的企业生产力普遍可以提升 5 ～ 6 个百分点。数据经济相对传统的实体经济越发显示出其价值。可以看到，数据时代已经到来，各种数据服务将越来越丰富，企业越来越离不开数据，这已经成为企业未来生存发展的重要因素。

### （二）先发占优的数据时代

传统的国际贸易中，每一笔交易产生的数据都被埋没了，无法为企业带来新客户和新订单。跨境电商中，交易线上化之后，历史成交的订单就成了"活"的动态数据。在这种机制下，积累数据越多（信用保障额度就越高），交易评价越多，买家的信任度就越高，订单的成功率就越高，这样的良性循环可以真正促进中小企业发展并拉动出口。

对于企业而言，要认识到：①在很大程度上，企业未来的竞争力是建立在数据上的，数据积累得越充分，获取订单的成功率越高；②数据积累具有很强的先发优势，企业早重视、早推动，有利于在竞争中建立优势，形成良性循环，进一步做大企业。

## 二、聚焦核心竞争力，利用生态圈谋求发展

传统的国际贸易中，"木桶原理的短板理论"是企业界的一个普遍的观点，认为一个企业的核心竞争力不取决于桶上最长的板块，而取决于这只桶上最短的那块木板。如果最短的桶壁只有最长桶壁的一半，那么这只木桶只能装一半的水。所以运作企业，应当关注弱项，增强企业竞争力和抗风险能力。但在跨境电商时代中，企业作业依托大平台，

拥有丰富的外部协作体系，"木桶原理的短板理论"变得不再适用。

## （一）跨境电商中的"长板理论"

传统的国际贸易中，终端客户与生产商的信息不对称，从而形成消费市场区域分割与生产模块化。在这个背景下，全球分工协作体系出现了"不同区域之间"和"大小企业之间"的不平衡。

跨境电商时代中，传统国际贸易下的分工体系被互联网破解了，去中心化的趋势越来越明显，逐渐转变为以用户为中心的全新格局。

在新技术的推动下，国际贸易分工体系在全世界范围内统一分工，形成"分布式、协同商业价值网"，其主要特征有以下几个方面。

### 1. 分布式、多中心的架构

每一个企业都可能在网络的支持下成为一个经济中心。跨境电商更多依赖范围经济而非规模经济，不需要通过集中来追求规模效应。

### 2. 网状结构

社会化大分工从金字塔结构、链式结构转变为网状结构。各个企业通过数据共享，在价值链上展开协作，从而大幅提升协同和决策的效率。企业价值更多地通过网状协同，而非某个大企业对价值链的控制来实现。

### 3. 开放体系

互联网降低了企业之间的交易成本，使其远小于企业内部的管理成本，因此企业更倾向于把非核心的价值链环节移交给市场，由社会化的市场交易来完成。

在"分布式、协同商业价值网"的大背景下，"木桶原理的短板理论"不再适用。对于企业而言，最重要的是找到自己有别于他人的核心竞争力（缺乏核心竞争力的企业，将很难在跨境电商时代立足），然后通过不断整合他人的长板和资源进行最优配置，实现企业的突破式发展。这就是跨境电商时代中企业都应该掌握的"长板理论"。

## （二）跨境电商的生态圈资源

跨境电商的蓬勃发展促进了综合服务、跨境分销、跨境支付、跨境物流、咨询培训、数据服务、资本网络等生产型服务业的发展，目前已经形成一个巨大的产业。

综合服务主要是为出口企业提供通关、退税、结汇的一站式服务，并在此基础上提供相应的物流、金融等增值服务的模式。综合服务可以帮助 B2B 交易双方提高通关效率，降低成本实现一站式通关、退税和结汇。

跨境分销主要指跨境电商专业卖家基于自身强大的引流能力及运营经验，为制造业企业提供的以平台销售为主，包括物流、客服、融资为一体的跨境电商全方位服务。跨境分销可以有效地帮助制造业企业降低门槛，迅速地在各大跨境电商平台进行铺货。

跨境支付目前主要是支持跨境 B2C 业务和 B2B 中的小额批发、交易业务。主要以第三方支付工具（如国际支付宝 Escrow、PayPal 等）和信用卡支付。第三方支付工具的跨境支付，还能提供相应的交易优化和保障服务，如对部分卖家提供提前放款业务（对于信誉较高的卖家，在买家还没有收到货之前，提前放款给卖家，从而提高卖家的资金周转率）。

跨境物流的服务方式多样化，从运输角度而言，包括：①以 B2B 业务为主的海运、海运拼箱等业务；②支持 B2B 小额业务及 B2C 和 C2C 业务的小包、快递等服务。除此之外，跨境仓储业务也在快速发展，各类海外仓模式日趋成熟，有助于进一步帮助卖家降低跨境物流的成本，优化买家的客户体验。

除以上 4 种服务外，围绕跨境电商衍生的代运营、关键词优化、人力资源、咨询、培训、数据服务、国际法律顾问等专业服务也发展迅猛，可以从跨境电商产业的各个角度为企业提供无微不至的服务。

因此，对于跨境电商的从业企业而言，需要做的是：①找准自己有别于他人的"长板"，以客户需求为中心，通过不断聚焦加强自身的优势；②利用好跨境电商生态圈资源，让专业的人做专业的事，使自身的利益实现最大化。

### 三、做好跨境电商，老板的位置与担当

在推动跨境电商的发展时，很多老板都期望通过找到"对的人"，一劳永逸地解决问题，从而快速实现企业的突破式发展，但实际情况往往是令人失望的。

在商业世界中，"灵丹妙药"从来不会奏效，因为这不符合企业可持续发展的系统性和复杂性。如果真的有"对的人"，可以解决跨境电商中遇到的一切问题的话，那么这个人只会是自己：一个有着敬畏之心、实事求是、踏实干事的自己。

#### （一）电商老板的新定位

跨境电商是新生事物，缺乏成熟的理论体系和套路。总的来说，从全国范围来看，跨境电商才刚起步，规则、模式、玩法还在不停地变化中。目前，跨境电商领域没有人是绝对的权威，因此即使你是从零开始，与领先者也只有很小的差距。

跨境电商汇聚并储存了海量的生产信息、交易信息、客户信息，这些数据经过分析之后将成为企业最重要、最核心的生产要素，可以应用于生产、销售、金融、物流等多个环节。从这个角度来看，跨境电商对于企业的意义已经远远超越渠道，而成为一个战略问题。

对于传统企业（特别是传统制造业企业）而言，跨境电商不仅与销售相关，还与以下因素相关：①与研发相关，对客户数据的收集与分析，缩短了企业的研发周期；②与生产相关，改变了企业传统"大批量、规模化"的生产方式，有利于进行柔性制造；③与营销、品牌相关，降低了营销成本，提升了企业的客户服务能力，可以帮助企业实施质量和品牌战略。可以看出，跨境电商与企业的多个部门都紧密相关，需要较好的统筹协调才能得到最好的效果。

所以，在企业推动跨境电商的初期，基于重要性和统筹性的考虑，老板必须亲自主动担当，在艰难中重拾企业家精神，带领团队走向胜利。

### （二）电商老板的创业担当

**1. 老板要对跨境电商有独立的认知**

对于众多"50后""60后"，乃至"70后"的老板而言，跨境电商是一个全新的事物，理解起来有着诸多困难。在这种情况下，很多企业和老板都陷入了迷失、恐慌之中，急着找人，盲目尝试，最后失败的有之，步入歧途的有之，此刻老板最需要的就是独立思考的能力。

独立思考要坚守用户价值，以用户需求为准，要相信对待用户的唯一正确态度只有真诚，任何以牺牲用户价值为代价的交易最终都会导致失败。独立思考要针对实际问题，以企业真实存在的问题为出发点，而不是用新概念武装自己，更不能为了解决一个问题而制造出一个更大的麻烦。独立思考要目光长远，立足大势，小步快跑，而不是短线思维，为了暂时的流量牺牲可持续的利益。

**2. 老板要对新生事物心存敬畏，善于向外求索**

永远要对规律心存敬畏，你已做成的一切，都是规律作用的结果。千万不要认为自己已经掌握了规律，你掌握的顶多是规律的一个子集。千万不要认为自己之前成功了，未来也就一定会成功，对自己有信心没有错，但是对路径自信就有问题了。外部环境变化了，路径必然会随之变化。

老板要不断学习，要对别人的经验充满敬畏，以开放的心态接触跨境电商相关的专业机构，增强跨境电商圈子内的沟通。其实，跨境电商已有很多成熟的经验，学习先进可以少走弯路，减少试错时间。

**3. 老板要到听得见炮火声的地方去**

相较传统的国际贸易，跨境电商要求企业有一套快速的反应程序，可以将市场的最新数据反映到研发、生产、营销等各个部门中，从而及时满足全球客户的需求。

构建跨境电商中的快速反应程序有两个必要条件：了解企业跨境电商的运行规则与整体情况；可以统筹安排企业的各种资源。因此，作为企业中拥有最多权力和资源的人，老板应该走到听得到炮火声的地方去，以身作则，帮助企业走过做跨境电商的初期。

# 第二章 跨境电商人才培养

## 第一节 跨境电商人才的界定

### 一、跨境电商人才的相关定义

#### （一）人才

人才的概念，是随着时代的发展而不断变化的，而且在不同的层面人才的概念也并不相同。

首先，在国家层面上，20世纪80年代，我国首次把人才定义为具有中专以上学历和初级以上职称的人员。自此之后，人才内涵不断丰富，整个社会也逐渐形成了尊重人才、尊重知识的良好氛围。近几年，我国对人才的认定有了新的标准，认为人才是具有一定专业技能和专业知识并且能够发挥创造性价值而且对社会有贡献的人，更加侧重于人才的贡献性、专业性以及创造性这几个特征。

其次，从学术层面而言，对人才的定义为"能进行创造性劳动"，换言之是指能做到独立思考，有创新意识，从而可以为经济发展贡献力量的人才。

最后，在社会层面上，基本上是指具有一定学问、素质和学历的人。

#### （二）跨境电商人才

基于跨境电商的特点，跨境电商运营人才要熟练地掌握电子商务的专业知识，熟悉电子商务运营管理，以为不同语言环境的客户提供更优质的服务。随着时代的发展，仅仅掌握这些基本知识是不够的，还要熟悉国内外当季流行的主流产品、不同客户的需求特点，以及懂得不同国家的贸易实务。

总而言之，跨境电商人才指位于各类跨境电商企业集团、国家政府及社会组织等单位的跨境电商事务前线，能满足社会主义市场经济发展需求，具备优秀职业素养与技术能力的，熟悉国际贸易和电子商务的基本理论知识的，并能独立操作多种电商平台进行网络营销和创新创业活动的高素质技术服务型人才。

具体来看，跨境电商人才可分为入门级人才、中级人才和高级人才。通过学习并熟练使用跨境电商相关专业性知识及其延伸的相关技能的人才被划分为入门级别；而具有进一步探索如何跨境电商活动的能力以及能够采取一定行动实现目标的相关人才已达到中级水平；高级水平的跨境电商人才需要从战略性角度以及经济发展角度采取行动，创建相关合作平台，有目的地探索跨境电商行业的现状以及未来的发展趋势，精准明确地知道未来该如何运转此行业。

## 二、跨境电商人才的素养特征

### （一）较强的计算机操作能力

对于跨境电商的从业者而言，无论是前期的市场调查、跨境营销，还是中期与客户的沟通以及后台商品的管理等都需要熟练掌握计算机操作技巧，具备在阿里巴巴、中国制造网、环球资源网等跨境电子商务平台上进行营销运营的能力。因此，数字经济背景下，往往要求跨境电商的从业人才除了具备基本通用的计算机知识之外，还要能够在电脑端和移动端熟练操作各种专业软件。

### （二）较高的数据分析挖掘能力

跨境电子商务具有批量大、周期长、数据量大的特征。不同于国内贸易，跨境电子商务大多建构在虚拟环境中。因此，跨境电商人才需要通过数据挖掘技术，把握店铺的数据信息、了解消费者的消费偏好、分析市场趋向。因此，相对于传统的电子商务人才，数字经济背景下的跨境电子商务人才更需要注重数据要素的价值，要求能够借助数据分析工具，进行线上线下的大数据分析，挖掘海量数据内在的商业逻辑。

### （三）较高的语言应用能力

在跨境电商的背景下，由于会接触各式各样的消费群体以及企业，所以要求电商人才应当具有一定的外语沟通能力。外语种类不单单包括英语，还包括日语、西班牙语、法语、德语、韩语等各种语言，掌握程度也不仅仅是指日常对话，更要求对商贸交易的专业术语可以精准表达，从而确保业务谈判顺利进行。为此，数字经济背景下，跨境电商人才根据业务特征，需要了解两三种小语种的商务用语，以及熟悉各种翻译软件的应用方法，这些都应该是当前跨境电商人才必备的技能。

## 三、跨境电商人才核心矛盾

### （一）电商物流行业互信度低，人才交流成本高

跨境电商和国际物流企业间的互信程度不高、信息阻碍以及人才培养的不互通导致企业之间未能形成信息互通的协同局面。跨境电商和国际物流企业之间，由于管理人员对彼此的运营能力的了解不深入，双方之间的评估存在偏差。国际物流企业无法准确地预测跨境电商的交易规模，跨境电商企业无法准确地评估物流行业的承受能力以及配送网络的具体时效。行业之间的沟通效率低以及信息闭塞导致企业员工之间的非正式交流少、交流成本高，难以发挥知识的溢出效应，不利于行业的整体发展。例如，跨境电商企业在进行商品预售等活动时，不会将预测的销售数量透露给国际物流行业，因此国际物流行业对交易规模预估不足，往往采取保守的策略，导致运力紧张，甚至会出现丢件等情况。跨境电商和国际物流的从业人员往往不具备沟通的客观条件，彼此交流不多，跨境电商行业人才对国际物流行业的选址、建仓、运输网络建设等问题认识不足；国际

物流人才对跨境电商的用户拓展、出单等业务不了解，在电商和物流这两个环节中资源无法得到有效利用，这也是造成跨境电商与国际物流行业之间互信度低的主要原因。

### （二）市场增长与人才供给不足

跨境电子商务的发展速度很快，每年约有30%的增速，特别是外贸、零售等大型企业，都在向跨境电子商务转变或者已经进入跨境电子商务领域，这就促进了跨境电子商务的发展。

跨境电子商务的从业人员大多来自传统的国际贸易、电子商务等领域，其人才储备相对较少，各专业院校的人才输出水平较低，与企业的实际需要有较大的差距，这就造成了跨境电子商务市场的快速增长与人才供给不足之间的巨大矛盾。这种矛盾对跨境电子商务的发展产生了严重的影响和限制。

### （三）企业利润下滑与人力资源成本的攀升

跨境电子商务尚属新生事物，随着参与公司数量的迅速增长，其市场的竞争也越来越激烈。跨境电商行业之间的价格战、流量大战已经成为一种常态。激烈的价格竞争，使传统的"蓝海"迅速向"红海"发展，电子消费品、化妆品等传统的商品表现得更为明显。这一切都是造成跨境电商公司盈利额大幅下降的原因。跨境电商企业的人力资源紧缺，整个产业的人员流动比率高，人员流动频繁，人力资源管理、薪酬成本、员工关系等都面临着严峻的考验。公司利润的逐步下降和不断上涨的人力资源成本之间的矛盾十分明显。这种矛盾已成为制约和影响跨境电子商务发展的一个主要因素。

### （四）企业需求与传统教育模式的矛盾

跨境电商对人才的要求尤其体现在质量、技能、知识等各方面。跨境电商需要的人才更多的是实务人员，而对专业知识和理论知识的要求相对较低。我国部分学校在专业设置、课程设置、教学目标等方面与企业的现实需要脱钩，造成了企业和传统的教学模式之间的矛盾。学校在课程设置上不能与国际贸易迅速发展的速度相适应，知识结构的更新能力不强，特别是现行的理论体系不能有效地指导实际工作。教育目的与现实生活脱节，传统的教育体制下的学生过分注重学业和应试，而没有真正理解企业对人才的需求。

# 第二节　跨境电商的人才需求

## 一、跨境电商的人才需求现状

### （一）数量需求

#### 1. 交易企业的人才数量需求

对于跨境电商交易企业而言，其对人才的需求十分迫切，但是需求的规模并不是很大。导致该问题的主要原因有以下两个：其一，跨境电商交易企业对人才有更高的要求，不仅要掌握传统的外贸人才应有的技能，也要掌握利用电商平台推销企业产品到海外市场的技能，而当前市场上缺乏该类人才，导致企业的需求无法得到有效满足。其二，跨境电商交易企业多为民营企业，规模相对较小，受限于人力资源成本，企业对人才的需求规模并不是很大；如今的大部分交易企业由传统外贸企业或电商转型而来，所以大部分交易企业是私营企业，企业人员规模大部分在 50 人以下，不难发现，交易企业中有 90% 以上是私营企业，60% 的企业规模在 50 人以下，近 40% 的企业规模少于 20 人，只有不到 30% 的企业规模在 50 人以上。

### 2. 平台企业的人才数量需求

跨境电商交易企业能够实现全球市场消费者的买卖行为，以互联网开发、平台研发为主的跨境电商平台企业是其背后不可或缺的重要推手，与此同时，交易企业的持续扩张也助推了平台企业的发展。平台企业主要关注人才的技术研发能力，是典型的互联网类型企业，人员构成以技术人员为主。众所周知，该行业的从业人员寻求更高的薪资或更好的发展平台，导致人员流动性远高于其他行业，加之在跨境电商快速发展的背景下，平台企业对人才的需求规模更是远高于交易企业。

### 3. 服务企业的人才数量需求

除了跨境电商交易企业、平台企业以外，国际物流、货代、跨境支付、结汇、海外仓等跨境服务企业也在布局，为交易企业以及平台企业的发展配套了支撑体系，并在逐步完善跨境电商服务体系。随着跨境电商服务企业的迅速发展，其对人才的需求也在日益增长，不同于交易企业与平台企业，服务企业对人才的要求更高，无论是提供跨境支付的服务，还是提供结汇服务，都需要全面的能力来应对各种可能问题，而人才市场上一直都很紧缺该类人才，造成企业人才缺口很难得到及时填补。

### （二）能力需求

针对跨境电商企业的实际需求，符合学历和专业要求，具备国际视野和政策敏感度，具有国际贸易、平台操作、商务英语等知识和能力的复合型人才备受企业青睐。

### 1. 学历和专业要求

目前，跨境电商企业对招揽员工的素质水平和文化程度有着一定要求，通常对大专以下学历的人士说"不"，本科学历及之上的人士占比超过了 20%；对学科专业的要求方面，大部分选用国际贸易以及电商和英语类专业性人才，对市场营销专业的人士也给予考虑。

随着跨境电商行业的快速发展，当前的人才存量及人才结构明显跟不上发展的要求，虽然高校每年有大量的毕业生进入社会，但是学生的专业结构、知识结构等都与企业的实际需求不符。因此，只有明确了跨境电商企业比较倾向的应届生专业，才可以为高校培养人才提供明确的方向，同时缩小企业的人才需求标准与实际高校应届生之间的差距。跨境电商交易企业更倾向的跨境电商人才的专业中，国际贸易实务、商务英语以及电子商务专业位列前三。这一方面反映出跨境电商交易企业的核心是"跨境"，即国际贸易是跨境电商发展的核心，另一方面也反映出"电子"只是跨境交易的一种载体或者桥梁，其增强了跨境交易的便捷性。因此，在进行跨境电商交易的时候，懂得国际贸易准则法规、能够与不同关境的交易商进行沟通交流谈判的国际贸易实务与商务英语专业的人才更能满足交易企业的要求。在跨境电商平台企业中，企业最倾向选择的三个专业分别是计算机、国际贸易以及商务英语。对于平台企业而言，主要以平台研发、互联网开发等为主，技术型人才是企业发展的主力军，因此，企业也更加需要计算机专业的人才。部分平台企业不仅自主研发交易平台，而且研发自主品牌在平台上营销，导致企业对国际贸易以及商务英语专业有较大的选择倾向。对于跨境电商服务企业而言，大多数企业更倾向于选择市场营销专业的应届生，原因在于市场营销专业的人才可以帮助企业拓展客户、开拓市场，该专业人才主要从事服务型产品的规划、市场渠道的开拓与管理以及市场促销活动的执行或管理；国际贸易实务及电子商务是仅次于市场营销专业企业比较倾向选择的两个专业。

**2. 跨文化素养及交际能力**

首先，跨文化素养是跨境电商人才必须具备的职业素养，跨境电商人才既要精通我国的传统文化，又要了解其他国家的经济、文化及风俗习惯，自身还要拥有较高的人文素养，能够客观看待世界文化。

其次，跨境电商人才还要具备跨文化交际能力，拥有全球化意识，精通国际惯例及各国的文化礼仪，通过良好的思维能力及适应能力妥善处理人际关系及遇到的问题，顺利完成交际任务。

员工的外语掌握能力以及沟通实力的强弱能够影响到企业的发展，许多公司在招聘人才过程中都会对面试者的外语水平有所要求。在市场调研、商品发布以及平台管理等众多方面都需要运用外语。大多数公司将外语门槛设定为大学四级、六级以及专四、专八等等级来对面试者进行筛选。当前我国市场经济发展过程中，以福建省的企业为代表的众多公司将发展方向投向欧洲，因此相关语言型人才的招揽力度增大。

**3. 外贸服务能力**

跨境电子商务作为国际贸易新业态，需要人才具备一定的外贸服务能力。例如，B2B业务中涉及商务信函的写作、各种外贸单据的填制。跨境电商人才应熟练掌握外贸服务的相关流程，具备报关、报检等通关能力，以及能正确使用信用证、电汇等结汇工具。

**4. 国际视野和政策敏感度**

我国有些省市有自贸区、跨境电商试验区等政策优势，不同区域的扶持政策存在差异。同时不同区域也有明确的产业分工。例如，福建省的平潭区域内优先发展港口商品流通，福州则注重现代化产业发展，而经济实力相对突出的厦门则倾向于高科技水平方向的研究。地区差异使得其商务发展方向各不相同，因此需要跨境电商人才具备国际视野、政策敏感度和判断能力。

### 5. 互联网营销能力

互联网营销能力指需要跨境电商人才能通过大数据收集和整理来分析消费者的消费倾向、消费习惯、消费心理和消费需求；能借助搜索引擎、网络广告、网络社交软件等媒介进行网络营销；能熟练计划、实施整个网络营销活动并根据实际情况调整计划，最后对营销效果进行系统评估，再次改进营销方式。

### 6. 熟悉法律法规

跨境电商参与的主体都有着不同的法律背景，当然，跨境电商的运营和发展也受到各国法律的规范和约束，了解不同市场环境的法律法规以及与跨境电商相关的法律问题不仅是成功交易的前提，也为跨境电商的健康发展提供了保障。因此，熟悉跨境电商相关市场的法律法规及其变化是跨境电商从业人员的重要素养之一。

此外，伴随着跨境电子商务的发展，全球的贸易规则也在发生变化，跨境电商从业人员也需要及时了解国际贸易政策、规则以及关税等内容的变化。同时，尤其在近两年，对进出口形势的及时了解也是非常必要的，避免在交易过程中出现侵权问题。

### 7. 素质能力

在市场竞争日益激烈的今天，不仅需要学生拥有过硬的专业基础和扎实的专业技能，而且要求其具有较高的综合素质。企业对学生的素质要求：具有正确的价值观和人生观，具有良好的行为习惯，拥有创新精神和团队精神，拥有领导者思维和营销意识，拥有以客户为中心的理念，拥有全球思维和大局意识，拥有知行合一的学习态度，拥有良好的心理素质和抗压能力，拥有健全的人格，拥有良好的职业素养等。

### （三）岗位需求

在清楚掌握不同类型企业所倾向的专业人才后，对于学校而言，可以按照企业的人才需求偏好考虑增加专业或调整不同专业的课程体系，以培养出更符合企业需求的人才，在人才的"供给端"保证人才的高质量输送。但是对于企业而言，最重要的是解决企业当前面临的最棘手的问题，即企业中最紧缺人才的供给，也即企业中哪个岗位的人才需求更迫切。

对跨境电商交易企业而言，能利用电商平台将企业产品销售到海外市场的人才是企业发展的中坚力量。在很多跨境电商交易企业中，对跨境电商人才需求最为迫切的岗位首先是营销类岗位（负责推广、销售等工作），其次是商务类岗位（负责采购、财务及质量管理等工作）、再次是运营及策划类岗位（负责网店管理及活动策划等工作）、又次是技术类岗位（负责网站编辑、美工设计及数据分析等工作）、最后是进出口通关类岗位。说明交易企业最紧缺的首先还是营销型人才，即能够应用平台推销企业产品至海外市场的人才。以技术型人才为主的跨境电商平台企业最紧缺的是运营及策划岗人才（负责平台及网站的日常管理、数据分析、活动策划等工作）；其次是营销类岗位人才（负责推广、销售及代营销等工作）；再次是技术类岗位人才（负责网站搭建、手机 App 开发、产品设计及数据分析工作）、商务类岗位人才（负责采购、财务、物流及质量管理等工作）、最后是风控类岗位人才（负责采购、交易、支付等工作）以及进出口通关类岗位人才。

对于跨境电商服务企业而言，大部分企业认为负责项目管理及活动策划的运营及策划类岗位存在人才缺口；部分企业认为负责产品销售和客户拓展等工作的销售类岗位存在人才缺口；同时也有部分企业认为负责市场开发、分析及公关等工作的市场类岗位存在人才缺口；而认为风控类岗位（负责合规评审、交易监控、法务等工作）以及产品类岗位（负责需求分析与设计工作）存在人才缺口的企业也有不少。通过对比跨境电商交易企业、平台企业与服务企业对不同岗位的需求，发现营销类、运营与策划类、技术与产品类、风控类以及通关类的人才匮乏，企业无法通过市场得到有效满足。

## 二、跨境电商的人才需求结构

### （一）跨境电商的人才需求层级结构

初级（工具型）：初级（工具型）人才的特点是，初步掌握跨境电商运营技能，懂得如何在各大平台上进行操作。

中级（商务型）：中级（商务型）人才的特征是，熟悉跨境电商技术，熟悉跨境电商营销服务、商业大数据分析、用户体验分析、网络金融服务、跨境物流服务，了解跨境电商"能做什么"。

高级（战略管理型）：资深（战略管理）人才的特征是，精通跨境电商的前沿理论，能从战略高度洞察和预测跨境电商的发展规律，具备互联网前瞻性思维，知道如何引领跨境电商产业的发展，懂得"为什么要做跨境电商"。

目前，很多跨境电商公司都处于开拓阶段，急需工具型人才。随着公司业务的拓展，从事跨境品牌运营、能独立完成跨境电商业务或门店经营的中层商务人员将日益受到青睐。而拥有3～5年大型跨境电商经营管理经验、能够领导公司实现国际化发展的高级管理人才，更是行业内的稀缺性资源。

### （二）跨境电商的人才素质要求结构

#### 1. 初级人才素质要求

尽管对初级跨境电子商务从业人员的学历要求不高，一般大专或以上学历，但必须具备创新能力、忍耐力和开拓能力。

（1）熟练掌握英语及小语种

亚马逊、eBay等大型跨境电商平台都以欧美等发达国家为主要市场，而国内的跨境电商从业人员则要与国外的消费者进行网上沟通，这就要求他们具备一定的英语能力。美国等传统的出口市场仍然是跨境电商的热门市场，而俄罗斯、巴西、阿根廷、西班牙、乌克兰、以色列等新兴市场也在快速增长。

（2）了解海外客户网络购物的消费理念和文化

跨境电商面向的是海外消费者，因其文化与生活习惯的差异，其消费观念与国内消费者有很大差异，因此，跨境电商从业者必须对其采购习惯、中国供应商的出口业务状况有一定的了解，并对特定商品的生产、分销等方面有更多的了解。

（3）了解相关国家的知识产权和法律知识

由于我国对外贸易公司在很长一段时间内都处在低附加值、无品牌的贸易环境下，知识产权侵权现象屡见不鲜，据中国电子商务研究中心统计，大部分跨境电商企业都曾遭遇过商标、图片、专利等多种形式的纠纷。信息披露中也存在商品价格信息不真实的情况。例如，语言的错误翻译。从事跨境电商的人必须对《中华人民共和国电子商务法》《中华人民共和国商标法》《中华人民共和国著作权法》《中华人民共和国专利法》《互联网信息服务管理办法》《信息网络传播权保护条例》等各种与电子商务有关的法律法规有一定的认识。

（4）熟悉电子商务技术及各大跨境电商平台不同的运营规则

跨国电商平台数量庞大，从业人员要熟练掌握各类网络经营的基本规律，具备适应不同需求、经营模式的能力；了解各大电商网站的引流、用户转化等；具有文字写作、图片处理、广告宣传、网络营销、交易纠纷处理、关键词和搜索引擎优化等能力；具备一定的文档分析技术，并具备基本的客户调查和网站的数据分析技巧。

2. 中高级人才素质要求

（1）具有实现"高效匹配"和"安全保障"的能力

由于跨境贸易的产业链较长，各国的情况也比较复杂，因此，国家的选择、平台的选择、物流方式的选择对于跨境电商的经营至关重要。这就需要从业者根据不同的需求采取不同的运营策略，针对不同行业、身份的客户选择不同的交易模式、验货交货方式、支付方式、物流方式和清关方式。

（2）具备"接行业地气"的能力，具有"一站式服务"的思维

当前，跨境电商行业纵深化发展的趋势越来越明显，一系列的交易服务在贸易流程中的作用凸显出来。跟单验货、物流、退税、金融的作用有时候甚至高于拿订单的价值。未来跨境电商更大的作用将是产品开发设计、对行业进行垂直细分，在此基础上进行精细化操作。这就要求从业人员能够"接行业地气"，具备"一站式服务"的思维。

（3）具有"本地化"的思维

跨境电商，就是要对国际流量引入、国际营销、国外品牌的知识有更深刻的认识，对海外贸易、互联网、分销系统、消费者行为有深刻的认识。跨境电商的最终较量，并不只是价格上的较量，更是本地化服务的竞争。

（4）具备较强的政策和规则敏感性

随着电子商务的发展，国际贸易规则也随之发生了剧烈的改变，这就要求我国的跨境电商从业人员能够及时地掌握国际贸易制度、政策、规则等的变化，同时也要对国际贸易形势有更深刻的认识和分析。

### 三、跨境电商的人才需求特征

#### （一）市场扩展刺激人才需求

围绕人才方面，有一些研究成果出现，但是从成果数量到研究角度与研究层面，关于跨境电子商务人才的研究仍存在巨大的潜力。虽然呈现逐年上升的趋势，但是总体来讲研究成果数量仍偏少，与跨境电子商务的快速发展趋势不匹配。通过对获取的文献进行梳理与分析发现，跨境电子商务人才方面的研究成果大体上分为以下四类：①涉及院校对跨境电子商务人才教育方面的，包括高职院校、中职院校、独立学院、本科院校等，其中以中高职院校的研究较多，如新型高职外贸人才培养、高职跨境电子商务专业方向人才培养模式、中职学校跨境电子商务人才培养；②涉及院校开设的相关专业方面，聚焦于院校开设的与跨境电子商务相关的一些专业，如国际贸易专业、外语类专业、国际商务专业等；③以地区为视角研究跨境电子商务人才问题；④以整体视角分析跨境电子商务人才需求与培养问题，如跨境电子商务人才培养模式、跨境电子商务人才需求特征等。跨境电子商务的快速发展刺激了相关市场，引发了强烈的人才需求。

#### （二）专业需求特征

国际贸易、电子商务和外语是跨境电商公司最倾向的三大类专业，这与我国学校的教育状况和跨境电子商务的特点密切相关。虽然跨境电子商务与国际贸易、电子商务有很大的区别，但也有许多共同之处。跨境电子商务是电子商务拓展到海外市场的必然产物，计算机技术和互联网技术促进了传统国际贸易的发展。因此，学习与国际贸易、电子商务、外语等有关的专业，对于从事国际贸易和电子商务是比较有利的。

#### （三）年轻群体受行业偏爱

不难发现，将近半数的公司都会选择应届毕业生，每年大多数公司都会进行校园招聘。跨境电子商务是一种新兴的产业，其发展速度非常快。青年人群，特别是刚毕业的学生，对于新鲜事物的接受能力和对互联网的适应能力都比较强，跨境电商市场需要大量的基层员工，因此，在跨境电商领域，年轻人是非常受欢迎的。

#### （四）管理型人才相对稀缺

很多企业对于管理人才的需求量较大。有部分企业表示打算招聘管理人员，也有公司打算招聘供应链和后勤管理人员，另外，对技术开发人员的需求量也很大。随着跨境电子商务的广泛应用和发展，跨境电商企业的业务不断增多，其业务流程变得越来越烦琐，其内部管理也越来越困难。因此，管理人员，特别是供应链管理、物流管理等方面的管理人员的需求量急剧增加。

#### （五）复合型人才需求紧迫

尽管跨境电商与国际贸易和电子商务之间存在着许多共同之处，但也存在着明显的差异。因此，跨境电商所需要的专业人才也与在国际贸易、电子商务、外语等领域的专业人才存在着明显的差距。跨境电子商务公司的专业人员不仅要精通相关的专业知识，还要精通国际贸易的操作技巧，还要对本国的文化、风俗习惯、消费习惯、政治、经济、法律等方面进行了解。因此，跨境电子商务对复合型人才的需求更加迫切。

### （六）人才需求与企业规模差异

不同的公司规模在人才类型上存在着明显的差异。小型公司相对于中小型企业和大公司而言对复合型人才的需求量最大，这与小公司的实际经营需要有关，他们更注重小而全，虽然人数不多，但仍然在进行全面的跨境贸易，因此，每位雇员都要做多种工作，而且更具全能性。中等规模的企业对专业化和复合型人才的需求差异不大，但需求规模相近。大公司对复合型人才的需求量也明显大于专业型人才，这与大公司规模大、组织结构复杂、管理岗位众多有关。

# 第三节　跨境电商人才培养对策

## 一、人才培养方面的创新理念

### （一）加大高校跨境电商专业人才的培养力度

高校对跨境电商专业人才的培养，应该在政府的关注下加大力度。政府要在建立跨境电商专业专项资金的基础上，对具有较强实力的高校跨境电商专业进行细心引导，对商务英语、国际商务、外贸以及市场营销等专业的现有人才进行鼓励，使他们能够积极地向跨境电商专业领域进行努力，还要关注高校跨境电商相关小语种学科的建设。

所谓的跨境电商高级专业化人才是指，经过高校教育系统的引导，具有深层次的国际化商务素养、优秀的国际化思维能力和国际化视野，同时拥有很强的跨文化交流沟通能力和较高层次的电商专业化能力的人才。他们不仅在相关的政府部门中管理专门的跨境电商活动，而且能够拓展海外的业务，进行跨境电商相关操作，并且进行国际商务活动的策划事宜。

跨境电商人才大体上可以分为以下三类：初级人才、中级人才和高级人才。通过跨境电商专业专项资金的投入，杭州市建立了专门化的跨境电商学院、跨境电商专业化人才基地等。不仅有条件的高校被关注，设置了跨境电子商务专业，而且现有的国际贸易、商务英语和电子商务等专业，也在逐渐地朝着跨境电商的方向发展，在培养初级、中级和高级人才梯队的同时，也着意探索多元化的跨境电商人才培养模式，不仅在综合试验区的建立上发挥了重要的作用，而且部分解决了跨境电商人才稀缺的难题。

### （二）构建社会化的跨境电商人才培训体系

政府相关部门应该加大力度进行活动的组织工作。首先，要组织相关院校、社会培训机构、行业协会等开展跨境电商的培训工作，场地费用、讲座费用和资料费用应根据培训的实际情况进行收取；其次，要促使员工在企业培训中努力认真学习，企业要按时开展跨境电商的理论和实践的培训，并把企业主流技术、跨境电商专业知识和相关文化融合在一起，在培训时有计划地进行传播，保证企业的发展实现良性的循环。

总的来说，政府需要对跨境电商领域加大关注，在动员有实力的社会企业进行相关培训的同时，还要对企业进行必要的培训。不仅要给企业和新员工一次性的培训补贴，还要协助跨境电商进行正规的招聘，为新入职员工办理劳动合同，缴纳社会保险。以下是跨境电商人才模式在杭州市的具体应用。

跨境电商网络营销理论与实务

1. 制订"人才港"计划，打造多岗位体系

在"中国（杭州）跨境电商人才港"项目的基础上，结合综合试验区内的跨境电商岗位的共同需要，构建包括商务管理和技术类、营销运营类等多岗位的孵化方案，遵循不同的制度，研制出包括速成期、短期和中期在内的三类不同的孵化体系。

2. 建立杭州跨境电商基地，开展社会培训活动

在组建杭州跨境电商基地后，面向社会开展初级、中级和高级的专业化培训，其内容覆盖包括全球速卖通、敦煌网和亚马逊等出口平台在内的跨境电商进出口基本业务，以及检验建议和海关进口流程，协助传统的企业通过专业培训实现进一步转型升级。

3. 运用高校与企业的资源，搭建专业化的跨境电商学习平台

慕课和微课等新型技术的兴起与发展，给传统的跨境电商带来了新的培养方式，给跨境电商的线上模式和线下模式都带去了新的理念和思想。政府相关部门要督促跨境电商在线学习平台的建立，同时对跨境电商实践课程的设置进行考虑，对于相关课程进行学分预设，给符合条件的企业颁发资格证书，以面向社会的方式来促进跨境电商人才培养体系的构建。

**（三）着力打造专业化的跨境电商授课团队**

由社会培训机构和政府相关部门组织，跨境电商行业专家以及跨境电商从业人员构成师资团队，在每年规定的日期进行专业化的培训。培训的对象包括跨境电商领域的普通员工，以及高校相关专业的教师。组建培训基地的目的是使这些人员在面临电商领域出现的新问题时，能够及时有效地解决，同时对行业内部的一些新的理念、动态、规则和技术进行充分理解和掌握。

1. 聘任专业化的跨境电商就业创业导师

跨境电商专业人才不仅在各大企业内部缺乏，在各大高校中，也十分缺乏。这也就是为何我国各地的政府部门都加大力度对跨境电商人才进行专业化的培养。各大高校的相关学者、跨境电商行业领域的专家和跨境电商从业精英共同构建了实力超强的教师队伍。特别是在近几年的跨境电商推进大会上，来自大龙网、敦煌网和亚马逊的跨境电商龙头企业负责人、海关和检验检疫职能部门的负责人、有影响力的跨境电商高校负责人等，被聘任为首批跨境电商就业创业导师。

**2. 开展高校教师培训相关项目**

杭州综合试验区在与亚马逊进行合作之后，又开启了"高校教师培训"活动。这是杭州综合试验区与亚马逊公司关于电商人才发展的一次新的伟大尝试，它不仅扩大了杭州地区的跨境电商人才的储备，而且给中国的跨境电商人才培养模式在出口交流方面提供了榜样。来自二十四所高校的近五十位参与者是第一批直接学习亚马逊平台实际操作技巧和相关跨境电商经营理论的体验者，这些知识包括如何解决"全球开店"给亚马逊的运营所带来的难题、跨境电商理论解读等，给跨境电商的实际操作提供了很多宝贵的经验。

**（四）实施跨境电商人才校企合作定制化培养**

高校关于培养目标，以及跨境电商人才需求无法对接的问题，需要依靠政府的重点关注，在推进企业与学校进行合作的基础上，建立跨境电商专业人才的开发机制。肯定企业在明确自身内部需求的情况下，给予高校关于技术、学校条件和师资力量等方面的建议，在构建长期的学校与企业的人才培养计划的情况下，实现学校、学生、企业的三方共赢。对于学校方面，政府也要多加鼓励。要让校方意识到市场需求是决定企业发展的重要导向，在教学内容和方式方法更新的基础上，高校要对现有的教材体系进行改革，在对自身的学科产业进行升级的同时，确保其专业适应性和就业适应性的稳步提升。比如，相关机构可以与有意向的企业签订培训协议，通过学校对具体的人员要求和人员数量进行规定，着力打造技术型、创新型、复合型和应用型的新形势人才，可以让科学研究、生产和教学归为一体，更有利于人才培养模式的建立。

## 二、人才培养模式的创新

### （一）培养或引进跨境电商的领军人物

科学地进行布局，进行跨境电商战略性发展，在中小型企业以及相关产业链的推进下，培养出在国际上居于领先地位的跨境电商团队，塑造出专业化的人才培养模式，加大对于顶尖人才培养与重大项目招商的关注。

### （二）组建跨境电商人才中介

传统的企业在转型发展的过程中，需要大量的跨境电商人才的加入。现如今，许多相关专业毕业生是从高校或者是社会培训机构毕业的，他们在就业时，需要在考虑自身因素的前提下，找到对口的工作。找寻投资和货源是有着自主创业倾向的毕业生需要考虑的问题。"跨境电商人员对接服务中心"是跨境电商与各高校、行业协会、培训机构以及政府相关部门联合构建的。企业的跨境电商运营对接，以及跨境电商人才团队建设，是跨境电商企业在对市场的需求进行分析和研究之后，组织开展的一系列活动。

### （三）建立跨境电商人才保障机制

#### 1. 改进科技奖励的方案

推进科技创新从成果供给主导模式，逐渐转向产业需求主导模式，是跨境电商产业创新发展过程中的一个主要目的。通过对跨境电商产业作出巨大贡献的人才进行重点奖励的办法，可以使这一活动顺利进行。在高校、科研机构评定职称的过程中，也可以采取考虑科研成果产业化的方式进行评估，将科研成果的知识产权归属问题落实到每一个人身上，保证清晰、明确、无误差。在将具体的利益分配机制做到最大限度的完善后，还要想办法将科研人员的积极性调动起来。

#### 2. 调整跨境电商人才的建设机制

对于高水平、高素质的跨境电商人才至少能够从以下三个方面去考虑。

（1）创业激励方案。跨境电商的技术带头人和为企业发展作出了重要贡献的人，包括跨境电商领域的创业带头人，都属于高层次的跨境电商人才，需要对他们给予一定的奖励。

（2）团队奖励方案。组建跨境电商人才梯队，建立专项的团队资金库，对于团队的日常活动、团队建设、设备建设等方面给予一定的资金支持。在专项资金的使用上，实行自主权制度，通过专项评估申请、审计验收和监督运作机制的建立，构建包括项目、资金、政策和人才的"四位一体"的活动机制。

（3）生活奖励方案。对于达到标准的跨境电商高级管理人员、核心技术人才实施连续三年退还全部或者部分个人所得税的政策，来加大跨境电商人才在税收方面的优惠力度。与此同时，通过医疗补贴制度、住房补贴制度等奖励制度，颁发奖励并进行抵税。

#### 3. 保障跨境电商人才安居政策

通过多种渠道在政府引导、市场化运作的方式下，解决跨境电商人才的居住问题。其中三个最有效的方法如下。

（1）开发高端跨境电商人才购房资助项目。首次进行购房的高端跨境电商人才可以获得一次性住房补贴。政府的专项资金或者是用人单位的配套资金是补贴的重要来源。

（2）建立专门的跨境电商人才居住公寓。在电商产业园区、产业聚集区、大学城、高科技产业园区等区域，建立专门化的人才公寓，在只租不卖的前提下，给跨境电商人才提供居住场所。同时有实力的企业还可以直接利用现有的土地，建立自己的跨境电商高层次人才公寓，在缓解人才居住压力的同时，还可以将住房作为奖励，给为企业作出重大贡献的人才一些奖励。

（3）完善住房公积金的相关政策。通过引进住房公积金的相关政策帮助跨境电商人才缓解居住压力。

#### 4. 探讨人力资本产权激励措施

在对知识、管理和技术问题进行考虑的同时，应根据按生产要素分配和按劳动分配的原则，通过"智力资本"等技术成果的分配方式，进行跨境电商高级人才管理，并且提出"资本管理"分配办法。企业将创新成果股权和选择权下放给专业的管理人才和专业的技术人才。或者企业决策者也可以根据自身的实际情况，灵活地选择一些个性化的奖励机制。需要重点注意的是，无论是"智力资本"还是"资本管理"，在参与生产要素的分配过程中，都要与国际化的市场环境相融合，只有这样才能够实现绩效一流、报酬一流和人才一流。

## 三、人才培养渠道的创新

### （一）合伙人制度和社会化协作联合解决人才问题

企业推动跨境电商发展的关键和瓶颈都来自综合型人才的培养和聘用。传统的管理模式和人力模式很难吸引到优秀的跨境电商人才。

#### 1. 合伙人制度

单纯意义上的薪资与职位的模式很难吸引有能力的优秀人才。管理方式老套、模式裂变性有限是传统企业在发展过程中最大的局限。如果简单地以金钱、利益等方式来作为奖励制度吸引优秀人才，也会因为团队氛围不佳等原因，无法留住新员工。

科学地使用合伙人制度，不仅可以帮助企业留住现有员工中的优秀人才，保证跨境电商团队的高效性和稳定性，还能够吸引外来的跨境电商人才，在最短的时间内打造出成熟的团队。这样既能够使企业招聘到最优秀的人才，还能够满足企业现实发展的需要。

合伙人制度若想顺利地实现，最少需要做到以下五个方面。

（1）找到适合自己的合伙人。帮助企业进行正常的运作发展，采取合伙人制度是十分必要的。而自我能力、对方的经营理念、双方的思想是否一致，都是需要在一开始就被考虑到的。此外，对方对于自己企业文化是否认可，是否能够为了企业使命、价值观的实现和企业未来发展而努力，也要优先被考虑到。

（2）打造开放的企业文化。找到一个愿意信任自己的平台，帮助自己快速成长、锻炼自我、提升自我，是每一个人才在就业过程中最先考虑的一个问题。对于他们而言，能够发挥自己的所长，体现自己的价值，学到更多的实际经验是很有必要的，甚至要比金钱带给他们的诱惑还要大。因此，从企业的角度来讲，在招收人才时，应该将自己企业内部的企业文化充分展示，用信任、开放和包容的姿态，为新人打造一个良好和轻松的工作环境和氛围。

（3）充分听取合作伙伴的想法。聚集有共同目标的商业合作伙伴，是合伙人制度的目的所在。在通常情况下，有着共同理想、抱负和愿望的人，会朝着共同的方向去努力。在预期收益和基础稳定的重要前提下，合伙人制度才可能实现。如果仅仅是用捆绑的方式，强制性地留住人才，那么最终会使核心人才对企业出现抵触心理，致使人才流失。

（4）对待合伙人团队以创业的心态。要让企业的员工拥有一种"为自己打工"的感觉，而不是受限制，给别人打工。企业要学会将权力下放，学会放权。给予合伙人团队经营企业的权力，为人才提供发挥自己能力的平台，在企业内部给人才一些便利的条件。在核心人才融入创业者的合伙人团队的时候，在他们参与企业的日常管理和事务决策的时候，这些人才才能够有一种被重视的感觉，才有一种自主创业的感觉。

（5）构建可行的分配机制。在创建合伙人制度的过程中，一定要促使员工自己贡献想法，由员工分享想法。要推动企业持续健康发展，就要让有能力的人分享自己的新思想和新想法。在吸引人才加入团队的过程中，企业可运用进入机制、退出机制、发展机制、淘汰机制、分配机制和考核机制等方法制度，来进行有效的合伙人制度管理。在进行合伙人利益制度分配时，要将合伙人本身的参与度、时间和精力，作为主要的参考标准。

### 2. 社会化协作

在跨境电商的大环境下，借助互联网科技实现社会化分工协作已经趋于成熟。在此基础上，提升自己的长处，掩藏自己的短处，将自己所能与跨境电商生态圈充分融合，是提升社会化质量的最有效且最节约成本的方案。

虽然，在目前这个阶段，跨境电商的发展前景一片大好，但是对于传统行业来讲，若是想要实现向跨境电商领域并轨，不能够简单盲目地进行改变。因为传统的制造业最缺乏的就是跨境电商领域的人才，但是人才是跨境电商领域的任何一家企业必不可少的重要部分。因此，战略性地、有计划地进行部分业务的外包，是一种十分明智的选择。通过将终端销售交给专业跨境电商卖家团队分销的方式进行发展，并且与专业卖家形成紧密联系，经专业卖家的打磨、改造和包装，可以实现快速升级。

## （二）政府与社会共同合作打造专业团队

### 1. 借助社会力量，培训专业人才

单独对跨境电商人才进行培养，往往会承担很大的风险，也会带有很大的不确定性。特别是在传统的企业中，跨境电商相关氛围的缺乏更加明显。同时，培训者本身的专业能力和企业的成本预算等局限也会导致企业培训模式下的人才培训质量良莠不齐。

现如今，一系列社会化培训机构为各大企业的人才培训提供了强有力的支持。无论是招揽专门的跨境电商人才，还是团队训练，或者是提升整个企业的跨境电商业务水平，这些社会化培训机构都能够应对自如。

### 2. 对接政府资源，善用公共平台

各地区在预见跨境电商的发展前景之后，纷纷出台了一些帮助跨境电商发展的新政策。这一举动在某种程度上给各企业，特别是中小微型企业的发展带来了一定的好处，同时也缓解了由于发展规模的不断扩大而出现的教育资源与优质的培训资源无法对接的尴尬局面。中小微型企业在关注并利用政府资源的前提下，有了更多招揽人才的机会，不仅有益于团队建设的完善，更能够给企业人力资源管理增色不少。

### （三）统一共识，留住电商人才

#### 1. 统一共识，凝聚力量

传统行业在其发展的过程中，一直以传承的方式来进行企业的经营。对于一些刚刚进入跨境电商的传统企业而言，其转型成败的关键在于是否能够保证在企业的内部达到自上而下的认识统一。这种认识包括对于跨境电商领域的发展以及其重要性的认识，构成一种和企业自身相适应的内部文化氛围。当前跨境电商在战术层面的认识是许多企业最关注、研究最多的一个方面。而战术层面作为一种补充渠道，其根基在于相关的企业销售问题。一家企业之所以没有办法实现高质量、高效率和高速度运转，是因为没有将企业未来的发展方向加入战略层面中，思考跨境电商的实际性。

在对团队的认识进行统一之后，自上而下实现企业高层在跨境电商方面的共识，这样才有可能在最终的环节形成具有共同目标的团队力量。

#### 2. 培养员工创业精神

目前，跨境电商领域的主力军是出生于 20 世纪 80 年代、90 年代的和 21 世纪初的"80 后"、"90 后""00 后"。之所以这几个年龄段群体会如此活跃在跨境电商平台上，是由于他们从小就成长在电商和互联网新兴科技下。而在销售领域中，一些"60 后"和"70 后"是无法对跨境电商领域进行独立思考的。因此，虚心学习，勇于承认自身在跨境电商领域方面的不足是很重要的。同时，对于比自己小的人才，老一辈的也要给予尊重的态度。

首先，管理者可以通过寻找共同话题的方式，与年轻的人才打成一片，并且通过日常交流，向他们学习跨境电商的相关概念和理论知识。

其次，管理者可以以人生导师的姿态向其他员工传递自己的人生观和价值观。在员工面临困境、心态不稳或者是感到迷茫时，给他们一定的劝解和安慰。

伴随着跨境电商领域的发展，一些传统企业也看到了这一领域的发展前景，在观望一段时间之后，加入跨境电商领域之中。仅仅依靠第三方平台、政府和高校等外部力量，是远远不够的，要关注跨境电商相关企业的发展。企业要投入时间不断地学习，在认清跨境电商的发展前景的同时，显现员工的价值，人才才会不断地聚集在一起，企业的根本问题也会得到解决。

# 第三章 跨境电商运营管理

## 第一节 跨境电商选品

### 一、选品基础知识

俗话说七分选品，三分运营。由此可见选品对电子商务平台销售的重要性。近几年随着跨境电子商务的日益发展，消费者的个性化需求和市场能够提供的商品之间的差异越来越大，给电子商务平台带来了更多的机遇，如何使选择的商品更好地迎合消费者的实际需求就成了各大电子商务平台在选品过程中需要重点考虑的问题。

#### （一）选品思路

关于电子商务选品，业内有句话：在电商平台，选对产品就成功了80%。由此可见，选品在电子商务运营过程中具有非常重要的作用。如果选品出现重大问题，势必会影响整个电子商务平台的正常运营客户搜索量。无论是中国的淘宝、京东，还是Shopee这样的跨境电子商务平台，在进行选品和品牌定位时，都需要着重考虑客户、搜索量、竞争对手、市场环境这四个因素。

（1）明确客户是谁，客户的量级是怎样的，这些客户的消费能力如何，这些都是在选品时需要关注的内容。正确解读客户消费能力，对产品进行更好的定位，这样有助于提高转化率。

（2）结合热门搜索数据，更好地了解当前大众的需求，这样才能更好地服务大众，扩大产品的覆盖面。

（3）调研相关产品竞争对手的情况，包括产品范围、内容以及主要受众和产品价格区间。看看自己的产品在质量、价格等方面有没有优势，是否超越对手，是否能为客户提供更好的服务。同样也要考虑是否存在多个竞争对手的情况，如果在某些产品领域已经有很多商家在进行售卖，那就没有必要再进入该领域。

（4）在选品时，必须要对当前所处的市场环境进行分析。市场环境可以从以下三个方面进行分析：一是一般环境分析，对当前所处经济体相关的经济形势、政策导向、技术发展水平和社会导向（如人们的价值观、产品使用习惯等），还有人口统计变量（如男女比例、年龄分布、教育程度分布等）进行分析；二是产业环境分析，分析波特的五力模型和产品生命周期；三是运营环境分析，主要是分析分区域销售情况和渠道分布状况。

### （二）选品的关键点和误区

**1. 选品的关键点**

在对选品的原则进行细化分析后，选品还需要重点关注市场潜力、市场特征、市场需求、利润空间、专利产权、运营模式、竞品情况、物流运输，确保对商品的选择进行全面的考量。

（1）市场潜力。在选品过程中，卖家需要调研该商品在市场中的潜力大不大，以此来考虑产品在未来是否会有发展空间。消费者的需求变化和不确定性都需要通过市场调研的形式去分析。

（2）市场特征。例如，一些大城市人口老龄化越来越严重，年轻人都忙于工作，陪伴老人的时间越来越少，因此越来越多的老年人会选择养宠物来陪伴自己，这就导致宠物用品的需求日益增长。同样，在一些经济发达的城市和国外市场，这类需求也是只增不减。

（3）市场需求。卖家应更清楚地了解消费者的真实需求。各个国家不同地区由于消费者环境、生活习惯、需求偏好、文化背景不同，导致同样的商品不可能适合所有的消费者，大多数情况下卖家需要实地调研目标市场对产品的实际需求。例如，同样的服装在欧美地区尺码的需求可能会偏大，而在一些东南亚的国家可能会偏小一些。这就需要在选品之前做好充分的市场调研。

（4）利润空间。选品过程中，有一个重要因素需要考虑，即产品的利润空间。卖家需要提前计算好各类产品的利润空间，将消费者进行横向比较，从而更好地选择与之匹配的商品并进行有针对性的销售。通俗地说，做产品的目的就是更好地把产品卖出去，主要目的就是盈利。特别是在高流量成本、高运营成本的市场现状下，如果电子商务平台没有足够多的产品利润，那么这些平台和跨境电子商务最终也将走向灭亡。

（5）专利产权。在产品的选择过程中，要考虑产品的专利问题。有些产品虽然有市场，销量可观，利润可观，前景光明，但是始终无法通过跨境电子商务平台进行销售，究其原因，即是专利产权产生了问题。尽管有些卖家会尝试将这类产品偷偷上架，考虑在进行一轮销售后，在收到投诉和处罚之前将其下架，但大多数情况下，这些店铺以及电子商务平台都会因为投诉导致店铺关门甚至平台垮掉。由此可见，产品专利问题在跨境电子商务中是必须注意的问题，因此，在选品过程中卖家要注意各国的政策，针对一些他人已有专利的产品，不要去冒险尝试，规避不必要的损失。

（6）运营模式。产品销售过程中有不同的运营模式，这里主要分享两种常用的运营模式，即精品模式和无货模式。

对于刚起步的跨境电子商务卖家，可以先从附近区域寻找有一定知名度和规模的厂家或者批发市场进行进货，也可以通过网络上的产品批发平台进行货品的采购。但需要注意的是，要确保该类批发渠道在目标销售平台上无法被直接访问或者下单。否则，如果用户可以直接查询到产品批发价或者直接下单，此产品在该平台进行销售就没有任何竞争力，会导致该产品在跨境电子商务平台上无法实现销售预期目标。

一些有丰富销售经验的平台卖家，对于有信心的产品，会直接寻找工厂资源进货，这样可以跳过二级市场倒手后的溢价。同时如果订单额度足够大，卖家甚至可以和工厂商议，进行一些产品的修改和定制，以更好地突出自有店铺特色，迎合消费者的实际需求，从而提高销售额。

如果电子商务卖家有比较丰富的资金储备，并对整体市场有比较准确的把控，可以考虑通过预售形式来进一步验证对市场的预测，确认市场对产品的接受和期望程度，等市场相关需求和预售订单都确认完成后，再进行实际的下单、生产、销售。这种模式是比较主流的精品模式的电子商务销售。

无货源跨境电子商务模式：卖家通过在国内的电子商务批发平台上寻找货源，并与其洽谈合作事宜，作为跨境电子商务的销售代理，将相关产品信息发布到跨境电子商务平台上。如当有客户在跨境电子商务平台上下单，平台直接将相关订单同步到批发平台上，批发平台负责发货到相关中转仓，在中转仓中进行检测，确认符合中转安全要求后，重新打包，并通过物流将指定产品发送到真实用户手中。这种模式可以最大限度地减少成本压力和库存风险。

（7）竞品情况。在跨境电子商务选品过程中，同行竞品的情况也是比较重要的考量因素。无论是境内的电子商务，还是跨境电子商务，价格战往往都是不可避免的。利用电子商务平台的基础搜索功能，可以对线上的同一类产品进行搜索，不同卖家的产品价格一览无遗，结合价格排序等筛选工具，相关价格的分布情况便一目了然。利用这样的价格排行进一步分析相关竞品的情况，得到类似产品卖家的相关数据，用来分析自己和对手各自的优势，并充分利用自身的优势做到差异化。

（8）物流运输。卖家应该对物流的运输方式进行调研，因为跨境运输经常会遇到运输时间长、海关检查扣留等不确定因素，导致产品运输延迟。例如原计划 1～3 天送达的产品可能会因为种种原因拖延至一个月后才完成运输，所以对于一些时效性要求比较高的产品可能需要额外考虑不确定因素带来的风险。同样还要考虑产品在跨境运输过程中可能受到挤压、碰撞等情况，因此跨境商品需要更好地进行包装。

**2. 选品的误区**

结合各项考虑内容进行跨境电子商务选品的同时，卖家还需要甄别一些不适合跨境电子商务销售的产品。例如：

（1）食品类

食品类的产品通常涉及食品安全和保质期。不同国家的食品安全规定和标准存在着差异，可能导致国内符合食品安全的产品，在国外因为不符合食品安全规定而被扣留或者禁止出售。通常海关会对此类产品进行严格的检查和控制。此外，一些保质期比较短的产品可能由于运输过程中的一些问题，在送抵消费者之前就已经过期，在卖家和消费者之间会引起不必要的纠纷。

（2）粉末和液体

粉末和液体也是海关重点检查对象，清关过程一般会比较烦琐，周期会比较长，而且容易泄漏，对包装运输要求比较高，例如化妆品、清洁用品等。

（3）带电产品

一些带电的产品也比较容易被海关抽查。此类产品可以进行境外电子商务销售，但是不建议新手电子商务卖家选择。因为不仅海关清关过程比较复杂，电子产品的后期海外维护也比较复杂。通常需要反向邮寄或者在境外安排维修点来实现，无论哪种方式，其维护成本都比较高。

（4）危险品

这类产品在海关清关、运输安全等方面都存在很大风险。并且不同国家对此类商品的管控要求和标准不一，所以不建议以危险品类目或者有危险品成分的产品作为跨境电子商务销售内容。

### （三）常见选品工具

帮助开展选品工作的工具有很多，有谷歌趋势、阿里指数、百度指数、紫鸟数据魔方、易麦宝等。在了解选品的重要性和思路后，卖家就能进行具体的选品工作，选品工作可在搜索框搜索。

之后，可以搜索相关领域的关键词，例如输入"成人帽"，看看市场上成人帽子的销售情况，平台呈现了随着时间维度变化的销售成交额信息，帮助卖家看到该类商品的销售变化，同时该平台会自动生成一条针对数据的解读信息来帮助卖家理解相关内容。如针对"成人帽"的数据结果，数据解读中就会给出两条信息。

（1）最近 30 天在成人帽相关行业中，儿童帽在 1688（阿里巴巴）的市场需求最大。

（2）未来一个月，预测热门行业市场需求没有较大增长。

虽然这些数据解读内容只供参考，但为卖家在选品比较中提供了基础的数据支持。

此外，还能选择属性细分类目查看相关详细信息，当前市场需求中，风格百搭的帽子更受青睐，这些热门的关键词可以作为产品的分类和关键词来帮助提高产品的曝光度。除了风格，还有不同的划分类型可以选择，包括适合季节、功能、产品类别、流行元素等。在数据解读方面同样也有相关建议。

（1）最近 30 天，成人帽行业在 1688 市场的热门风格为：百搭，韩版，欧美，休闲，街头。

（2）预计未来一个月，1688 市场成人帽行业的热门风格为：韩版，百搭，休闲，欧美，街头。

之后可以查看采购商素描，来分析相关行业信息。对于该产品相关行业的一些关联产品，卖家可以考虑结合相关产品进行优惠购买组合提高客户单价。同样，此界面还能够看到相关数据解读的建议。

（1）最近 30 天，采购成人帽的采购商中，通常还会关联采购围嘴围兜、口水巾。

（2）建议采购商可以结合实际情况，去行业大盘了解围嘴围兜、口水巾的市场供求趋势。

最后，在阿里排行中可以看到各类相关排行信息。通过搜索排行榜，可以看到哪些关键词搜索到的该类产品最多，而且平台会针对搜索关键词的搜索趋势进行对比统计，帮助进行市场预测。关键词搜索结果会显示能够搜到的产品数据，帮助用户分析市场竞争的激烈程度。

## 二、选品方式

### （一）行业选品

所谓行业选品，主要指选择更好的行业产品并基于跨境电子商务平台进行销售。行业选品时，不但要分析行业产品在原厂地的销售情况，还应结合在境外销售目的地的销售预测进行统筹考虑。行业选品有很多方式，这里选择最主流的一些方式来进行介绍。

**1. 运用"生意参谋"软件大致分析什么行业的产品具有商机**

"生意参谋"是阿里巴巴着重打造的首个卖家统一数据平台，面向全部卖家提供全面的、一站式的，并且可以个性化定制的大数据分析。它不仅能够为卖家提供流量、商品、交易等全链路的数据披露，还能够对这些数据进行分析解读及预测，为卖家制订销售方案、提供数据化指引。

该软件的核心功能囊括了店铺的实时指标、流量分析、搜索词排行榜、转化分析、购买数据、各项服务评价、竞争情况及行业排行，这些信息均能协助卖家及时调整销售方案，抢占商业先机。

**2. 跟随"爆款"，加以复制，继而超越**

创业初期，卖家选品可以采取跟随"爆款"的方式，"爆款"的价格、款式、风格等都经过了市场考验，因此以成功案例作为参考是不错的选择。但不要完全模仿，需要变通，通过分析竞争对手的弱点，根据实际情况来操作，以增加点击率，提高转化率。

**3. 通过考察实体店了解市场**

卖家上架产品前，可以去各大实地市场进行了解，例如小商品市场集散中心——义乌，服装城——常熟，皮革城——海宁，女装市场——广东等，根据即将上架的产品类别去实地考察其质量及款式。

**4. 通过社交软件或者大流量论坛了解时尚关注点**

不同国家有不同的社交软件，通过这些社交软件可以看到当地消费者所关注的类别以及他们的需求，而一些专门论坛的范围会更广泛，大众所关注的热点都能体现出来。此外，卖家还可以关注一些社交平台官方门户网站，通常一些比较热门的主题和关注点、特色的产品都会有所曝光。

### （二）类目选品

随着电子商务的快速发展，有些产品的市场已经近乎饱和，如果卖家没有抓住一个亮点产品，就很难在这个行业内立足，因此类目选品可以帮助卖家更好地定位产品。这里以亚马逊平台的家具类目为例，介绍如何进行类目选品。

**1. 针对不同运营站点不同客户进行匹配**

中国卖家在向欧美等站点销售窗帘、桌布、床上用品等产品时，需要选择欧美国家欣赏的风格，诸如色调清爽、相对单一、设计简约、整洁干净。这时可以采用站内 Best Sellers 选品法，根据销量来确定。

**2. 选择一些既有趣又有利用价值的产品**

海外站点会更喜欢 DIY 产品，类似手工艺产品，这种形式的产品可以添加制作的乐趣，还非常实用，例如居家类可以 DIY 的浴球等。

**3. 测算当地市场对于产品的需求量及容量**

卖家销售商品的时候，要考虑当地市场对于产品的需求，例如除草机，欧美国家大多数家里有庭院，大部分居民需要园艺用品，这一点与国内不同，因此需要对市场所需的量进行分析，再进行选择。

**4. 根据产品的自身实力进行选择**

产品的质量也需要关注，例如常用的旋转拖把，旋转头是否耐用，拖布材料吸水性是否良好、是否易干等。

在销量榜上，可以看到该类目产品的 TOP 100，卖家针对这些产品进行认真的梳理、研究，同时结合自身资金情况进行综合比较，评估哪些产品值得运营。

此外，会有部分商家反其道而行之，认为销量高的产品，竞争也会异常激烈，因此会更加关注一些小众类目，例如亚马逊平台的"新品上架"。这部分产品的关注度相对 Best Sellers 来说会较少，但也具有一定的需求与销售趋势，它体现出了该类目的一个新的拓展方向，具有更多的可能，甚至有可能意味着新的爆款的产生。

**（三）平台选品**

**1. 全球速卖通平台选品**

针对全球速卖通平台，选品的方法大致可以分为以下三种。

（1）确定好主营的产品线，最好是已经有货源或者在价格上有优势的产品，如果没有，则可以通过以下方法筛选产品。

通过平台活动选品，进入速卖通平台，可以在标题栏内选取国家、语言及货币，前台中所展示的 Flash Deals、LIVE 及 New User Zone 产品，都属于平台活动产品，这里推荐的产品一般都是热销度比较高的，卖家可以参考这里涉及的类别来确定自身产品。

（2）不同市场需求不同，卖家需要充分了解目标市场，例如美国和欧洲部分国家注重品牌效应，欧洲其他国家则注重性价比，而东南亚则更关注价格。所以，每个市场的偏好不一样，需要的东西也不一样，卖家需要对该地区的风俗、喜好、信仰等进行多方面了解，才能确保所选产品卖得出去。

想要了解市场，可以分析该地区用户搜索的关键词，关键词包括该类产品的特点以及价格分布等，这有助于卖家分析产品的价值范围。

查找某一类产品的热搜词，可以在全球速卖通首页的搜索栏内输入相应的单词，例如 coffee，然后搜索栏会自动跳出近期热搜的词汇，可以由此判断咖啡类相关产品的受关注度。

（3）卖家可以巧妙利用平台选品栏目，通过数据纵横选品，可以在全球速卖通平台的后台数据中挖掘热销产品的具体信息。科学且系统地分析其标题、好评率、分类、下单人群等，看看该产品是否存在潜在的亮点。

还可以利用第三方的数据挖掘工具来分析潜在产品。卖家在选品过程中，需要特别关注销量远高于评论数的产品，这样的现象意味着这个产品是近期上架的，并且具有很大的潜力，而订单数与评论数都很多的基本已经过了产品的"成熟期"，需要谨慎对待。

**2. eBay 选品**

（1）要寻找热门产品，卖家可以直接在 eBay 平台上搜索大的类别，点击后仔细观察分析每个产品下方的名目，尤其是红色字体，它可以体现用户的关注度。

然后可以列出一些目标商品的关键词，再对其进行搜索。

卖家还可以研究竞争对手在售的产品，尤其是主打产品，对方上架产品前必定是经过大量的市场调研，所以在 eBay 平台的某大类销售排行榜上可以进入销量最高的产品所在的店家，看其还在出售哪些其他产品。因此，选品的关键指标是看该产品的销售量。

（2）寻找利润可观的销售产品。卖家在平台利用关键词搜索出列表后，可以通过一些指标来检验该产品是否值得投资，这些指标主要包括：产品成功上架率、出售率及产品均价。这些指标可以通过一些工具获取，成功上架率大于 50% 表示该产品的销售进展不错，数据越高，销量越好。产品出售率如果能达到 100% 则是最好，出售率 = 销售商品数量 / 商品总数，出售速度越快，说明产品的需求量越大。假设该类产品平均价格为 200 元人民币，则商家应选择大于或等于 200 元的产品上架，这样的产品相对来说利润会更大。

（3）需要推出畅销产品。同一类别的产品非常多，如何在激烈的竞争中脱颖而出才是关键。商家可以在 eBay 平台的类目排行榜中查看销量最高的 10 种产品，分析这些产品的搜索关键词、特点等，寻找这些产品销量高的原因，结合自身产品的情况调整商业方案。另外，还要寻找并打造产品的独特性，想要吸引流量，赢得销售转化率，商家需要在某方面保持独特性，除了自身的特性以外，还可以采取"价格更低""物流更快""售后更好"等方式打造自身产品销售的独特性。

**（四）直通车选品**

简单来说，直通车模式就是点击付费的广告链接，一般出现在首页或者醒目的位置。会按照卖家出价高低、产品优劣进行排序，通常每个 IP 点击一次广告图收一次费，一段时间内，如果有重复的请求也不会再额外收费。当然也有其他的收费模式，包括按照曝光次数或者按照最后成交次数进行收费。与其他类型和目的选品一样，要了解直通车选品的方式，首先需要明确直通车选品的目标。通常来说，直通车推广方式能够更好地获取流量，达到更好的推广效果。此外还容易打造热卖款以及减少不必要的投入，提高推广活动的性价比。

产品信息的质量是影响产品销售的重要因素，卖家可以通过标题、图片、描述、属性、价格、尺寸、物流及库存信息来衡量一个产品的信息是否完善和足够吸引消费者。

结合这些关键要素，卖家就能针对直通车进行合适的选品。直通车选品可以遵循以下的基本步骤和原则来进行。

**1. 选择合适的标题**

标题要专业，能够一目了然，包含如产品属性、销售方式等关键信息。产品图片应尽量丰富，至少应有 5 张及以上详细描述图片，同时需要选一些清楚又能突出产品特色的图片放在醒目位置帮助提高内容识别度。

**2. 市场分析和产品定位**

商品应该更贴切地符合消费者的预期。卖家应该尽可能地突出该产品在其他同类产品中的优势，可以考虑其在同类价格产品中的性能、质量优势，或者同类性能产品中的价格优势。针对有多种规格尺寸的产品，还需要看这些产品的尺寸是否能够满足市场的主流需求，这点对境外电子商务平台销售尤为重要。例如大部分欧美国家的人体型偏大，而东南亚人体型较小，所以在尺寸规格上需要符合当地市场的需求。产品的款式也需要符合大众的审美和要求，才能够受到大众的青睐。

**3. 选择满足大众需求的产品**

因为直通车模式所面对的消费者往往随机性比较强，不会有太明显的消费者群体特征，所以能够满足大众口味需求的产品往往能够更好的销售。同时，在如今快节奏的生活中，人们往往希望能够快点拿到心仪的产品，所以卖家在备货和物流方面也需要有充足的准备，确保在直通车中进行购买的消费者都能在尽可能短的周期内收到产品。

**4. 进行历史销量分析和销售预估**

卖家对产品的历史销量和购买支付转化率也应有充分的分析评估。通过历史销售记录可以看到某个商品的销售情况，从而能够更好地评估产品在市场上的受欢迎程度，预测直通车销售额，进行库存准备。选择消费者下单量大且反馈比较好的产品作为直通车的销售产品能够确保相关产品有较好的销量。再结合一些价格优惠，提前进行预告和沟通，完善相关销售推广计划。

**5. 针对评论的分析和总结**

产品的好评率和用户反馈在直通车选品过程中也是一个需要重点考虑的因素，相关评价比较好的产品往往也能更好地吸引消费者下单购买，提高销售转化率。

## 第二节 跨境电商商品定价与发布

### 一、跨境电子商务商品定价

选择好跨境平台的商品品类后，就需要对商品进行定价。价格是电子商务最关键也是最敏感的话题，某种意义上是决定成交的核心因素，也是店铺盈利的核心。

#### （一）商品定价基础知识

跨境电子商务经营的核心目的在于盈利，商品利润＝商品价格－商品成本。商品利润是跨境卖家内心期望的数值，因此，掌握科学的商品定价方法至关重要。

**1. 影响商品定价的因素**

影响商品定价的因素很多，有企业内部因素，也有企业外部因素；有主观因素，也有客观因素。概括起来，大体上可以分为商品采购成本、物流成本、平台成本、售后维护成本以及利润率五个方面。

（1）商品采购成本

商品采购成本是指从供应商处采购商品的成本。选择一个优质的供应商是跨境电子商务经营的重中之重，可靠的商品质量、创新的商品研发能力、良好的服务意识都是评估供应商的参考因素。同时，还需要了解该商品采购价处于本行业价格的层次水平，判断是否具备价格优势。这是决定该商品是否具有市场竞争力的重要因素。在稳定且具有优势的商品成本基础之上，卖家才有可能拥有足够的利润和空间进行市场推广和运营。

（2）物流成本

物流成本是商品实际成本中重要的一部分。这部分依据跨境物流模式的不同而有所不同。一般来说，跨境物流的费用报价上都会标注"包邮"或"free shipping"，以此来吸引顾客的点击率。需要注意的是，卖家在进行商品定价时，要将物流费用计算在商品价格之中。

（3）平台成本

平台成本是指向跨境电子商务运营平台支付的相关费用，涉及入驻、成交、推广等方面的费用，以及平台年费和活动扣点等。其中，最为核心也最为重要的是推广费用，常见的如全球速卖通平台的P4P（Pay for Performance）项目费用推广。这部分费用需要店铺根据自身情况来选择，如果资金实力不够雄厚，更应该谨慎评估且有详细的预算安排。此外还有入驻费用，目前只有几个平台不收取，如敦煌网，其余大部分还是要收取相关费用。成交费用方面，各个平台都有相应的规定，如全球速卖通按照每笔成交额5%来收取，亚马逊则按8%～15%。当然，跨境平台成本越高，商品的价格也会越高，商品也就越不具有价格竞争优势。

（4）售后维护成本

售后维护成本因其线长、点多、周期长而容易被忽视。在跨境贸易中，经常会出现一些商品破损、丢失或是客户退货等纠纷，因此，卖家在核算成本的过程中也应该把售后维护成本明确核算进去。如果售后维护成本过高，则建议放弃这类商品。

（5）利润率

利润率也是跨境电子商务需要考虑的重要因素。一般来说，跨境电子商务成本一定的情况下，利润率越高，商品的售价也就越高。如全球速卖通等大部分外贸定价要点跨境电子商务平台的利润率较低，一般在15%～20%。

## 2. 价格调研

要想在激烈的跨境电子商务竞争中赢得先机，店铺商品的价格应该有一定的优势。而商品价格的确定要通过充分的市场调研与分析，不断调整和完善，知己知彼，才能在竞争中显露优势。为确定商品价格而展开的调研，一般可从以下几个方面入手。

（1）商品价格

首先要进入常见的跨境电子商务平台，如全球速卖通、亚马逊、eBay 等，其次选择要调研的商品类目，统计前 10 页的商品价格，并以此计算出该商品的平均价格。最后和自身商品价格进行对照，如果自身商品价格处于平均价格以下的水平，则具有价格优势，反之则需要适当调整。

（2）市场竞争力

首先也是进入常见的跨境电子商务平台，然后从以下几个维度进行调研和分析：第一，竞争者的数量。如果竞争者数量很多，说明该市场已经成为红海市场，定价基本只降不增。第二，地区的分布。这部分也是需要关注的，和自身市场处于同一地区的竞争者数量越多，则表示该商品溢价能力越差。第三，竞争对手的实力。有竞争对手不可怕，可怕的是具有核心竞争力的对手，可以从店铺的营销推广、品类、综合能力等多方面进行分析评估，对手实力越强，则自身商品后期的溢价能力也越差。

（3）商品差异化

店铺的商品越具有差异性，则说明商品的溢价能力越强。因此，卖家在店铺经营过程中要特别注重商品的差异化和个性化，包括商品拍摄、店铺装修、商品包装及物流等都要具有独特的个性和方式，拒绝同质化，避免千篇一律才是获得竞争优势的有效手段。

## （二）跨境电子商务产品定价策略

对于一些自有品牌的持有者或是具有品牌扩张潜力的企业来说，品牌的定价策略直接关系着品牌的生命力，这一点对于电子商务尤为重要，而且，定价策略是需要调整但是不能轻易调整的。

## 1. 传统定价策略

给商品定价，对卖家来说是一件进退两难的事情——既想在市场上保有价格竞争优势，又想赚取更多的利润。了解传统的定价策略有助于卖家综合使用这些不同的策略，为自身商品确定一个较为合理的价格。电子商务经常运用的传统定价策略包括成本定价、竞争定价及价值定价三种，下面一一讲解。

（1）成本定价

成本定价是零售行业最受欢迎也是运用最广泛的定价模式。其最大的特点就是简单，只需要进行市场调研和分析就可以直接设定价格。这种定价方式可以保证每件商品的最低回报，因而被称为"稳重定价"。

基于成本定价策略，如果想要赚取更多利润，只需要知道商品成本，并提高标价即可。计算方式为：成本＋期望利润值＝价格。

比如：小王拥有一家T恤网店，从供应商采购一件T恤并打样，需要10美元。而这件T恤的平均运费是2美元，所以这件T恤的成本预估为12美元。如果小王想在每件T恤上赚取10美元的利润，则T恤的价格就应该为22美元。现在店铺新增了另外一款T恤，这种T恤需要增加另外的打样费，成本提高到了13美元，再加上2美元的运费和10美元的利润，则店铺的该款T恤价格为25美元。

除此之外，卖家还可以使用百分比来确定商品的最后定价，如在商品成本上增加期望达到的利润率来定价。如该商品的成本为8美元，按照亚马逊目前的平均毛利润率16%、固定成交亚马逊佣金费率8%以及部分订单产生的联盟佣金5%进行计算，我们可以计算出：

$$销售价格 = 8 \div （1-0.08-0.05） \div （1-0.16） \approx 10.95（美元）$$

保守估计，销售价格为11美元。其中，5%的联盟佣金并不是所有订单都会产生的，但是考虑到店铺优惠券以及满减等活动，以5%作为营销费用基本合理。如果过程中再加入商品破损、丢失等损失的投入，按照邮政小包1%的丢包率来分析，又可以得出：

$$销售价格 = 8 \div （1-0.08-0.05-0.01） \div （1-0.16） \approx 11.07（美元）$$

得出销售价格后，还需要进一步考虑该商品的销售方式，是作为基本款销售还是通过做活动来销售。如果是通过做活动销售，按照平台通常活动折扣要求40%（平常按定价60%销售，活动时按定价50%销售）来计算：

$$上架价格 = 销售价格 \div （1-0.4）$$

综上所述，成本定价的方式虽然能让零售商免于亏损，但是也容易导致恶性的价格战。

（2）竞争定价

采用竞争定价策略，卖家只需要实时"监控"竞争对手的商品定价，然后调整与其相对应的价格即可。

这种定价策略在一定基础上才能够达到效果，如自身商品与竞争对手所销售的商品一模一样，没有任何区别时。当然，卖家所研究的竞争对手至少拥有相当的市场地位，并且竞品的市场价格与市场期望值是相匹配的。但是，这种定价策略也有弊端，如可能会带来恶性价格竞争，也就是所谓的"向下竞争"。

比如，某一卖家在全球速卖通平台上销售一个标价为599.99美元的商品，此商品在自身网站上标价也是一样的。当放到全球速卖通上后订单并没有增加多少，后来，卖家发现平台上的其他竞争对手正在以589.99美元的价格销售该商品，因此，卖家只能把价格降到579.99美元来吸引点击率和下单率。久而久之，双方都会因为不断降价而把自身利润空间压缩到可以忽略不计的程度。所以，作为卖家还是要谨慎选择竞争定价策略。

（3）价值定价

商品价值定价策略需要关注商品可以给顾客带来的价值。那么，卖家在定价时，就需要思考一个问题，在特定的时间内，顾客会为此商品支付多少费用呢？然后可以根据顾客的这种感知来设定商品价格，这就是商品价值策略。由于此种定价策略取决于顾客对商品的价值认定，因而也被称为"认知定价策略"，是几种定价策略中最为复杂的一类。

价值定价策略需要进行大量的市场研究评估和顾客分析，卖家需要掌握最佳受众群体的关键信息，包括购买原因、特定的商品功能、价格因素等这些内容在其购买过程中所占的比重。

卖家在运用价值定价策略时，并不是设定一个价格后就一劳永逸了，相反，商品定价可能会是一个相对较长的过程。卖家需要追踪客户对商品的满意度，逐步掌握反馈的市场信息，随时对价格进行细微的改动及调整。不过，从整体盈利水平来看，该定价方式的利润空间还是较为广阔的。

**2. 其他定价策略**

不同的商品有着不同的定价策略，不同的商品定价也反映出不同的销售策略。跨境电子商务产品涉及的定价策略有很多，除了上述的传统定价策略外，还有一些其他的定价策略。

（1）折扣定价策略

折扣定价策略是指利用电子商务平台的促销功能，设置相应的折扣价。折扣定价并不是长期打折，其目的在于吸引顾客的点击率。折扣定价是在标价的基础上选择一定的折扣，把商品成本、利润、物流费等都标注在"上架价格"中，这样容易吸引顾客。卖家也可以自行做一些优惠活动，如"满减""买就送"等，参与平台的推广活动能够促进销售量的增长。销量越高，价格越优化，卖家在平台上的搜索排名就越靠前，越有优势。

（2）引流定价策略

引流定价策略被称为低价取胜，也就是常说的"以价带量"，把商品价格定得较低，从而吸引大量点击率和浏览量，最终实现薄利多销。对于新开张的跨境店铺，首先要做的就是吸引客户。在这个阶段的定价策略，一般是在常见跨境平台中输入商品的关键词，搜索到销量排在前10位的商品定价情况，然后对它们的价格做平均加权，从而作为自身商品的销售参考定价。

（3）盈利定价策略

盈利定价策略最重要的是商品的调价能力，也就是溢价能力。卖家对确定能产生利润的商品，在供应商及物流方面做好全面的把控，尤其是商品品质必须可靠且稳定，供应商的库存充足、研发能力较为完善且持续性强。

店铺的优质盈利商品一般来说具有如下几个特点。

①竞争不大

某一商品在进入市场前，卖家都需要通过跨境电子商务平台进行调研分析，查询同行业同类型商品有多少竞争对手，并查看其排名及商品曝光度、营销推广等方面是否具备优势。总体来说，同类供应商越是密集，商品竞争性越大，溢价空间也越窄，定价也就越低。

②差异性突出

跨境电子商务卖家在商品照片拍摄、商品描述、商品展现等方面都应该具备较强的差异性，尤其是功能和属性部分。以船模型为例，可以给客户提供在模型上刻字、涂鸦等个性化、差异化的服务，从而扩大商品的溢价空间。售卖女装时，可以聘请国外的模特，运用特有的角度去体现服装的细节，溢价能力也会有所提升。

③品牌效应强

品牌效应越强，溢价能力也越强。客户会通过店铺的装修、设计风格，产品图片美工、描述等细节方面评估这个店铺的专业性和商品的档次。所以，卖家还要在上述方面做好文章，下足功夫，提升客户对品牌的印象。

④营销推广专业

卖家要积极参与平台的营销推广活动，如P4P直通车，或是利用相关社交网站进行推广。添加购物车数据越多，溢价能力也越强。

⑤紧贴节假日消费

一些商品具有很强的节假日特色，如春节、中秋节、圣诞节、情人节等人们爱购买的商品。越能体现节假日特色的商品，溢价空间也越大。

⑥销售量大、好评率高

销售量和好评率是最为直接和明显的商品特性体现。如果店铺的销量高、好评率高，就表示客户满意度高，商品的溢价能力高。

⑦供货压价多

爆款商品意味着订单较大，销量较大，店铺订货就会采用大批量采购的模式，这时供应商通常会给出一个更为低廉的价格，店铺也就因此拥有了一个比较大的价格空间，后期的溢价能力也随之水涨船高。

总而言之，盈利商品是卖家销售的核心，对于这样的商品，卖家既要依靠其特点和差异化来提升竞争能力，同时还要通过设计、装潢、描述、压价、好评率等多方面提高商品的溢价能力。溢价能力越高，后期商品带来的利润也就越多。

## 二、跨境电子商务商品发布操作及优化

### （一）跨境电子商务商品发布流程

商品发布是卖家在跨境电子商务平台上向海内外顾客进行展示的主要途径，旨在让买家迅速了解商品，缩短咨询时间。不同跨境电子商务平台的商品发布操作方法及注意事项大致相同，都需要进行上传商品页面、设置商品标题、对商品类目进行选择、上传商品图片、制作商品详情页等操作。

#### 1. 发布商品的步骤

发布商品信息的目的，在于让顾客对商品有一个较为清晰的认知。迎合买家的关注点是卖家发布商品信息取得成效的关键。通常来说，商品信息包括商品标题、商品图片、商品属性、商品价格、商品是否包邮、商品库存等。商品信息的设置最好符合一定的标准，如图片的清晰度、信息的丰富性、属性的完整性、运费价格的标注等，且同时符合网站特性。

商品发布操作要遵循平台的要求，各个跨境电子商务平台在商品发布部分大致相同，但还是有所区别的。下面以全球速卖通为例。

卖家要在全球速卖通上发布商品信息，首先需要申请一个平台账号，此账号还需要完成实名认证，否则发布商品后无法通过审核环节。

第一步：确认支付宝账户。

支付宝账户对全球速卖通的交易非常重要。如果卖家没有支付宝账户，则无法进行身份实名认证，此外，收款也是需要通过支付宝账户完成。因此，在认证之前需要确保支付宝账户的实名认证。

第二步：登录账号，进入个人中心页面。

登录支付宝账号后，会进入个人中心页面。如果账号未认证，系统会提示"马上开始认证"，点击之后进入身份认证页面。按照步骤，逐步核对信息即可。如果账号已经认证，则系统显示"支付宝认证成功"。

卖家登录全球速卖通账户后，点击左侧的"发布商品"按钮，或者点击"管理产品"，进入"发布产品"页面，即可看到商品发布方法，按照要求操作。卖家可以按照两种方法进行选择。

第一类是手动发布商品。

卖家按照要求依次填写发布类目、属性、关键词、图片、售卖方式、价格、包装信息、运费、商品有效期、标题、规格、发货期等商品信息，然后点击"提交"按钮即可。

第二类则是自动发布商品。

这种方法是指卖家将淘宝网上的商品直接搬运到全球速卖通上进行销售。根据相关规则，淘宝网上三星级以上店铺中会有相关类目可以直接与全球速卖通进行对接。具体的操作方法为，在淘宝网代销认领的相关页面中输入淘宝掌柜昵称或者是单品链接，之后点击"查询"按钮，查看该商品是否允许认领。如果可以，卖家便可以直接将商品搬

运到全球速卖通上进行销售。详细步骤为：输入淘宝掌柜昵称—粘贴淘宝链接—认领淘宝产品—编辑代销商品。

需要注意的是，商品的发布数量要有一定规模。只有种类丰富，才会吸引更多的流量，提高点击率，才有可能带来更多的销售量。产品数与订单数有直接的正比关系，尤其是平台卖家产品数达到120个以上时，出单率将直接提升5倍。

### 2. 设置标题

一个好的标题能够有效吸引顾客的注意力，特别是对于那些"标题党"来说，其重要性更是不可替代。

卖家在设置标题时，首先需要了解搜索排序规律，在此基础上，才能把顾客最想搜索的关键词设置成自己的商品标题。

通常来说，大的卖家在设置标题时都会搞竞价，以此来吸引点击率，这也是一种销售策略。而对于广大的中小卖家来说，标题的设置需要建立在充分的市场调研基础上。一般来说，包括两方面内容：一是数据的搜集；二是数据的分析。搜集数据的方式有利用数据纵横、网站论坛、页面搜索、卖家频道等。在搜集的过程中，要观察出现频率最高的词语，然后从中寻找灵感设置标题。

设置标题的具体策略是"三段式"。一为"核心词"，是指那些各自领域内的流行热门词语；二是"属性词"，描述商品长度、高度、颜色等的相关词语；三是"流量词"，观察哪些热搜词能够带来流量。按照"三段式"设置的标题，在兼顾商品相关性的同时，还有助于提高流量。

### 3. 设置关键词

商品关键词的设置一般是分四步完成的。第一步，确定核心词；第二步，向上延伸，采用稍大范围的词，覆盖更广的面；第三步，向下延伸，更具有精准性、针对性；第四步，平行延伸，采用同义词、近义词等不同的组合形式。

下面以手机壳商品为例进行关键词的设置。

第一步：确定核心词——phone case。

第二步：向上延伸，采用更大范围的词——phone accessories。

第三步：向下延伸，更精准。

材质——PU case, leather case, TPU case。

型号——case for iPhone, case for Samsung。

用途——phone protection case。

第四步：平行延伸，同义词、近义词——phone cover, mobile case, mobile phone case。

### 4. 设置详情页

有人说，跨境电子商务卖家卖的不是商品，而是图片。这是因为客户面对的不是实物，所以一张图片设置良好的商品详情页，对于卖家来说是非常重要的，甚至能起到将客户的购买欲望转变为购买行动的作用。一张详情页可以由多张图片构成。

良好的详情页，一般都具有转化率高、平均访问度高、页面停留时间长、客单价高、跳失率低等特点，而其中最为重要的是转化率高。转化率，也就是指客户浏览了卖家店铺页面后下单的比率。客单价高是指每位顾客购买的平均单价高。跳失率是指客户浏览了店铺页面后，又去看了其他页面，最终未在该店铺下单的比率。

### （二）跨境电子商务产品 Listing 优化

Listing，就单词意思来说，作名词是指表册、目录、列表、位置、演出信息；作动词的意思是（按某次序）把……列表、列清单、拟订清单；列举；把……列入一览表等。Listing 在商品管理中就是指产品页面，一件商品一个页面。Listing 优化则是指对产品的相关页面进行优化的过程。

虽然许多卖家开设了商品店铺，但是无论曝光量、浏览量还是访客数等指标都不太理想，甚至有的店铺的成交量为 0。在诸多原因中，店铺优化不力、推广不够是最主要原因。跨境电子商务产品 Listing 的优化，主要包括以下几个方面。

#### 1. 对商品标题的优化

当商品出现如下三种情况时，卖家就需要及时对商品的标题进行优化了。

（1）商品滞销严重。即卖家上传的商品在两周、一个月甚至是两个月内的浏览量很低，访客数很少。

（2）与其他店铺相比，同款的商品价格相同，但是销量远远不及其他店铺。

（3）商品跳单率高，曝光量低。说明该商品的属性和卖点没有被有效挖掘。

以全球速卖通为例，具体操作方法一般是需要先登录"我的速卖通"，进入编辑修改页面，然后点击"数据纵横"，进入"搜索词分析"页面，输入该商品标题中的主要关键词，可以明确查看排在前几位的商品标题是否包括自己的商品。如果不包括，卖家可以改换关键词进行重新搜索，或是查看搜索人气最高或较高的关键词，从而进行编辑修改，保证自己的商品能够被卖家搜索到，并且排在前列。

优化产品标题应当做到以下几点。

①标题包含更多单词：跨境电子商务平台的大多数产品类别允许在标题中输入 200～250 个字符（包括空格）。如果商品标题还没有达到这个上限，就很有可能错过让产品"露面"的好机会。

②使用关键词：卖家可以使用类似 Jungle Scout 的工具来识别标题中的有效关键词，从而提升搜索排名并推动销量增长。

③描述产品细节：跨境电子商务平台提供许多关于描述产品标题的建议和指南，可适当参考。

④说明产品的好处：卖家可有效利用标题中的简短词句让潜在买家了解购买商品的好处。

⑤把最重要的信息放在首位：产品标题都是从最重要的信息开始的。换言之，标题

中使用的第一个词应该与品牌和产品有关；之后可再添加其他描述，帮助买家更好地了解产品的特点。

**2. 对商品详情的优化**

商品详情的优化，主要涉及文案、属性、图片三个方面。

（1）商品文案的优化，其目的在于表达出卖家对商品的熟悉和喜爱程度，同时对买家给予理解和尊重。

①问候语。对买家的光临和选购表示感谢，所以需要设置相应的问候语。

②购物须知。卖家只有站在买家的角度，设身处地地为买家着想，解答他们可能在选购商品过程中遇到的困惑，才有可能赢得顾客的喜爱和信任。如果店铺正在开展相关促销活动，要记得提醒买家。

③商品描述。对商品的描述进行优化，主要是向买家展示商品的各个细节，包括商品的品牌、信誉以及买家的评价、销售情况、商品卖点等；也可以在买家购买、付款、验货、退换货、保修等方面给予及时准确的说明，打消买家的各种顾虑；也可以展示店铺正在开展的各项优惠促销活动，促发顾客的实惠感，增进与用户的黏性。

④卖家承诺。卖家要了解买家的各种购物心理，从而努力迎合，适时给予承诺，促发买家的信任感。

⑤购物指南。在买家选购商品的过程中，卖家应在如何挑选适合自己的商品、如何选择物流、如何使用优惠券、如何下单更省钱、如何付款等方面要给予买家及时的指导，拉近买家和卖家之间的距离。

⑥买家评价。买家购物完成之后，卖家要及时引导和鼓励买家填写购物体验。这个过程不仅是对买家的一种尊重，更是对其他潜在买家的指引。

⑦买家忠诚度。买家购物完成后，卖家为了提高买家的忠诚度，可以邀请买家成为本店会员，在节假日给予一定的优惠折扣。

（2）商品属性的优化。

商品属性是决定买家是否下单的关键，买家打开商品详情页后，首先看到的是商品属性部分，也就是商品的使用价值。因此，卖家需要在完善商品属性方面下足功夫，即完整度要超过商品发布页面所提示的平均值，这样才能增加被买家搜索到的机会。

卖家在填写时，要尽量详细、准确地填写系统推荐的属性和自定义商品属性。自定义属性默认显示一行，点击"添加更多"便增加一行，最多可以添加5行。以敦煌网为例，商品为"无品牌"，适用型号为"Universal"（通用型）。

（3）商品图片的优化。对商品图片的优化，主要从动态图和详情图两方面进行。

关于展示动态图的数量，各个跨境电子商务平台不一样。比如，全球速卖通上的动态图最多可以放六张。其中，尤其需要注意的是首图的展示效果，像素要求在350×350以上。其次，要对商品的各个角度进行全面展示，如正面、侧面、反面、细节、包装等。在处理图片过程中，一般商家会打上水印，虽然增加水印能够保护图片版权，但是某种程度上也降低了买家的购物体验。因此,大部分平台不建议卖家在主图上加水印。值得一提的是,如果能在图片上添加一些简单的提示语,如"促销、打折、10%off、hot、on sale"等字样,有助于增加点击率。

商品展示图片也并非越多越好,为了节省买家浏览网页的时间和流量,商品详情图数量不宜过多。例如,全球速卖通上的商品图片一般为8～12张,最多不会超过15张。随着移动电子商务的快速发展,详情页的优化目标应当是少而精。

## 第三节 跨境电商店铺设计

### 一、跨境电子商务视觉设计基础

对于当下竞争非常激烈的电子商务市场,充分利用视觉设计与营销的手段来吸引潜在顾客的关注以刺激消费,是一种常见的电子商务运营手段。店铺视觉设计的目的不仅仅是博人眼球,更重要的是塑造自己的网店形象,美观呈现店铺所售商品及相关服务。

#### (一)不同地区电子商务视觉审美解析

不同地区的买家审美偏好不同,在进行店铺装修时,卖家首先应该了解当地买家的审美需求,进行有针对性的页面风格设计。

##### 1. 欧美地区

欧美地区的用户不喜欢太过花哨的界面,更偏向于简洁明了、大方朴素的风格,他们认为这种风格的网页浏览得更舒服。

此外,欧美用户不喜欢花哨和无用的功能。例如,为了吸引用户浏览网站,一些网站特意将搜索功能设计得非常复杂,使得搜索网站内容需要三步以上的操作,这样会适得其反,使得用户没有浏览下去的欲望。

再者,欧美用户关心他们的个人隐私。特别是在浏览购物网站时,他们会仔细查看网站的隐私条款和网站加密协议,以确保网站在浏览和购物时不会泄露他们的隐私数据。因此,在欧美地区的电子商务视觉设计中,卖家最好尽可能详细写下一些隐私条款,然后在网站中添加加密协议,以取得他们的信任。

##### 2. 日韩地区

(1)日本

日本地区有的电子商务店铺在进行视觉设计时,比较喜欢使用丰富的色彩来表现卖家和商品的活力,以此来吸引用户的注意力。

此外,日本用户,特别是女性用户比较喜欢一些可爱、好看的风格,这种"激萌又可爱"风格在日本的本土文化中甚至一度占据着主导地位。从电视节目和商品到专业的商业标识,可爱的动画形象到处都能看到。所以在电子商务视觉设计中,特别是在一些特定的商品展示上,这种风格还是比较普遍的。

（2）韩国

韩国电子商务平台的页面结构相对来说比较简单，几乎是统一的风格，顶部的左边是网站的商标，右边就是导航栏，很少采用下拉菜单的样式，一般会将各级栏目的下级内容放在导航栏的下面。然后下面是 Flash 条，再往下就是各个小栏目的主要内容。

此外，在视觉设计上，韩国电子商务网站的页面色彩鲜亮，大面积使用图片，且 Flash 动画居多。他们对色彩的运用非常得当，经常运用渐变色以及透明水晶效果，也常常用灰色来搭配其他颜色，因为灰色比较中庸，能和任何色彩搭配，大大地改变色彩的韵味，使对比更强烈。正文文字也大多采用灰色，而局部则喜欢用色彩绚丽的色条或色块来区分不同的栏目。也有的电子商务网站会基于产品特性选择清新、自然的风格。

### 3. 东南亚地区

东南亚地区的电子商务视觉设计，比较突出的特点是喜欢用艳丽的色彩，这与东南亚地区传统的审美风格有关，深色系是电子商务视觉设计常用的颜色。此外，在电子商务网页模块划分上，一般会设计得相对整洁、简单，会用比较明显的字体突出商品信息，特别是价钱、折扣、商品卖点等，从而提高买家点击频率。

### 4. 非洲地区

非洲地区的网页设计一般比较简单，由于受技术、经济发展滞后的影响，与早期网站风格有点类似，在色彩上比较单一，展示的信息模块也比较规整。

## （二）跨境电子商务视觉设计准则

因为人文、地理、历史文化传统等各方面的差异，不同地区的人会有不同的审美，在电子商务视觉设计方面也会有很大的不同。但是，从总体上来说，人对于审美有共性的倾向，所以在电子商务视觉设计的构图、色彩、文案等方面也有很多一致的倾向。下面几点跨境电子商务视觉设计准则将有助于新手进行店铺设计。

### 1. 采用比较多的空间留白

很多国外的电子商务经营者在网页设计时会采用大胆的留白，给所展示的商品内容留下足够的空白空间。这种做法一方面可以控制好页面中的图文间距，对比衬托出想要强调的信息内容；另一方面，也给浏览页面的人留下思考与想象的空间，创造流畅的视觉体验。而与之相反的是，国内很多电子商务店铺虽然在装修设计时意识到留白的重要性，但在实践中往往不会采用大量留白，这不仅与国内审美有关，有时也与自身产品定位有关，不过目前有很多店铺认识到了这一点，根据自身定位，采取简约风、北欧风、文艺清新等比较朴素、清淡的风格，这类风格的店铺，往往会尝试让较多的空间留白。

电子商务店铺装修设计的目的一般在于科学、明确地传达商品信息，使得页面更加美观、协调和统一。在页面的信息区块之间采用留白的处理方法，页面会显得更加清爽，浏览者也能更为有效地接收信息。

### 2. 色彩运用得当

国外很多电子商务网页，特别是欧美的电子商务网页倾向于采用白色的底色，因为以白色为底色的图片有很好的对比性、整洁性和可读性。白色的底色能更好地呈现其他颜色，所以能更明确地呈现出想要呈现的商品信息。

当然，这里所述的白色与空间上的留白是不同的。

不过在一些其他国家的网站，例如韩国的电子商务网站，一般会跟随社会主流审美，选择淡淡的背景、清晰的文字、直观的素材。避免使用过于丰富的颜色和不必要的修饰。

而一些东南亚的国家的店铺，则会选择较为鲜艳的颜色作为主调进行店铺视觉设计，这也主要是为了迎合当地人的审美特点。如颜色给人最直观的视觉体验，不同的颜色会对人产生不同的情感影响，因此在决定店铺视觉设计风格的时候，要科学选用颜色进行设计。

### 3. 科学的构图

店铺视觉设计也要注重构图的科学性。

首先，要考虑图片、文字等要素的平衡、对齐和对比。同时，呈现的内容要避免累赘，可以用空白和适当的构图代替冗余的设计，国外的电子商务设计这方面都做得很好。

其次，对视觉平衡的把握上，要注意信息的主次对比，与此有关的颜色的选择，还有字体和图片的大小和排布。构图的中心思想是让用户在第一时间感知重要信息。

### 4. 注重细节

要在店铺视觉设计上做到更加精良，就需要设计者注重一些细节。例如，出于营造视觉效果或者吸引用户注意力的考虑，可以通过细节上的改变，实现更流畅的网页浏览效果。

## 二、店铺装修

不同的店铺要采取不同的装修风格，所选择的店铺装修风格要与店铺产品相符，这样才能使自己的店铺在众多店铺中脱颖而出。

### （一）网店主页面装修技巧

#### 1. 打造企业 Logo，更利于品牌传播

一般情况下，每个企业在成立之初都会考虑设置 Logo，因为企业 Logo 代表的是企业和公司的形象，传递企业和公司的品牌含义，Logo 比名称更吸引人的注意力，让人容易记住。

辨识度高的企业 Logo 是一个很好的推广媒介，可以让别人更容易记住，也可以少走品牌推广的弯路，节省推广费用。

Logo 的组成有以下几种方式：

①图形 Logo：由点、线、面这三种图形（也可能是其中的一种或者两种）组成。

②字体 Logo：使用各种文字、数字经过组合设计成的图形。

③图像 Logo：使用各种图像（常见的有动物、人物、植物、几何图形等）组成的图像。

### 2. 重视页脚信息

页脚是每个网页最底部的信息展示部分。对于网店经营来说，页脚信息是不可或缺的部分。

很多电子商务店铺在进行装修设计时会忽略网页页脚信息的设计，虽然页脚在网页中并非最容易引起人注意的部分，但是它仍然是电子商务店铺中不可或缺的部分。

网站页脚的功能是让用户借此找到对自己有用的信息，页脚信息一般包括：联系网站或者店铺的方式、相关的政策法规、店铺的相关制度、社交账户等。

### 3. 展现各种支付方式和安全证书

涉及金钱交易的电子商务交易是网络中最需要安全保障的领域，如果网站的支付保障不完善，信息受不到保护，就很有可能会威胁买卖双方的财务和信息的安全。此外，在线上交易越来越便捷的今天，很多跨境电子商务的买家会使用信用卡或者银行账户进行交易结算，支付方式的便捷性和安全性是其购物首要考虑的因素。因此，必须在网页上展示店铺支持的支付方式和相应的安全证书，打消他们的顾虑，建立一种互相信任和便捷交易的机制。这在虚拟环境下的跨境电子商务交易中是至关重要的。

基于上述考虑，跨境电子商务店铺在装修设计时，必须要注意提供各种支付和安全证书列表，让买家更有安全感、支付更加便捷。

特别是新开的店铺，这些信用标志很容易取得境外购物者的信任。因此一定要将这些信用标志放在比较显眼的位置，以确保每个潜在客户都能看到，最终促成交易。这些信任标志一般会放在以下位置：

①网站页脚；
②结账页面；
③付款页面；
④产品页面等。

### 4. 首页横幅要具有吸引力

一般情况下，打开一家网店，首先吸引人注意力的就是横幅。所以横幅的重要性不言而喻。如果打开店铺的首页首先看到的是一个设计得比较粗糙的横幅，浏览者对这家店铺的印象很有可能大打折扣。其次，店铺首页的横幅不只是作为店铺门面的装饰，更是用来传达本店铺的装修基调和经营风格的工具。

因此，店铺装修设计时一定要把横幅设计得有特色，与所售商品的属性和目标客户的审美倾向相符合。最好能通过横幅让浏览者明白店铺卖的是什么商品，店铺经营是什么样的风格，是文艺小清新的，还是简洁实用性的。

风格不同的店铺横幅，会传达出不同的店铺经营理念，在横幅的风格上做好差异化，更能给人以好感，吸引到目标用户。

另外，需要注意的是，高辨识度的横幅对于视觉设计者的要求也比较高，因此建议店铺经营者聘请比较专业的设计师来进行设计。

**5. 确保网站随时都能找到导航目录**

就像很多的人逛商场的时候可能并没有很强的目的性，很多电子商务网站用户在网上购物时可能也没有很明确的目标，或者刚开始购物时是有目标的，但是由于电子商务网页上的信息让人眼花缭乱，加上很多平台会根据用户的浏览历史和购物记录推送用户可能感兴趣的相关商品，便失去了最初的目的性。

基于这种用户缺少目的性的考虑，店铺的导航栏设计十分重要，要使用户在浏览店铺的各个页面时都能轻易找到导航栏，通过导航栏找到自己想要的商品。

导航栏一般分为顶部导航和侧边导航两种。

**6. 清楚地显示联系信息**

联系信息要在店铺页面中清楚显示，不只是作为一个设计部件展示，而且是店铺经营中必须展示的信息。如果买家在浏览店铺时发现找到店铺的联系信息有点困难，可能会降低对店铺的信任，因此不去购买商品。

以下有三种方法可以整合联系信息。

①将联系信息作为一个专用部分（标签）展现在网页上。可以选择在网页的页眉或页脚上用一部分空间直接展示联系信息，包括确切的电子邮件地址、电话号码和实体店地址。不要使用公共前缀（比如 sales，webmaster），如果是小店铺，可以用真实的人名将其人性化。

②如果为了在跨境电子商务中取得用户信任而需要展示店铺所在地址时，可以在网站上集成 Google maps（谷歌地图），以显示实体办公室的 GPS 位置。

③店铺也可以让用户选择填写自己的联系方式，让店家联系买家。这种情况一般适用于想要知道一些缺货信息或者退货流程的用户，没有购买需求的用户一般不会主动填写这些信息。

**7. 展示出明确的退货条款**

展示出明确的退货条款，有助于消除买家在购物时的疑虑，放心购买。

一个称职的电子商务网站设计者应提供退货条款和退货流程。可以选择在突出显示的部分（如页脚、标题和产品页面）中的每个页面上展示退货条款和退货流程。

### （二）商品详情页设计技巧

**1. 注意产品展示的细节**

店铺视觉设计中，从首页到详情页，从横幅、类别菜单到页脚，店铺的各个页面以及页面的每个部件都需要专业的装修处理方法，尤其是商品详情页。以下列举一些商品详情页设计时应注意到的细节。

（1）用多角度产品图像。

（2）集成产品图像缩放功能以提供缩放自如的视图。调查显示，用户在购物浏览图片时，更喜欢自行对图片进行缩放，以查看产品的细节。特别是在浏览商品详情页时，提供具有自由缩放功能的图片，既可以让买家细致、深入地了解商品，又打消了买家购买时的顾虑。

（3）用清晰品质的产品图像。

（4）用白色背景的图片来获得更清晰的细节。

（5）使用与网站的配色方案相匹配的色调，在一幅图的设计中不要使用视觉冲突的颜色进行配色，不要使用倾斜、位置不正的图像，保证网页上的字体和商品图片看上去前后大小一致，使用专业的字体，使其看起来尽量显得整洁、规范。

**2. 直观显示商品折扣和优惠力度**

买家在购买商品时，如果能够直观地看到商品原价、优惠信息、打折优惠后的价款以及为买家节省了多少钱，他们的购买欲望及对店铺的好感度将会大大提升。因此在网店装修中，无论是首页还是详情页，最好能显示出这种优惠信息。

**3. 显示运费及发货、配送条件和时间**

一般情况下，买家在网上挑选商品时，运费和发货时间是他们必然要考虑的因素，特别是对于一些比较急需的商品，发货时间和预计到货时间是决定他们购买与否的关键，而且在下单后一些买家也会时刻关注物流信息。因此网店在装修时，必须将这些信息显示清楚。当然，用户更希望有包邮的优惠方案。

**4. 使用专业的图片或者视频**

图片往往比文字更能吸引人，特别是对于线上购物，买家无法切身感知商品的信息，图片在网购中能更直观地传达商品信息。商品的展示图片是买家做出购买决定的重要依据，因此，在店铺装修时，选择美观、画质好和专业的图片至关重要。

以售卖一件衣服为例，在商品展示的页面中，图片应当从各个方位和角度展示商品，既要展示衣服的纹理和质感，也要展示在模特身上的效果。此外，对于有多种颜色的商品，还要展示出该商品的各个颜色，这种专业图片展示方法会比用小标签文字展示更加直观和打动人。

当前，线上购物飞速发展，使用视频来呈现商品已经成为一种趋势，在国内有的电子商务平台上，这甚至已经转变为一项必须操作。而且，相较于图片而言，视频能更好地展现商品的各方面信息，大部分的买家为了节省时间，也比较愿意观看展示视频，甚至在观看视频后购买的可能性更高。这需要电商经营者下足功夫，研究同类或者不同类商品视频的拍摄方法和呈现方式，将自己的商品通过视频的方式更好地呈现出来。

**（三）科学设置查看及筛选商品评价**

在当前的购物环境中，用户评价对店铺经营至关重要，甚至是影响其他用户是否购买的关键因素之一。越来越多的买家注重用户评论和图片，有的用户因为担心"买家秀"与"卖家秀"的差异出现，重视用户评价多于商品详情页的展现。因此，产品本身的质量好坏是很重要的一环，而用户的中肯评价也能增加其他用户购买时的信心。

鉴于此，在跨境电子商务经营中，卖家要重视用户评价板块的设计。这不仅是电子商务平台设计的任务，也是每个店铺经营者的任务。

但是也有很大一部分买家在购买完商品之后不习惯于评价，除非特别满意或者特别不满意时才会评价。因此，如何调动买家的积极性，鼓励他们主动评价、客观评价，也是卖家需要考虑的。同时在网店设计时，如何恰当地呈现这些评价、留言或图片，也是必须要考虑的问题。

### （四）在适当的时候提供商品推荐

一般情况下，网购的买家在挑选和购物时，会比较在意商品详情页面或者支付界面上看到的与所购买商品相关的商品。例如，在买家购买一件上衣时，或者购买后，卖家在相关的页面中挑选合适的位置显示推荐的商品，可以是裤子、裙子或者帽子之类的商品，买家一般会适当关注一下，遇到合适的还会点进去挑选购买。这样会大大带动店铺其他商品的销量。因此，在适当的时候提供商品推荐也是店铺装修设计中比较重要的部分。

例如，亚马逊网站在当前商品页面下方会显示"浏览此商品的顾客也同时浏览"（Customers who viewed this item also viewed）、"购买此商品的顾客也同时购买"（Sponsored products related to this item）的商品。这样的推荐比较能打动人，也比较能切中买家的需求。

# 第四章 跨境电商支付与物流管理

## 第一节 跨境电商支付管理

### 一、跨境电商支付管理概述

#### （一）跨境电商支付产生的背景

近年来，传统进出口货物或服务贸易受到全球经济增长放缓、需求降低、人力成本上涨等诸多不利因素影响，"集装箱"式传统外贸大额贸易方式受到一定的冲击，市场规模增长乏力，进出口业务发展趋缓，出口业务甚至出现负增长。而随着互联网技术的迅猛发展和日渐成熟，我国跨境电子商务发展却呈现迅猛增长的势头，成为国际贸易的新方式和新手段，逐渐成为我国外贸不可忽视的新增长点。

随着中国跨境网购用户数量的激增、人民币升值以及配送环节的不断成熟和完善，境内用户的境外网购交易额呈现逐年递增趋势。在跨境电商、海淘、留学教育、出境游等产业的推动下，中国跨境清算结算需求增长强劲，跨境电商支付市场将获得极好的发展机遇。在当前经济全球化、金融全球化、消费国际化的环境中，跨境电子支付服务已经成为中国支付体系的重要组成部分，并在跨境商务和个人消费生活中发挥着重要的作用，在现代支付体系中扮演着越来越重要的角色。

随着跨境电子商务和非金融机构支付业务的迅猛发展，一些规模较大、发展比较成熟的支付机构对扩展跨境支付业务的需求逐步强烈。大量跨境电子商务企业在境外开立账户收取货款，并通过个人分拆结汇等方式流回境内。同时，这些境外支付公司对我国境内外贸企业不仅收费高，而且管理苛刻，在发生纠纷时普遍偏袒境外持卡人，冻结我国境内企业的资金动辄数月甚至半年。因此，扶持我国自有支付公司拓展跨境业务，对于促进我国跨境电子商务和第三方支付市场健康发展具有重要意义。

#### （二）第三方支付概念

迅猛发展的电子商务浪潮改变了传统购物方式和商业模式，消费者通过网上购物可以享受到境外质优价廉的商品。然而，跨境电子商务与境内电子商务相比，买卖双方风险更难控制。在跨境电商平台这种虚拟的无形市场中，交易双方互不认识，不知根底，卖家不愿先发货，怕货发出后不能收回货款；买家不愿先支付，担心支付后拿不到商品或商品质量得不到保证。由于货物和款项在国家（地区）间传递交易，物流与资金流在时间和空间上不同步，各国或各地区语言不同，法律法规各异，相隔万里。这种信息不对称，导致商家与消费者的彼此信任度相对较低。因此安全、便捷的支付方式，成为商家和消费者最为关心的问题。

传统国际贸易中所使用的结算方式难以满足单票金额较小、批量较多及批次较多的碎片化跨境电商的需要，传统的结算方式主要有电汇（T/T）、托收和信用证（L/C），汇付和托收以商业信用为基础，出口商需要承担较大的风险，且贸易融资不便。信用证以银行信用为基础，虽可以降低出口商的收款风险并提供融资便利，但手续较为繁杂，费用较高。而国际电子商务的每笔成交金额较低，无法承担国际贸易中传统结算方式的费用，亟须采取低费用甚至零费用的支付手段，以解决国际电子商务发展过程中跨境支付费用高昂的难题。

正是在这种背景下，第三方支付在国际小额贸易中应运而生。第三方支付是指具备实力和信誉保障的第三方企业和境内外的各大银行签约，为买方和卖方提供的信用增强。在银行的直接支付环节中增加一个中介，通过第三方支付平台交易时，买方选购商品，不直接将款项打给卖方而是付给中介，中介通知卖家发货；买方收到商品后，通知付款，中介将款项转至卖家账户。它在商家与消费者之间建立了一个安全的可以信任的中介，可以对双方进行监督和约束，满足了商家与消费者对信誉和安全的需求。为了解决网络交易安全问题，可使用"第三方担保交易模式"。第三方是买卖双方在缺乏信用保障或法律法规支持的情况下的资金支付"中间平台"。买方将货款付给买卖双方之外的第三方，第三方提供安全交易服务，其运作实质是在收付款人之间设立中间过渡账户，使汇转款项实现可控性停顿。第三方担当中介保管及监督的职能，并不承担相应的风险，属于支付托管行为，通过支付托管实现支付保证。

### （三）跨境电商支付原理

第三方支付系统的实现原理：第三方机构与各个主要银行之间签订有关协议，使得第三方机构与银行可以进行某种形式的数据交换和相关信息确认。这样第三方机构就能在持卡人（或消费者）与各个银行以及最终的收款人（或者商家）之间建立一个支付的流程。

第三方机构必须具有一定的诚信度。在实际的操作过程中，这个第三方支付机构可以是发行信用卡的银行本身。在进行网络支付时，信用卡号以及密码的披露只在持卡人和银行之间转移，降低了通过商家转移而导致的风险。

同样当第三方是除了银行以外的具有良好信誉和技术支持能力的某个机构时，支付也通过第三方在持卡人（或者客户）和银行之间进行。持卡人首先和第三方以替代银行账号的某种电子数据的形式（例如邮件）传递账户信息，避免了持卡人将银行信息直接透露给商家，另外也不必登录不同的网上银行界面，取而代之的是每次登录时，都能看到相对熟悉和简单的第二方机构的界面。第二方支付模式中，商家看不到客户的信用卡信息，同时又避免了信用卡信息在网络多次公开传输而导致的信用卡信息被窃事件。

### （四）第三方支付的优缺点

1. 第三方支付的优点

（1）第三方支付平台提供一系列的应用接口程序，将多种支付方式整合到一个界面上，负责交易结算中与银行的对接，使网上购物更加快捷、便利。

（2）利用第三方支付平台进行支付操作更加简单而易于接受。通过第三方支付平台，交易双方不需要通过电子商务认证授权机构（certificate authority，CA）认证各方的身份，商家和客户之间的交涉由第三方来完成，使网上交易变得更加简单，更为快捷，成本更低。

（3）第三方支付平台本身依附于大型的门户网站，且以与其合作的银行的信用作为信用依托，因此第三方支付平台能够较好地突破网上交易中的信用问题，有利于推动电子商务的快速发展。

（4）对商家而言，通过第三方支付平台可以规避无法收到客户货款的风险，同时能够为客户提供多样化的支付工具，不需要在不同的银行开设不同的账户，帮助商家降低运营成本，尤其为无法与银行网关建立接口的中小企业提供了便捷的支付平台。

（5）对客户而言，不但可以规避无法收到货物的风险，而且货物质量在一定程度上也有了保障，增强了客户网上交易的信心，同时不需要在不同的银行开设不同的账户，可以帮助消费者降低网上购物的成本。

（6）对银行而言，通过第三方平台，银行可以扩展业务范畴，同时也节省了为大量中小企业提供网关接口的开发和维护费用。

可见，第三方支付模式有效地保障了交易各方的利益，为整个交易的顺利进行提供支持。

2. 第三方支付的缺点

（1）风险问题。在电子支付流程中，资金都会在第三方支付机构滞留，成为沉淀资金，如果缺乏有效的流动性管理，则可能存在资金安全和支付的风险。同时，第三方支付机构开立支付结算账户，先代收买家的款项，然后付款给卖家，可能为非法转移资金和套现提供便利，因此形成潜在的金融风险。

（2）电子支付经营资格的认知、保护和发展问题。第三方支付结算属于支付清算组织提供的非银行类金融业务，银行将以牌照的形式提高门槛。因此，对于从事金融业务的第三方支付公司来说，面临的挑战不仅仅是如何盈利，更重要的是能否拿到第三方支付业务牌照。

（3）恶性竞争问题。电子支付行业存在损害支付服务，甚至给电子商务行业发展带来恶意竞争的问题。境内专业电子支付公司已经超过40家，而且多数支付公司与银行之间采用纯技术网关接入服务，这种支付网关模式容易造成市场严重同质化，也挑起了支付公司之间激烈的价格战，惯用的价格营销策略将让电子支付行业利润被摊薄。

## 二、跨境电商支付渠道与工具

### （一）跨境电商支付渠道

通俗而言，跨境支付就是境内消费者在网上购买境外商家产品或境外消费者购买境内商家产品时，由于币种不一样，就需要通过一定的结算工具和支付系统实现两个国家或地区之间的资金转换，最终完成交易。

跨境电子支付服务涉及企业、个人、银行、汇款公司及第三方支付平台等多个主体，典型的跨境电子支付服务主要包括网上银行支付服务系统和有第三方支付平台参与的电子支付服务。

跨境电子商务的业务模式不同，采用的支付结算方式也存在着差异。跨境支付行业形成多渠道并存格局，包括银行电汇、快汇公司、国际卡组织、第三方支付及香港离岸账户五种渠道，各种渠道优劣并存，各有千秋。

B2B 信息服务平台模式，主要为我国外贸领域规模以上 B2B 电子商务企业服务，如为境内外会员商户提供网络营销平台，传递供应商或采购商等合作伙伴的商品或服务信息，并最终帮助双方完成交易。传统跨境大额交易平台的典型代表有环球资源网、中国制造网、博纳工业领航等。大宗交易平台仅提供买家和卖家信息，提供商家互相认识的渠道，不支持站内交易。外贸交易主要以线下支付为主，金额较大，一般采用 T/T、L/C、西联汇款等方式。

B2B 交易服务平台模式，主要提供交易、在线支付、物流、纠纷处理、售后等服务。目前，这种跨境平台主要有阿里巴巴国际站、敦煌网、慧聪网等。B2B 交易服务平台的市场集中度较高，这种平台模式多采用线上支付，支付方式主要包括 PayPal 等。

B2C 开放平台模式，主要提供交易、在线支付、物流、纠纷处理，售后等服务，以小额批发零售为主。代表性平台有兰亭集势、米兰网、大龙网、兴隆兴、TOMTOP（通淘国际）等。这种模式普遍采用线上支付，如 PayPal、信用卡、借记卡等。

B2C 自营平台模式，一般自建平台，代表性平台有兰亭集势、环球易购等。这种模式与 B2C 开放平台一样，普遍采用线上支付，如 PayPal、信用卡、借记卡等。

C2C 跨境电商零售模式，主要提供交易、在线支付、物流、纠纷处理、售后等服务，跨境电商平台主要有敦煌网、速卖通、易唐网等。这些 C2C 平台不参与跨境电商交易，而是在买卖双方交易的基础上收取一定比例的佣金，普遍采用线上支付，如 PayPal、信用卡、借记卡等。

自建电商模式，一般通过自建网站，精准定位，将商品销往境外，其主要业务包括交易、物流、支付、客服等，典型代表有 Antelife、义乌外贸饰品零售网店 Gofavor 等。支付方式按客户需求，可有多种选择。

### （二）跨境电商支付工具

按照是否需要去柜台现场办理业务，跨境支付方式分为两大类：一种是线下支付，比较适合较大金额的跨境 B2B 交易；另一种是线上支付，包括各种电子账户支付和国际信用卡，由于线上支付手段通常有交易额的限制，所以比较适合小额的跨境零售。

1. 线下支付工具

线下支付是相对于线上支付而言的。具体支付工具有：信用证、托收、电汇、西联汇款、速汇金 MoneyGram、香港离岸账户。

（1）信用证

信用证（letter of credit，L/C）是指由银行（开证行）依照（申请人的）要求和指示或自己主动，在符合信用证条款的条件下，凭规定单据向第三者（受益人）或其指定方进行付款的书面文件。即信用证是一种银行开立的有条件的承诺付款的书面文件。

在传统国际（地区间）贸易活动中，买卖双方可能互不信任，买方担心预付款后，卖方不按合同要求发货；卖方也担心在发货或提交货运单据后买方不付款。在信用证结算方式中，银行以银行信用代替商业信用，为交易双方提供信用保证，从而促进交易的顺利达成和资金的安全支付。信用证是银行有条件保证付款的证书，成为传统国际贸易活动中常见的结算方式。买方先提交信用证申请书，支付保证金和银行费用，由银行开立信用证，再由异地卖方银行通知卖方，卖方按合同和信用证规定的条款发货，开证银行在审单无误的条件下代买方先行付款。

①费用

信用证相应的银行费用项主要可分为以下几类：

A. 开证：开证费、改证费、撤证费；

B. 信用证传递：信用证预先通知费、通知费、转递费；

C. 信用证交单：邮递费、电报费、审单费；

D. 信用证收汇：议付费、承兑费、保兑费、偿付费、付款手续费、转证费、无兑换手续费、不符点费、不符点单据保管费；

E. 信用证中可能涉及的罚款项等。

同一银行对不同费用项的收费方式也不一样，有些是定额收取的，如通知费、不符点费等，按每笔收取；有些则是按比例收取的，如议付费、兑换费等；还有按时间循环收取的，如承兑费、保兑费等。另外，不同银行间的收费标准也是不一样的。

②优点

有银行信誉参与，相对比较安全，风险相对较低；在交易额较大、交易双方互不了解且进口国或地区进行外汇管制时，信用证的优越性更为突出；受 UCP600（跟单信用证统一惯例）的约束，贸易双方交易谨慎度较高；相比较于电汇、托收方式，信用证方式中交易双方资金负担较平衡；买方开立信用证需要交纳一定比例的保证金，保证金比例取决于买家的资信和实力，资信越高比例越低，卖方可以从中粗略了解买方的资信状况；即使买方拒付，卖方也可以控制货权，损失相对较少。

③缺点

信用证是独立的文件，银行只审单不管货，因此容易产生欺诈行为，存在假单；信用证方式手续繁杂，环节较多；信用证对单据要求较高，容易出现不符点拒付；费用比较高，影响出口商利润，如果信用证金额较小，各项银行费用总和将超过 1%；遭遇软条款陷阱，审证、审单等环节需要较强的技术性。

④适用范围

主要适用于成交金额较大（一般大于 5 万美元）的线下交易。

（2）托收

托收（collection）是出口人在货物装运后，开具以进口方为付款人的汇票（随附或不随附货运单据），委托出口地银行通过它在进口地的分行或代理行代出口人收取货款的一种结算方式，属于商业信用。根据托收时是否向银行提交货运单据，可分为光票托收和跟单托收两种。跟单托收根据交单条件的不同，又可分为付款交单（documents against payment，D/P）和承兑交单（documents against acceptance，D/A）两种。

托收属于商业信用。银行办理托收业务时，既没有检查货运单据是否正确或是否完整的义务，也没有承担付款人必须付款的责任。托收虽然是通过银行办理，但银行只是作为出口人的受托人行事，并没有承担付款的责任，进口人不付款与银行无关。出口人向进口人收取货款靠的仍是进口人的商业信用。如果进口人拒绝付款，除非另外有规定，否则银行没有代管货物的义务，出口人仍然应该关心货物的安全，直到对方付清货款为止。

托收对出口人的风险较大，D/A 比 D/P 的风险大。跟单托收方式是出口人先发货，后收取货款，因此对出口人来说风险较大。进口人付款靠的是其商业信誉，如果进口人破产，丧失付款能力，或货物发运后进口地货物价格下跌，进口人借故拒不付款，或进口人事先没有领到进口许可证，或没有申请到外汇，被禁止进口或无力支付外汇等，出口人不但无法按时收回货款，还可能蒙受货款两空的损失。虽然出口人有权向进口人索赔所遭受的各种损失，但在实践中，在进口人已经破产或逃之夭夭的情况下，出口人即使可以追回一些赔偿，也难以弥补全部损失。在当今国际市场出口竞争日益激烈的情况下，出口人为了扩大销售占领市场，有时也采用托收方式。如果对方进口人信誉较好，出口人在境外又有自己的办事机构，则风险可以相对小一些。

托收对进口人比较有利，可以免去开证的手续以及预付押金，还可以预借货物的便利。当然托收对进口人也不是没有一点风险。如进口人付款后才取得货运单据，领取货物，如果发现货物与合同规定不符，或者根本就是假的，也会因此而蒙受损失。但总体而言，托收对进口人比较有利。

①费用

托收所发生的正常的银行费用主要有托收费和寄单费。扣费包括两部分；境外银行扣费一般为 35～95 美元，境内交单行扣费 150～350 元。

②优点

相比于信用证，托收的操作比信用证简便许多，单据要求相对简单，费用相对较低；先发货后收款，因此对进口商有利，容易促成交易。

③缺点

托收是建立在商业信用基础之上的一种结算方式，卖方承担了较大的风险；对出口商不利，因为出口商能否按期收回货款，完全取决于进口商的资信；相较于电汇等方式，托收手续较繁杂，费用较高。

④适用范围

对于出口商来说风险较大，只适用于金额较大、往来多年的、彼此比较熟悉和了解的、信誉比较好的客户。

（3）电汇

电汇（telegraphic transfer）是汇款人将一定款项交存汇款银行，汇款银行通过电报或电传给目的地的分行或代理行（汇入行），指示汇入行向收款人支付一定金额的一种汇款方式。跨境电汇是汇款人通过所在地的银行将所汇款以电报、电传的形式划转境内各指定外汇银行，同时由境内银行通知收款人就近存取款项。相对于信用证、托收等方式而言，电汇适用范围广，手续简便易行，中间程序少，灵活方便，因而目前是一种应用极为广泛的结算方式。

①费用

一般来说，电汇的费用分两部分，一部分与电汇金额有关，即 1% 的手续费，另一部分与汇款的金额无关，而与笔数有关，即每汇一笔就要收取一次电信费。具体费用根据银行的实际费率计算，不同的银行收费标准差距较大，在选择汇款银行时要做好比较。汇款手续费一般都有最高限额，超出最高限额，以最高限额为限。

②优点

电汇没有金额起点的限制，不管款项多少均可使用；汇兑结算手续简便易行，单位或个人均可办理；收款迅速，快速到账；可先付款后发货，保证商家利益不受损失。

③缺点

需要去银行柜台办理业务，受限于银行网点分布；先付款后发货，买方容易产生不信任感；买卖双方都要支付手续费，相对于一些线上支付工具而言，费用较高，相对于第三方在线支付方式，电汇手续较为繁杂；在实际业务中，一般采用前 T/T，买方承担的风险较大。

④适用范围

电汇是传统 B2B 付款常用模式，适用于跨境电商较大金额的交易付款。

（4）西联汇款

西联汇款是西联国际汇款公司（Western Union）的简称，是世界上领先的特快汇款公司。西联汇款拥有全球最大最先进的电子汇兑金融网络，代理网点遍布全球近 200 个国家和地区。中国建设银行、中国农业银行、中国光大银行、中国邮政储蓄银行、浦发银行等多家银行是西联汇款中国合作伙伴。

①费用

收款人不需要支付任何费用，汇款人需要按照一定的比例支付汇款金额的手续费，如有其他额外要求，则加收附加服务费。

②优点

汇出金额等于汇入金额，无中间行扣费；西联全球安全电子系统确保每笔汇款的安全，并有操作密码和自选密码供核实，使汇款安全地交付到指定的收款人账户；西联汇款手续简单，利用全球最先进的电子技术和独特的全球电子金融网络，收款人可在几分钟内如数收到汇款；手续费由买家承担，卖家无须支付任何手续费；西联国际汇款公司在国外的代理网点遍布全球各地，代理点包括银行、邮局、外币兑换点、火车站和机场等代理网点，方便交易双方进行汇款和收款。

③缺点

汇款手续费按笔收取，小额收款手续费高；买家难以在第一次交易时信任卖家，在发货前打款，容易因此而放弃交易；买家和卖家需要去西联线下柜台操作；属于传统型的交易模式，不能很好地适应跨境电商的发展趋势。

④适用范围

1万美元以下的中等额度支付。

（5）速汇金 MoneyGram

速汇金国际汇款是国际速汇金公司 MoneyGram 推出的国际汇款方式，是通过其全球网络办理的一种境外快速汇款业务，为个人客户提供快捷简单、安全可靠、方便的国际汇款服务。速汇金汇款公司在全球 194 个国家和地区拥有总数超过 275000 个代理网点，是一家与西联相似的汇款机构。境内目前中国银行、中国工商银行、中国交通银行、中信银行代理了速汇金收付款服务。

①费用

速汇金汇入汇款业务无收费，卖家无须支付手续费；速汇金汇出汇款业务费用，包括佣金和手续费两部分，佣金收费标准按办理汇款业务时，国际速汇金公司速汇金系统自动生成的金额为准扣收；手续费根据速汇金公司提供的费率执行。

②优点

汇款速度快，在速汇金代理网点（包括汇出网点和解付网点）正常营业情况下，速汇金汇款在汇出后十几分钟即可到达收款人账户；速汇金的收费采用的是超额收费标准，汇款金额不高时，费用相对较低；无其他附加费用和不可知费用，无中间行费，无电报费；手续简单，无须填写复杂的汇款路径，收款人无须预先开立银行账户，即可实现资金划转。

③缺点

速汇金仅在工作日提供服务，节假日不提供相应的服务，而且办理速度缓慢；汇款人及收款人均必须为个人；必须为境外汇款，不提供境内汇款业务；客户如持现钞账户汇款，还需交纳一定的现钞变汇的手续费；速汇金合作伙伴银行对速汇金业务部不提供 VIP 服务；买家和卖家需要去线下柜台操作，不能很好地适应跨境电商的发展趋势。

④适用范围

适用于境外留学、旅游、考察、工作人员，也适用于年汇款金额不超过 50000 美元的中等交易付款。

（6）香港离岸账户

离岸账户，也叫 OSA 账户，在金融学上指存款人在其居住国家（地区）以外开设的银行账户。相反，位于存款人所居住国家（地区）的银行则称为在岸银行或境内银行。境外机构按规定在依法取得离岸银行业务经营资格的境内银行离岸业务部开立的账户，属于境外账户，如内地的公司在香港开立的账户，即香港离岸账户。卖家通过在香港开设离岸银行账户，接收境外买家的汇款，再从香港账户汇到内地账户。离岸账户只针对公司开户，个人开户是不支持的。离岸账户相较于境内外汇账户（NRA 账户）受外汇管制更少些，从资金的安全性角度来看，离岸账户要安全些，受国家外汇管理局监管没那么严格。

①费用

主要包括香港离岸账户开户费用和后续维护费用。不同银行开户费用略有不同，亲临香港办理费用约为 1150 港元；内地视频开户费用为 1750～3150 港元；如不方便可以选择委托代理。后续维护费用包括：年审费用（不包括雇员申报等费用），香港公司满 18 个月报税费用，汇款的费用以及资金量不到会员每月最低标准时的账户管理费。

②优点

资金调拨自由，离岸账户等同于在境外开设的银行账户，可以从离岸账户上自由调拨资金，不受内地外汇管制；存款利率、品种不受境内监管限制，特别是大额存款，可根据客户需要，在利率、期限等方面度身定做，灵活方便；中国政府对离岸账户存取款之利息免征存款利息税；加快境内外资金周转，降低资金综合成本，提高资金使用效率；利用一个离岸账户来收款，使企业在税务方面可以合理安排，对公司以后的发展具有极大的好处；接收电汇无额度限制，不同货币可直接自由兑换。

③缺点

开设离岸账户的起点储蓄金额一般较高，至少 1 万港元激活资金；若低于规定的资金量，每月需要缴纳一定的账户管理费；香港银行账户的钱还需要转到内地账户，较为麻烦；离岸账户常被犯罪分子用来洗钱，名声不佳；离岸公司的税务情况，受到比较严格的监管；部分客户选择地下钱庄的方式，有资金风险和法律风险。

④适用范围

传统外贸及跨境电商都适用，适合已有一定交易规模的卖家。

**2. 线上支付工具**

（1）PayPal

PayPal 是美国 eBay 公司的全资子公司，总部在美国加利福尼亚州。PayPal 与许多电子商务网站合作，成为跨境电商平台的线上支付方式之一。PayPal 是账户模式，需要交易双方都注册有 PayPal 账号，买家必须在 PayPal 账户上绑定信用卡账号，用信用卡充值到 PayPal 账户中，才可以进行付款。PayPal 交易不经过银行网关，如果买家拒付，在线操作即可，对其信用没有任何影响。

PayPal 是目前全球使用最为广泛的网上交易工具。它能帮助我们进行便捷的外贸收款、提现与交易跟踪；从事安全的国际（地区间）采购与消费；快捷支付接收包括美元、加元、欧元、英镑、澳元和日元等 25 种国际主要流通货币。用 PayPal 支付方式转账时，需要支付一定数额的手续费。

①支付流程

通过 PayPal 支付一笔金额给商家或者收款人时，可以分为以下几个步骤：

A. 付款人首先要有一个电子邮件地址，登录邮件地址开设 PayPal 账户，通过验证成为其用户，并提供信用卡或者相关银行资料，增加账户金额，将一定数额的款项从其开户时登记的账户（例如信用卡）转移至 PayPal 账户下。

B. 在进行付款时，付款人先进入 PayPal 账户，指定特定的汇出金额，并提供收款人的电子邮件账号给 PayPal。

C. 接着 PayPal 向收款人发出电子邮件，通知其有等待领取或转账的款项。

D. 如果收款人也是 PayPal 用户，在决定接受款项后，付款人所指定的款项即汇入收款人的 PayPal 账户。

E. 如果收款人没有 PayPal 账户，收款人要根据 PayPal 电子邮件内容指示连线站进入网页，注册取得一个 PayPal 账户。收款人可以选择将取得的款项转换成支票寄到指定的处所，转入其个人的信用卡账户或者转入另一个银行账户。

②PayPal 限制

关于 PayPal 账户使用遇到的问题，最常见的就是账户的限制，关于 PayPal 账户的限制主要类型及应对措施如下：

A. 新账户 21 天低限。新账户的限制很频繁，这是 PayPal 对新账户的审核。不需要提交任何资料，PayPal 会在审核结束后自动解除限制，遇到这种情况，只需耐心等待即可。

B. 临时审查限制。在多次收款之后的某一天突然被限，出现这种情况，PayPal 需要了解卖家的经营模式和产品信息，卖家需要做出积极的回应，提供相应的资料让 PayPal 了解卖家所经营的产品，常见的解除限制资料包括信用卡证明、地址证明、供应商信息、发票等。

C. 风险审查类的限制。这类型的限制，是由账户风险的审核引发的。账户的风险包括两方面，如果是来自买家的风险，买家账户风险过高，PayPal 会自动退款，交易无法进行；如果来自卖家，那就要从几个方面找原因，是否投诉率过高，是否短期内收款过多。

D. 高限。高风险、高限的账户不能收款、不能付款，产品违规、投诉率都会导致高限的产生。另外，账户出现限制的情况，如没有及时回应，限制会自动升级到高限，直至被封。所以若账户出现限制情况，要第一时间在账户中做出积极回应，按要求提交资料。

③PayPal 冻结

PayPal 账户冻结，是指账户的某笔交易被临时冻结，账户使用者不能对这笔交易进行退款提现等操作。一个账户从注册到收款然后到提现，PayPal 公司从来没有从用户手里得到过任何的资料，所以每个账户从开通到提现的过程中肯定要被冻结一次，然后要求账户使用者递交身份证明、地址等资料来证明使用者是真实存在并且遵纪守法的公民。出现以下几种情况也会被冻结：

A. 收款后立马提现，比如账户收了 1000 美元，收款后马上提现 900 美元。存在这种情况，卖家收了款，货还没发就提现，难免引起怀疑导致账户被冻结。

B. 提现金额过高。例如收款 1000 美元，发货后，卖家需要资金周转，把 1000 美元全部提现，这种情况比较危险。PayPal 上一般提现金额在 80% 以内是比较安全的，留 20% 是为了防止买家退单，也是为了让 PayPal 放心。

C. 被客户投诉过多、退单过多。一般投诉率超过 3%，退单率超过 1% 就会被 PayPal 公司终止合作了。

D. 所售产品有知识产权问题。境外非常重视知识产权的保护，如果出现仿牌或者假货，PayPal 将禁止其交易，一旦国际品牌商向 PayPal 投诉，后果非常严重，卖家将难以再使用 PayPal 进行支付。

④费用

收款方费用，每笔收取 0.3 美元银行系统占用费；交易时候收 2.9%～3.9% 手续费；跨境交易，每笔收取 0.5% 的跨境费；每笔提现收取 35 美元。

⑤优点

无开户费用；PayPal 符合大多数国家或地区人群的交易方式，在国际上知名度较高，拥有不可忽视的用户群。

⑥缺点

不支持仿牌收款。偏向保护买家利益，相对于卖家来讲比较没有保障。交易费用主要由卖家提供。提款等后续限制和费用较多，而且账户容易被冻结，如果有一笔交易存在争议，而买家和卖家不能达成一致意见，支付公司则会冻结卖家的整个账户，用来保护买家的利益不受损失。

⑦适用范围

适合跨境电商零售行业，几十到几百美元的小额交易。

（2）国际信用卡支付

国际信用卡收款通常指的是国际信用卡在线支付，目前国际信用卡收款是支付网关对支付网关模式（类似于网银支付）。信用卡消费是当今国际流行的一种消费方式，尤其在欧美，信用体系非常完善，人们习惯用信用卡刷卡进行提前消费，基本是人手一张卡。购物时用信用卡在线付钱，早已成为主流。

①支付流程

信用卡支付的风险，来自"先用钱，后还款"，其支付流程如下：买家从自己的信用卡上发出支付指令给发卡银行。银行先行垫钱支付给卖家银行。银行通知持卡人免息期满的还款日期和金额。

虽然卖家已经完成交易，但只有当买家做出如下行动时货款才有100%的保证。买家在还款日到期之前还款，交易顺利完成，卖家收货款成功；买家先还部分，一般大于银行规定的最小还款额，其余作为向银行贷款，并确认同意支付利息，以后再逐步偿还本息，最终买家得到融资便利，银行得到利息收入，卖家及时得到货款。

②优点

A. 客户群巨大，国际维萨、万事达卡用户量超过20亿人次，特别是欧美地区，使用率很高，符合境外买家的提前消费习惯，使支付更方便。

B. 扩大潜在客户：信用卡支付是只要买家持有信用卡就能完成付款。信用卡持有人相较在支付公司注册的人数要多得多，在欧美几乎人手一张信用卡，是所有人都接受也乐意使用的一种消费模式。

C. 减少拒付：由于属于银行对银行模式，买家拒付需要到发卡行操作。同时发卡行也会对该笔拒付进行核查，看看是否是属于恶意拒付（如果是恶意拒付的话，银行就会在持卡人的信用记录上有所记录，给买家以后的生活、学习和工作带来很大的不便，所以持卡人一般不会随意拒付）。账号对账号模式的拒付对持卡人的信用记录没有任何影响，所以信用卡支付的拒付率相对于账号对账号模式的拒付率要小。根据国际卡组织统计，使用信用卡消费的拒付概率不超过5%。

D. 不会冻结账号：信用卡支付，如果有笔交易存在交易争议，则会冻结该笔交易的金额，不影响整个账户。信用卡通道注重买家和卖家双方的利益，会根据货品的发货情况以及买家的态度来进行处理，不会关闭通道造成商户资金冻结，因此对拒付的处理无疑更加公平。

E. 买家付款过程简单方便：在买家页面选定相应的物品后直接进入信用卡验证页面，从而减少付款步骤，方便买家付款。付款快捷，仅需3～5秒钟。

③缺点

A. 需要开户费和年服务费，门槛有点高。

B. 仍可能拒付。国际信用卡本身有180天的拒付期（个别信用卡甚至180天后还可以拒付）。所谓拒付，是指信用卡持卡人本人主动要求把钱要回去的行为，拒付的原因：客人没有收到货，货不对板，货物质量问题，黑卡、盗卡、商务卡交易，诈骗分子。

④适用范围

一般用于外贸中的1000美元以下的小额收款，比较适合网店零售，主要商品有鞋服、饰品、生活用品、电子产品、保健品、虚拟游戏等。

（3）阿里巴巴 Secure Payment

Secure Payment（原Escrow服务）是阿里巴巴国际站针对国际贸易提供交易资金安全保障的服务。它联合第三方支付平台Alipay提供在线交易资金支付的安全保障，同时保护买卖双方从事在线交易，并解决交易中资金纠纷问题。为了买卖双方更清晰地了解及认知线上交易中资金安全保障的流程、支付方式及纠纷退款问题处理方法等，对原 Escrow 服务系统进行了升级优化，Escrow 服务将名称更换为 Secure Payment。

①Secure Payment 流程

Secure Payment 相当于国际支付宝服务，为在线交易提供资金安全保障，在交易双方的快递订单／在线批发订单中，提供资金安全的担保服务。

A. 买家通过阿里巴巴国际站下单；

B. 买家通过阿里巴巴 Secure Payment 账户付款；

C. 买家付款后，平台会通知卖家发货，卖家在看到买家的付款信息后通过 EMS、DHL、UPS、FedEx、TNT、SF（顺丰速运）、邮政航空包裹七种运输方式发货；

D. 买家在阿里巴巴国际站确认收货；

E. 买家收到货物或者买家收货超时，平台会放款给卖家。

②费用

仅开通阿里巴巴国际站平台的 Secure Payment 服务不需要支付额外费用，但使用该服务过程中会产生交易手续费和提现手续费。

A. 交易手续费 5%，须包含在产品价格中，可根据交易手续费平衡交易产品价格。

B. 提现费用：美元提现每次需支付 15 美元手续费，银行收取；人民币提现无手续费。

③优点

A. 快速交易：支持起草快递订单或批发在线交易，买家线上下单，通过阿里巴巴后台可实时查看订单进展。

B. 多种支付：支持信用卡、西联、银行汇款多种支付方式，方便买家支付。

C. 安全收款：买家支付货款成功后会通知卖家发货，买家确认收货或者物流妥投且超时后，会放款至卖家国际支付宝账户，卖家不用担心收不到钱的情况。

④缺点

Secure Payment 是针对国际贸易提供交易资金安全保障的服务，暂不能像支付宝一样直接付款或收款。

⑤适用范围

为降低国际支付宝用户在交易过程中产生的交易风险，目前支持单笔订单金额在 10000 美元（产品总价加上运费的总额）以下的交易。

（4）CashrunCashpay

CashrunCashpay 中文是铠世宝，旨在通过其诈骗防范和全球支付方案服务，保护电子商务免受不确定风险，利用先进的支付平台，给商户们增添全球互联网市场支付渠道，扩充业务增长。铠世宝的产品分别为现金盾和现金付。现金盾主要是一个全面的风险控制／反欺诈的系统，通过对大量订单进行快速、有效的审核，有效识别欺诈性订单并做出合适的反应，并根据欺诈方式的改变，不断改善风险评估标准，以应对互联网世界的纷繁复杂。现金付使得商家能够接受全球通用的 PayPal、Yellow Pay、Money bookers

等支付渠道的交易，能在三天之内把款项偿还给商家，促进商户资金流动，从而扩展全球业务，增加销售额度。相对于境内现有的支付宝、财付通、网上银行或信用卡支付，现金付无疑是更高效、更安全的支付渠道。

铠世宝的目标是帮助网业商户设立支付管道和防止诈骗行为。通过一系列发展和创新的磨炼过程，铠世宝不断地改进解决方案，以应付不断改变的诈骗行为。铠世宝通过在全球的合作伙伴，来开发为网业商户提供风险控制的业务，在境外有一定的知名度。

①费用

由收款方支付，现金付的费率一般在2%～3%，是所有支付工具中最低的。

②优点

A. 安全性高，有专门的风险控制防欺诈系统。

B. 可选择提现两种，商户从此不再受指定的外汇限制。现金付让商户可以选择用首选的支付货币来接收款项，降低外汇风险。

C. 快速偿还商户的款项，普通的支付服务可能需要一个星期的时间来偿还款项给商户，现金付能在三天之内把款项偿还给商家，促进商户资金流动。

D. 无隐藏费用，所有收费都会预先讲解给商户而且会清楚地记载在协议里，不会有其余的隐藏费用。

E. 本土化的支付，商户能拓展支付渠道，增加全球范围的业务。

③缺点

刚进入境内市场，知名度不高。

（5）Moneybookers

Moneybookers是一家极具竞争力的网络电子银行，它诞生于2002年4月，是英国伦敦Gatcombe Park风险投资公司的子公司之一。Moneybookers以邮件地址作为账户，所以申请的时候要选安全的邮箱地址。Moneybookers注册完后就可以收发钱，这一点对于没有信用卡的用户来说非常方便。当然账户需要激活，但这个激活只是用来提升账户流量的，以及从Moneybookers取钱到国家（地区）内银行。Moneybookers账户里有钱的话，可以取现到国家（地区）内银行，每次转账到国家（地区）内会收1.8欧元的费用。

①费用

即时到账，付款方支付1%手续费（最高0.5欧元），收款方免手续费，提现收取1.8欧元费用。

②优点

A. 安全，以电子邮箱为支付标识，不需要暴露信用卡等个人信息；

B. 只需要电子邮箱地址就可以转账；

C. 可以通过网络实时进行收付费。

③缺点

A. 不允许多账户，一个客户只能注册一个账户；

B. 目前不支持未成年人注册，须年满18周岁才可以。

（6）Payoneer

Payoneer 成立于 21 世纪初，总部设在美国纽约，是万事达卡组织授权的具有发卡资格的机构。主要业务是帮助其合作伙伴，将资金下发到全球，其同时也为全球客户提供美国银行／欧洲银行收款账户，用于接收欧美电商平台和企业的贸易款项，为支付人群提供简单、安全、快捷的转款服务。

Payoneer 的合作伙伴涉及的领域众多并已将服务遍布全球。不管需要支付的对象是偏远区域的雇员、自由职业者、联盟成员还是其他人群，都可以通过收款人申请获得Payoneer 预付万事达卡并为其提供安全、便利和灵活的收款方式。Payoneer 预付万事达卡可在全球任何接受万事达卡的刷卡机（POS 机）刷卡、在线购物或者在自动取款机取出当地货币。

①收费标准

A. 转账到全球各个国家和地区的当地银行账户，收取 2% 的手续费；

B. 使用 Payoneer 万事达卡内的资金，自动柜员机取款每笔取现手续费为 3.15 美元，在中国用自动柜员机直接取人民币时，还有不高于 3% 的汇率损失，每天最多 2500 美元；POS 机消费不收取费用；

C. 超市商场消费（每天最多 2500 美元，Payoneer 不收手续费）；

D. 合作联盟不同，以上费用会有所不同；

E. Payoneer 万事达预付卡的年费为 29.95 美元，每年收一次；

F. 美国银行账户转账收取金额的 1% 为手续费，每笔进账都收。

②优点

A. 便捷。凭中国身份证即可完成 Payoneer 账户在线注册，并可自动绑定美国银行账户和欧洲银行账户。

B. 合规。像欧美企业一样接收欧美公司的付款，并通过 Payoneer 和中国支付公司的合作完成线上的外汇申报和结汇，可避开每年 5 万美元的个人结汇额度限制。

C. 安全。对于欧美客户的入账，在提供一定文件的基础上为卖家审核并提供全额担保服务。

③缺点

A. Payoneer 账户之间不能互转资金，无法通过银行卡或信用卡充值，无法从PayPal 收款。

B. 手续费较高。

④适用人群

单笔资金额度小但是客户群分布广的跨境电商网站或卖家。

（7）ClickandBuy

ClickandBuy 是独立的第三方支付公司，允许通过互联网进行付款和资金转移。德国科隆成立，之后在英国建立业务点，德国电信收购 ClickandBuy 的国际有限公司。现有客户超过 13 万人，包括苹果 iTunes 商店、美国在线、MSN、Napster 公司、橙、

PARSHIP，BWIN、McAfee（迈克菲）和蒸汽等，目前可在众多网店使用。

ClickandBuy 是德国电信针对 PayPal 研发的版本。ClickandBuy 和 PayPal 这两款在线支付系统的原理一样，网友只需要注册账户，通过自己的支付账户在网店购物，不需要在网店提交自己的账户信息。ClickandBuy 客户可以通过 ClickandBuy 向交易账户注入资金，可以自由选择任何一种适合自己的汇款方式。ClickandBuy 的汇款确认后，在 3～4 个工作日内会入金到客户的账户中。每次交易金额最低 100 美元，每天最高交易金额 1 万美元。

①优点

A. 绝大多数情况下是免费服务；

B. 很多网店接受使用，在国际范围内可以使用；

C. 购物者的权益能受到保护；

D. 账户资金过夜就有利息，有正有负；

E. 账户资金随着汇率波动有价差，同样有正收益和负收益。

②缺点

A. 注册麻烦，需要特别认证；

B. 必须有维萨或万事达卡，并开通国际支付功能；

C. 提现时间周期长；

D. 有可能受到病毒邮件的攻击；

E. 每次购物都会留下信息痕迹。

（8）WebMoney

WebMoney（简称 WM）是由 WebMoney Transfer Techology 公司开发的一种在线电子商务支付系统，是俄罗斯最主流的电子支付方式。俄罗斯各大银行均可自主充值取款，其支付系统在包括中国在内的全球 70 个国家和地区可以使用。

WebMoney 使用前需要先开通一个 WMID，此 ID 可以即时与别人聊天，像 ICQ（即时通信软件）、MSN 一样。ID 里面可设有多种货币的钱包，如以美元来计的 Z 钱包里的货币就是 WMZ。它有多种使用方式，应用得比较多的是 Mini 版本，只需要注册和设置账户就可以转账，但 Mini 版本的转账有日、月限额；然后就是 Keeper Classic 版本，需要下载软件安装，最新版本的 Keeper Classic 注册需要用 Mini 账号转换，进行二次注册。

国际上越来越多的公司和网络商店开始接受 WebMoney 支付方式，它已经成为人们进行电子商务交易强有力的工具。只需 3 分钟就可以免费申请一个 WebMoney 账号，账号之间互相转账只需 10 秒钟，可以把账号里的收入转到全球任何一个人的账户里。目前许多国际性网站使用 WebMoney 向用户收款和付款，例如一些外汇交易网站和投资类站点都接受 WebMoney 存取款。

目前 WebMoney 支持中国银联卡取款，但手续费很高，流程很复杂，所以充值和提现一般通过第三方网站来进行，可找有信誉的兑换站卖出自己的 WMZ、WME，买入需要的电子货币。

①费用

A. WMID 下不同钱包之间转账收取 0.8% 的手续费，由付款方支付；

B. WMZ（美元），收取 0.8% 转账手续费，最低 0.01WMZ，最多 50WMZ；

C. WME（欧元），收取 0.8% 转账手续费，最低 0.01WME，最多 50WME；

D. WMR（俄罗斯卢布），收取 0.8% 转账手续费，最低 0.01WMR，最多 1500WMR；

E. WMG（黄金），收取 0.8% 转账手续费，最低 0.01 克，最多 2 克；

F. 还有其他一些账户，如 WMU、WMB、WMY、WMV 等。

②优点

A. 安全，转账需要手机短信验证，异地登录 IP（网络之间互联的协议）保护等多重保护功能；

B. 迅速，即时到账；

C. 稳定，俄罗斯最主流的电子支付方式，俄罗斯各大银行均可自主充值取款；

D. 国际性，人人都能在网上匿名免费开户，可以零资金运行；

E. 方便，只需要知道对方的钱包号即可转账汇款，不需要去银行办理烦琐的手续；

F. 匿名申请，保护双方隐私；

G. 通用，全球许多外汇、投资类站点、购物网站都接受 WebMoney 收付款。

③缺点

WebMoney 支持中国银联卡取款，但手续费很高，流程很复杂。

（9）Paysafecard（欧洲）

Paysafecard 是欧洲比较流行的预付卡支付方式，不仅在欧洲可以购买，在澳大利亚以及北美、南美等地区都可以使用。Paysafecard 在全球有 45 万个销售网店，用户可以在超过 4000 家在线商店使用 Paysafecard 支付。Paysafecard 购买手续非常简单，大多数国家的报刊亭、加油站、商场和店铺都可以买到，其支付过程也相当快捷安全。Paysafecard 主要用于购买虚拟类产品，比如游戏充值等。境内很多销售到欧美的游戏币交易网站也已经支持 Paysafbcard 支付，比如 offergamers、igxe、igvalut。

用户在网上购物支付时，选择 Paysafecard 支付方式，然后只需输入一个 16 位的 PIN Code（个人识别码密码）便可完成交易，不需要银行账号也不需要提供个人信息。支付的款项将从 Paysafecard 的账户里面扣除，终端客户可以随时查询账户的余额。Paysafecard 还可提供面值 10 欧元、25 欧元、50 欧元、100 欧元的代金券，大额交易用户可以使用多张卡组合，最高不超过 1000 欧元。

①优点

A. 支付过程简单、快捷、安全，消费者不需要填写任何银行账号和个人信息，有效地提升了支付体验，保障交易安全；

B. 实时交易，和 PayPal 或者信用卡是一样的；

C. 不能拒付；

D. 无保证金或者循环保证金，大大缓解了商家的资金周转压力。而 PayPal 或者信用卡一般都会有一定的交易保证金，以及 10% 的循环保证金；

E. 无交易额度限制，可支持英镑、欧元、美元、瑞士法郎等币种。

②缺点

A. 交易费用高，对于商家而言交易费用一般在 15% 左右。费用高算是预付卡支付的一个惯例，境内的游戏卡支付一般也是这个费用；

B. 需要有企业营业执照才能开通 Paysafecard 支付。

③适用范围

应用范围非常广泛，如游戏、软件、音乐、电影、通信。

（10）CashU（中东）

CashU 是中东和北非地区非常流行的一种预付支付方式，在埃及、沙特阿拉伯、科威特、利比亚以及阿联酋都比较受欢迎。用户线下购买充值卡，线上使用充值卡付款。由于该地区很多人没有信用卡或者银行账户，以埃及为例，只有 2% 的人有信用卡，而且本地的信用卡在国外都无法使用，当地人更愿意使用现金完成支付。据统计，该地区 70% ～ 80% 的在线购物是通过货到付款形式支付的。

CashU 隶属于阿拉伯门户网站 Maktoob，主要用于支付在线游戏、电信和 IT 服务，以及实现外汇交易。CashU 允许使用任何货币进行支付，但该账户将始终以美元显示资金。CashU 现已为中东和独联体广大网民所使用。在中东和北非地区，相对于其他付款方最大的好处就在于它不能恶意退款。

是一个安全的支付方法和定制服务，现有的服务在所有的阿拉伯语和周边国家都可促进网上购物安全，提供方便和易于使用的支付解决方案。CashU 多年来已经建立了一个可信的、平易近人的大型网络顶级供应商，确保了它在中东、北非的各个国家和城市的可用性和用户的传播点。

①费用

A. 年费 1 美元；

B. 不同的国家或地区的汇兑手续费为交易金额的 5% ～ 7%。

②优点

A. 实时交易，这和 PayPal 或者信用卡是一样的；

B. 不能拒付；

C. 无保证金或者循环保证金，减轻商家因资金周转而产生的压力。

③缺点

交易费用较高。CashU 商家支付的费用在交易金额的 6% ～ 7%。

④适用范围

有中东客户的电商以及游戏公司。

（11）Onecard（中东）

Onecard 在沙特阿拉伯成立，它是中东和北非地区非常流行的一种支付方式，用户可以通过预付卡、本地银行、Fawry、UAExchange、UKash、信用卡以及 Masary 等方式完成支付。由于很多人没有信用卡或者银行账户，而且本地的信用卡在国外都无法使用，目前 Onecard 支付主要用于购买 VOIP（网络电话）、游戏充值、下载服务以及网购等。

Onecard 在沙特阿拉伯、埃及、科威特、利比亚都比较受欢迎，甚至在加拿大都有用户。目前，mers、网龙游戏已经支持 Onecard 支付方式。

①特点

A. 实时交易，和 PayPal 或者信用卡一样；

B. 不能拒付；

C. 无保证金或者循环保证金，缓解商家的资金周转压力；

D. 交易费用较高，Onecard 对于商家的费用在交易金额的 6% ～ 7%。

②适用范围

有中东客户的电商以及游戏公司。

## 三、跨境移动支付

### （一）跨境移动支付概念

移动支付也称为手机支付，是指交易双方为了某种货物或者服务，以移动终端设备为载体，通过移动通信网络实现的商业交易，就是允许用户使用其移动终端（通常是手机）对所消费的商品或服务进行账务支付的一种服务方式。单位或个人通过移动设备、互联网或者近距离传感直接或间接向银行等金融机构发送支付指令，产生货币支付与资金转移行为，从而实现移动支付功能。移动支付所使用的移动终端可以是手机、平板电脑、移动 PC 等。移动支付将终端设备、互联网、应用提供商以及金融机构相融合，为用户提供货币支付、缴费等金融业务。所谓的跨境移动支付，是指用于跨境交易活动的移动支付方式，可以视为移动支付的一个分类。

移动支付业务是由移动运营商、MASP（移动应用服务提供商）和金融机构共同推出的、构建在移动运营支撑系统上的一个移动数据增值业务。移动支付系统为每个移动用户建立一个与其手机号码关联的支付账户，其功能相当于电子钱包，为移动用户提供了一个通过手机进行交易支付和身份认证的途径。用户通过拨打电话、发送短信或者使用 WAP（无线应用通信协议）接入移动支付系统，移动支付系统将此次交易的要求传送给 MASP，由 MASP 确定此次交易的金额，并通过移动支付系统通知用户。在用户确认后，付费方式可通过多种途径实现，如直接转入银行或者实时在专用预付账户上借记，这些都将由移动支付系统（或与用户和 MASP 开户银行的主机系统协作）来完成。

### （二）跨境移动支付的特性

跨境移动支付属于电子支付方式的一种，因而具有电子支付的特征，但因其与移动通信技术、无线射频技术、互联网技术相互融合，又具有自己的特征。

1. 移动性

移动设备一般在用户身边，其使用时间远高于 PC，可随身携带，消除了距离和地域的限制。用户只要申请了移动支付功能，便可随时随地完成整个支付与结算过程。移动支付的交易时间成本低，减少了往返银行的交通时间和支付处理时间，可随时随地获取所需要的服务、应用、信息和娱乐。

### 2. 安全性

移动支付作为电子商务最为重要的支付环节，直接涉及用户和运营商的资金安全，所以，支付安全是移动支付的核心问题之一。移动设备用户对隐私性的要求远高于PC用户。不同于互联网公开、透明、开放的特点，移动设备用户显然不需要让他人知道或共享自己设备上的信息，移动设备的隐私性保障了支付的安全。移动支付采用的高安全级别的智能卡芯片，和目前的银行磁条卡相比，具有更高的安全性。

### 3. 方便性

用户不受时间地点的限制，可方便地通过手机使用移动互联网，随时随地查询账户余额、交易记录、实时转账、修改密码等。及时获取信息，管理自己的移动支付账户。用户还可以通过手机客户端对离线钱包进行空中充值，减少了去营业厅或者充值点充值的麻烦。这充分体现了移动支付方便时尚的特点。

### 4. 定制化

基于先进的移动通信技术和简易的手机操作界面，用户可定制自己的消费方式和个性化服务，选择支付宝、微信、银联、易付宝、外币、NFC（近距离无线通信技术）一体刷卡等方式，账户交易更加简单方便，可以融合多种金融资源。

### 5. 集成性

以手机为载体，通过与终端读写器近距离识别进行的信息交互，运营商可以将移动通信卡、公交卡、地铁卡、银行卡等各类信息整合到以手机为平台的载体中进行集成管理，并搭建与之配套的网络体系，从而为用户提供十分方便的支付以及身份认证渠道。

## （三）跨境电商移动支付分类

### 1. iPaymentMobilePay

此支付系统是由 Flagship Merchant Services 和 ROAMpay 开发的。该系统可以接纳各种支付卡，同时可以记载现金交易记录。这款 App 可以通过顾客地址框，帮助用户建立顾客资料数据库，用户可以按月使用这一服务。App 和读卡机是免费的，服务价格为每月 7.95 美元。

### 2. Square

Square 是一种简易的信用卡支付系统。Square 提供免费的 App，并为苹果手机和苹果平板电脑用户提供免费的信用卡读卡机。此外，Square 提供一系列工具，帮助用户跟踪销售额、税金等数据，同时也可以显示顾客购买数据，从而知悉哪些顾客买得最多。Square 不提供按月支付的服务，费用算是比较高的，每刷一次的费用为交易额的 2.75%，每次手动输入的交易费用为交易额的 3.5% 再加 0.15 美元。但是，如果使用移动支付的频率不那么高，Square算是一个不错的选择。

### 3. PayPal Here

PayPal Here接受多种多样的支付方式，包括信用卡、PayPal、支票和发票等。通过PayPal Here可以清晰地罗列出销售额，也可以计算税金、提供折扣、管理支付邮件通知单等。PayPal Here可以兼容IOS和安卓系统。APP和读卡机是免费的，每刷卡一次交易费用为交易金额的2.75%；每次手动输入，交易费用为交易额的3.5%再加0.15美元。

### 4. Google Wallet

Google Wallet即谷歌钱包，是一种虚拟钱包，可以帮助商家创造更具吸引力的购物体验。无论商家运营的是网店还是实体店，都可以使用谷歌钱包。谷歌钱包通过销售终端的NFC读卡机，帮助实体店商家让顾客使用手机进行支付。谷歌钱包还可以帮商家展示优惠商品。如果使用谷歌钱包的Instant Buy功能，顾客可以在商家的移动网站上快速地完成结算。费用为免费。

### 5. Intuit GoPayment

Intuit GoPayment是Intuit公司开发的APP，接受信用卡、支票等支付工具。这款APP可与QuickBook和Intuit公司的其他销售终端产品同步使用。兼容安卓系统和IOS系统，读卡机免费，服务费用为每月12.95美元，刷一次收取交易金额1.75%的手续费。

### 6. LevelUp

LevelUp是一种使用QR代码的移动支付系统。使用时，将扫描仪LevelUp与POS机相连，或者使用独立的扫描仪也可以操作。此外，通过LevelUp Merchant APP，可以使用智能手机的摄像头读取QR代码，输入交易金额并完成支付。LevelUp还提供了一系列的工具帮助用户利用顾客数据资源。

### 7. ISIS

ISIS可以帮助实体店通过近场通信终端从顾客的手机中收取相关货款，以非接触的传输方式简化顾客支付的程序。通过ISIS移动钱包支付的，ISIS不收取任何费用。

### 8. Boku

Boku使用方便。在Boku的帮助下，顾客以手机号码为媒介，直接从手机账单中扣除他们购买商品的金额，而无须提供信用卡号码、银行账号等信息，也无须注册。

### 9. PayAnywhere

通过读卡机，PayAnywhere可以在智能手机和平板电脑上使用。根据所处的具体位置，可以自动计算税费，提示折扣商品信息、商品图片、库存信息以及其他数据。PayAnywhere系统有英语和西班牙语两个版本，它的APP和信用卡读卡机是免费的，与安卓系统和IOS系统兼容。费用为每次交易金额的3.49%。

### 10. mPowa

通过 mPowa，顾客可以使用信用卡、借记卡和支票进行支付。mPowa 即将推出 PowaPIN 芯片和 PIN 读卡机，从而与 Europay、万事达卡和维萨等支付卡标准接轨。mPowa 支付系统为商家向全球扩张的业务提供了良好的解决方案。费用为每次交易金额的 2.95%。

### 11. MCX

MCX 是由一大群零售公司创建并发展的一个移动 APP。MCX 致力于提供一种可定制的个性化平台服务。MCX 的团队成员包括一系列的零售商，比如便利店、药店、食杂店、快餐厅、特色商品零售店和旅游行业的商家。

## 四、跨境电商支付风险及其控制

### （一）跨境电商支付中的风险

随着小额外贸零售如速卖通和敦煌网的兴起和境外的 eBay 的兴起，在线支付也逐渐被卖家接受，但在线支付的风险也随之而来。如果第三方缺乏足够的风险控制系统，或者用户的风险防范意识不足，拒付、冻结、退款和盗卡支付等情况必然出现。

#### 1. 交易信用风险

跨境电商模式中，除跨境物流风险大、通关困难等严重制约跨境电商发展外，由于网络的虚拟性及开放性，参与者的信用问题成为阻碍行业发展的另一难题。信用风险本质上是交易对象没有按照约定履行承诺，而对交易方的收益或资产造成损失的风险。跨境电商的交易双方由于时空差异、商业习惯不同，极易造成款项已付但货物未收或者货物已发而款项未收等现象。而在跨境电子支付服务中，由于没有完善的跨境信用协调体系，银行或者第三方支付平台不能充分地了解交易主体的信用及信誉状况，难以确定交易的实际情况。在不同信用状况的国家（地区），实现跨境信用保障还存在一定的阻力。另外，第三方的介入也很难改善，比如 PayPal 在针对境外贸易法纠纷时，往往会对买家有意偏袒，而使境内卖家企业在面对交易纠纷时处于被动地位，信用风险得不到控制。

#### 2. 交易真实性的核实风险

交易的真实性是跨境电商运行和发展的生命线，是跨境电商平台必须守住的底线。交易真实性包括交易主体的真实性和交易内容的真实性。与一般跨境贸易相比，跨境电商支付的真实性更加难以把握。

首先，从跨境交易的对象方面看，跨境交易双方难以进行交易对象的审查，难以真正了解客户。在当前环境下，还未出台相关的有效法律法规，第三方交易平台及第三方支付机构缺乏有效的身份识别手段，极易导致交易主体提供虚假身份信息。

其次，跨境交易内容真实性的审核同样也存在一定困难，难以判断客户实际财务状况、经营范围与资金交易情况是否与提供的信息相符，无法核实跨境交易金额和交易商品是否匹配。网上交易的部分商品或服务是虚拟产品，虚拟产品如何定价缺乏衡量标准，可能出现网络诈骗和欺诈交易。买卖双方基于邮件联系达成交易而产生付款请求，此邮件信息是否能作为认定交易真实性的材料尚不明确。支付机构难以通过比对订单信息、物流信息、支付信息等方式，确认现金流与货物流或服务流是否匹配，因为从信息获取渠道角度来讲，电商平台和支付平台是两个不同的主体，支付机构仅负责支付事项，并不掌握订单信息和物流信息。从信息质量角度看，支付机构从电商平台和物流公司获取的信息可能滞后，信息的准确性也受影响。总之，第三方支付机构审核跨境交易内容真实性和主体真实性都存在不少困难，跨境电商支付存在交易真实性识别风险。

3. 跨境支付的网络风险

随着跨境电商的迅猛发展，尤其是跨境电商 B2C 与 C2C 的发展，迫切需要一站式跨境支付综合服务，开展线上支付、信用支付、移动支付等业务。作为跨境电商交易流程中的关键一环，跨境支付涉及交易双方资金的转账安全。跨境电商支付是通过互联网的渠道来进行款项收付的，在交易转账的过程中可能产生诸多网络安全问题，主要包括电子信息传输系统故障或计算机信息故障造成的支付信息丢失的风险、跨境支付信息因遭黑客攻击而产生的支付信息的泄露、木马和钓鱼网站泛滥造成的资金流失等，严重影响消费者的跨境购物体验，进而阻碍跨境电商的发展。另外，跨境支付对支付信息的审核要求更高、时间更长、难度更大，因而相应的跨境支付需要更长的时间，进一步加大了跨境支付的风险。

4. 跨境支付的法律风险

跨境电子商务支付涉及多个国家（地区），增加了跨境支付的法律风险。跨境电子支付中的法律（法规）风险，具体包括：第一，对不同国家（地区）之间风险监管法律（法规）制度冲突的风险、主权国家（地区）法律（法规）与国际电子支付风险监管规则之间的冲突，以及跨境电子商务中适用哪个国家（地区）的监管法律（法规）体系还存在有争议和模糊的地方；第二，传统金融业务法律（法规）不能适应电子商务、电子支付发展的需要，在电子支付服务中出现了许多新的问题，如发行电子货币的法律（法规）界定及范围，电子支付服务主体资格的确定，电子支付服务活动的监管缺少技术性高、层次较高的法律规定等；第三，洗钱的风险，犯罪分子利用互联网进行洗钱活动具有更强的隐蔽性，这给电子支付造成了法律（法规）上的连带风险。此外，电子支付还面临客户隐私权、网络交易等其他方面的法律风险，在从事新的电子支付业务时必须对其面临的法律（法规）风险进行认真分析与研究。

5. 虚拟账户沉淀资金风险

虚拟账户沉淀资金的来源主要有以下三个方面：其一，在跨境第三方支付方式中，客户选择利用第三方作为交易中介，将货款划到第三方账户。第三方支付平台要求商家在规定时间内发货，客户收到货物并验证后通知第三方，第三方将其账户上的货款划入商家账户中，交易完成。资金将会在第三方的账户上停留一定时间成为沉淀资金。其二，作为商家，不能将虚拟账户中的资金全部提现，需要留下部分资金用于货不对板、货损货差、恶意拒付等造成的退款。以 PayPal 为例，一般 PayPal 账户提现比例不能超过 80%，否则容易导致 PayPal 账号被限制，这些留待退款的资金同样成为沉淀资金。其三，在诸多跨境在线支付方式中，将虚拟账户的资金提现需要缴纳金额不等的手续费。

商家为了降低资金的提现手续费率，会在资金积累到一定金额才进行提现，在此限额之前这些资金将停留在账户中成为沉淀资金。在跨境支付业务中，由于信息不对称及监管难度大，支付机构也无须缴纳存款准备金，支付机构可以轻易挪用虚拟账户的沉淀资金；支付机构有可能因操作失误、结算周期长、调度不及时等发生结算资金不足的情况，引发流动性风险。

### 6. 外汇管理监测风险

跨境支付外汇管理监测风险主要体现在以下几个方面：其一，部分跨境电商平台的参与者是个人用户，而在第三方支付平台中，没有对企业用户和个人用户进行区分，加大了外汇管理的监管难度。其二，目前实行的资本项目下的外汇管制，经常项目基本可自由兑换。但对于个人结售汇实行年度限额管理，个人年度结售汇限额不超过等值 5 万美元。为了规避个人结售汇限额，部分跨境电商商家开设香港离岸账户，以实现对账户资金更为自由的管控。其三，第三方支付机构为了保护交易双方的相关信息，对交易双方的银行账号、信用卡账号等进行保密，屏蔽资金的真实来源及去向，影响跨境电商商家的收支申报和外汇监管部门对其收支的监管。其四，第三方支付平台中沉淀资金的存在和不断积累，不仅会产生流动性风险等资金安全问题，而且会影响收支的统计及监管。

### （二）跨境电商支付风险控制

针对跨境贸易中主体的信息审核、支付交易的汇率变动等潜在风险问题，从企业、第三方机构和监管机构角度考虑，提出如下具有建设意义的对策和建议，以使其尽早发现跨境支付的漏洞和支付风险，保证跨境电商业务顺利进行、扩大规模。

### 1. 应对跨境电商支付中的信用风险

跨境电商发展的重要条件之一就是诚信。鉴于网络的虚拟性，买家和卖家没有面对面交流，大多数情况下都是通过电子软件和视频工具进行交流，交易成功的关键取决于买家对于卖家公司、产品以及交易安全性的信心。网上交易失信的问题，是商家和各电子商务网站应首先解决的。

从跨境电商商家的角度，对于买家的信用风险，卖家也可以自己采取一些措施来鉴别是否是因为信用卡被盗或账户被盗而产生了欺诈交易，如通过搜索引擎的 IP 地理定位服务跟踪并核实买家的送货地址。保留交易存根、建立买家黑名单、限制买家购买条件和电话核对买家信息也是有效的防范手段。同时，卖家需要紧密监测和核实收货地址是否为高欺诈风险的国家（地区）的订单、付款后提出变更收货地址的要求、邮寄至同一地址的多个订单、由于超额支付而提出的电汇退款申请，以及其他可疑行为等。对于敦煌网和速卖通等小额外贸批发平台，除了信息、支付和物流服务外，还可以充分利用平台上的风险预警系统。另外，可以建立信用机制，将新的欺诈交易方纳入信用黑名单，及时停止与其进行跨境交易。

从跨境电商平台的角度，应建立健全客户身份识别机制，对客户实行实名制管理，向买家提供真实、可靠的卖家信息，鼓励卖家诚信经商，引入第三方诚信认证和自身诚信评价。目前中国规模最大的B2B网站包括阿里巴巴、慧聪网、中国制造网、环球资源网、酷配网、敦煌网、中国供应商、阿土伯交易网等都推出了自身网站诚信认证和第三方诚信认证两种方式。同时，跨境电商平台可与保险机构合作，推出针对平台卖家的跨境交易保险产品，如退货运费险、拒付货物损失险等网络购物类保险和个人消费信用类保险。

从政府层面，可建立跨境电商出口信用体系，营造良好的交易环境，给境外买家提供更好的用户体验，也给境内信誉好的卖家提供一个公平竞争环境，用以解决信用体系和市场秩序有待改善的问题。搭建跨境电商公共信息共享服务平台，建立企业、个人、事业单位、公共组织和政府五类信用主体的信用主体库，提供电商主体身份识别、电商信用评价、电商信用查询、商品信息查询、货物运输以及贸易信息查询、对外贸易法律咨询服务、商务咨询服务、法律机构在线服务等信用服务，以帮助跨境电商企业、个人商家和跨境电商平台更好地防控信用风险。

推动建立信用认证体系，综合多方信用基础数据，建立跨境电商信用数据库、信用监管系统和负面清单系统，形成跨境电商平台、平台经营户、物流企业及其他服务企业的基础数据，实现对买卖双方的身份认证、资质审查和信用评价。

### 2. 应对跨境电商支付中的网络风险

无论是企业内部的信息网络还是外部的网络平台，都必须建立在一个安全可信的网络之上。网络信息技术在现代外贸公司中的作用越来越大，并成为必不可少的工具。但网络信息技术是一把锋利的"双刃剑"，外贸公司在处理日常业务中可大量运用网络信息技术，提高自身业务效率，但钓鱼网站盗号、木马病毒盗号等信息安全隐患也成为巨大的威胁。

对于网络风险，卖家可以加强交易系统的维护，对交易数据加密，配置网络安全漏洞扫描系统，对关键的网络服务器采取容灾的技术手段。支付机构处于跨境贸易的核心位置，是跨境交易参与者的中介。为保障交易的安全，应加大技术的研发力度，提升跨境支付的网络安全技术，如开发可以精确验证参与者身份信息的系统，对跨境支付的数据信息进行加密，利用当前先进的大数据以及云技术对跨境交易的参与者进行信用等级划分，并在后续的交易中对等级低的客户和商家着重考量，为境内外客户提供安全、更加有保障的购物网络环境，赢得更多参与者的信赖。此外，监管机构应定期检查跨境购物的网络环境，加大对妨害支付安全行为的处罚力度，为境内消费者营造一个和谐的跨境消费氛围。

### 3. 应对交易真实性的核实风险

交易真实性包括交易主体的真实性和交易内容的真实性。针对交易主体的真实性，从跨境电商商家的角度，应通过 IP 地址查询、买家购买行为分析、买家购买意图等多方面进行买家身份的核实，以降低欺诈等情况发生的概率。从跨境电商平台方面，采用效用高的大数据信息技术实现核查环节，防范跨境贸易主体利用技术漏洞伪造个人身份信息，确保交易主体身份真实。从政府监管层面，外汇管理局及央行应出台相关的信息审核指导意见，要求第三方支付机构按照有关指导意见认真核实跨境支付业务中参与者的身份信息。

对于交易真实性的核实风险，从跨境电商商家的角度，应本着诚信原则进行跨境电商交易，避免采用刷单、虚假信息引流等制造虚假交易的行为。从跨境电商平台角度，应构建有效的交易审查机制，严格审查交易对象信息、订单信息、物流信息，并制定严厉的奖惩制度，对于不诚信、提供虚假信息的交易对象予以产品下架、账号限制等惩罚，以尽量减少刷单、欺诈等行为的发生。支付机构应当向客户充分提示网络支付业务的潜在风险，及时揭示不法分子新型作案手段，对客户进行必要的安全教育，并对高风险业务在操作前、操作中进行风险警示。在政府层面，应当由海关、税务总局、国家外汇管理局、中国人民银行、国家邮政局等多个监管部门联手，建立联动工作机制，构建适宜的监管和服务体系，制定相应的行业标准规范，优化监管服务体系，对跨境电商支付平台进行全面监管，实现信息流、资金流和物流的匹配和统一，有效解决跨境电商运作过程中存在的真实性和合法性问题。

### 4. 应对跨境电商支付的法律风险

对于法律风险，提高立法层次，加强电子支付服务交易立法。结合境内电子支付服务实践，制定相应的法律，以规范电子支付服务中参与主体间的权利义务关系。适时修改并完善相关法律，明确国家外汇管理局的监管职责和跨境第三方支付机构的法律地位。跨境电商支付机构实际上承担了一定的类银行管理职责，执行一定的外汇管理政策，但第三方支付机构是非金融机构，让其承担这样的管理职责也缺乏上位法依据。机构明确、权责统一是实现有效监管的基本前提。建议及时修改法律，明确非金融机构在外汇管理中的法律地位。

同时，加强与不同国家（地区）之间电子支付服务监管的法律（法规）协调性，具体包括电子支付服务内容、风险责任认定及监管标准等方面的协调，以及不同国家（地区）监管主体之间的协调、国家（地区）监管主体与国际规则监管主体之间的协调，明确各国家（地区）监管主体的责任和任务，建议各国（地区）联合起来专门制定有关跨境电子商务支付的规范，以解决跨境电子商务支付结算所产生的纠纷。另外，加强国家（地区）内法律（法规）与国际监管规则的衔接，在国家（地区）间电子支付服务法律协调性还存在极大阻力的情况下，积极促进电子支付服务国际监管规则在主权国家（地区）间的适用具有更为重要的意义。

### 5. 应对跨境电商支付的沉淀资金风险

首先，对风险分担，本金的充裕程度与抗风险能力直接对应，应建立健全风险准备金制度。央行公布的《非银行支付机构网络支付业务管理办法》规定：支付机构应当建立健全风险准备金制度和交易赔付制度。支付机构应在年度监管报告中如实反映上述内容和风险准备金计提、使用及结余等情况。按照这一规定，可以直接避免在支付机构的备付金账户里沉淀太多的资金，弱化部分支付机构账户体系的隐形清算结算功能，从而减少风险的积累和信息的不透明。

其次，设计风险监控指标。支付机构应将客户外汇备付金账户资金与自有外汇资金严格区分，并且将交易中所使用的资金存入银行独立账户中，并对其设立风险监控指标，针对账户资金的使用情况和资金流向进行监控，出现可疑交易便可以立即触发风险指标预警；为客户办理结售汇及跨境收付业务均应通过外汇备付金账户进行，外汇备付金账户不得提取或存入现钞，不得在无交易情况下预收、预存。同时设计出分布于支付平台控制后台和客户端账户交易中的监控指标，分级评估风险大小，对后台操作和客户的危险转账行为进行风险划分，针对不同风险指标等级采取警告、暂停交易或者冻结账户等措施。

再次，对监管部门来说，可考虑在借鉴境外经验基础上，结合境内金融改革的特色，逐渐尝试分层监管的模式。如在更严格的条款下可给予一定的容忍度，因为在现代金融产品和服务层面，支付清算、资金融通、风险和信息管理的功能融合趋势日益明显，在风险可控前提下，某些创新探索也有其存在的意义。

最后，厘清沉淀资金的持有人与第三方支付机构的关系。在跨境支付过程中，用户与支付机构不是储蓄合同关系，因为支付机构不是金融机构而是信息服务提供商，第三方支付收入来源主要有按照交易比例收取的服务费或者手续费、沉淀资金的利息等。为了确保安全，必须像限制保险资金投资那样，限制第三方支付沉淀资金的投资范围，严控风险。

### 6. 应对跨境电商支付中的监管风险

现行的国际收支申报制度及其主要规定是建立在贸易方式传统、货物贸易占交易额绝大多数的基础之上的。随着越来越多的贸易由线下转移到线上，服务贸易占比逐渐攀升，虚拟商品大量出现，一些贸易找不到对应的国际收支统计项目。一方面，需要对国际收支统计申报项目进一步细化，保证国际收支统计的准确，缩小国际收支统计误差；另一方面，需要在网上监控交易，加强对个人外汇账户真实性审核。

应适当填充跨境支付业务中外汇的统计制度，把检测信息和外汇信息统计相联系，强化监管制度和机制，同时落实责任追究制度，保障跨境支付有序进行。要建立审查的制度，针对异常的情况给予交易账户预警的风险控制。这里要求处理跨境支付业务的第三方机构应具备真实物品和虚拟物品隔离的管理机制，对不同交易的信息进行分类和协同管理，并应该定期向国家外汇管理局或央行等监管机构汇报情况。另外，还应在国家外汇管理局的协调下，与市场监管部门、海关合作，建立跨境贸易共享平台，使跨境贸易和跨境交易的信息监测更加准确和细化，减少支付的风险。

## 五、跨境电商支付发展前景

### (一)第三方跨境支付市场份额将快速增长

从跨境电商出口看,随着全球电商市场的高速增长,境内外贸电商发展面临着较好的机遇。国务院办公厅转发商务部等部门发布的《关于实施支持跨境电子商务零售出口有关政策意见的通知》,其中提出 6 项具体措施解决跨境电商在海关、检验检疫、税务和收付汇等方面存在的问题,跨境电商已经成为实现外贸转型升级的重要支点。跨境电商的高速发展,需要跨境支付的支撑,跨境支付市场无疑将成为支付领域新的增长点。受政策限制,在以往的跨境支付业务中,目前第三方支付公司所提供的外贸收单主要还是在香港用美元结算,之后客户再通过其他渠道将资金转移至境内。而国家外汇管理局的试点推行后,第三方支付公司可直接在境内结汇给客户。跨境外汇支付的许可为中国第三方支付开辟了留学教育、航空机票及酒店住宿等服务贸易领域。境内支付公司提供更大范围的跨境支付服务成为可能,为支付公司开辟了更广阔的发展空间。

从跨境电商进口看,随着境内海淘需求日益强烈,跨境电商进口增长迅猛,跨境进口支付市场无疑是支付领域的另一片"蓝海"。虽然大部分境外购物网站都只支持 PayPal,但是使用 PayPal 账户进行支付也有其局限性,即境内消费者一旦把钱汇入 PayPal,便无法在境内取出。这导致消费者在跨境消费时出现对交易安全的担忧。国家外汇管理局正在推进支付机构跨境电子商务外汇支付业务试点,获得牌照的第三方支付公司即可通过银行为外贸电商提供外汇资金集中收付和结算的服务。此外,上海自贸区的东方支付等第三方支付机构,还将互联网支付产品由境内延伸至境外,打造跨境支付实时处理服务平台,全面实现客户通过第三方支付机构使用人民币进行境外购物,极大地满足了境内客户境外购物的需求。这些便利措施,将使得境内第三方支付机构抢占更多的跨境电商支付业务市场份额。

### (二)跨境支付一站式综合服务体系将受到零售电商青睐

对于跨境电商,尤其是跨境 B2C 而言,一站式跨境支付综合服务是其迫切需要的。

深受欧美客户欢迎的 PayPal,除了开展互联网支付、移动支付、信用支付、线下支付等核心业务外,它还为消费者提供了便捷、安全的支付选择,以及为客户提供了更多的延伸服务,比如提供跨境商业服务解决方案:代收代付、跨境电商、资金归集、咨询服务、O2O 服务等。eBay 甚至借助在电商领域的资源积累,在支付、技术支撑及完善的金融服务体系方面,为电子商务行业及传统行业电商化提供综合解决方案,集合在线支付、移动支付、线下支付以及信用支付等多元化支付解决方案,将来会进一步提供数据服务、营销服务、信贷金融服务等。eBay 还通过对平台积累的庞大用户、商户交易信息进行数据挖掘和分析,为商户提供营销及供应链金融等增值服务。面对境内跨境电商零售企业的诸多不便,境内跨境支付机构,尤其是第三方支付机构未来将在政策支持下,加强与电子商务平台合作,从商户商品展示、贸易撮合到在线签约及电子单证的拟定、资金托管,以及最终的支付结算、通关交付、出口退税等全程参与,提供一体化解决方案,实现全程无纸纯电子化交易，缩短交易周期，提升结算效率，其发展前景将十分广阔。目前，这种趋势已开始出现，如上海自贸区的东方支付与跨境通平台等。哈尔滨中俄跨境电子商务在线支付平台集电子数据交换、身份认证、电子数据申报、数据整合汇总、数据控制管理、物流和通关状态信息查询为一体，实现网上支付、电话支付、便携终端支付（基于手机和 PC 端）、电子钱包支付等多种方式跨境支付。

### （三）移动支付随着移动设备的快速发展和手机商务的持续扩大，发展潜力巨大

由于智能手机的普及以及移动互联网催生的便捷友好型 App 的出现，手机支付将会在未来很长一段时间继续巩固其领先地位。随着消费者对在线支付以及手机功能的进一步熟悉，通过电子支付交易的意愿将持续增长。越来越多的商品和服务开始接受互联网支付，以前那些只接受现金的传统业务，比如出租车、理发、清洁服务等，现在也接受在线预订和支付。移动互联网的发展和智能手机的出现让消费者能够随时随地进行交易，它的即时性和便捷性也让消费者乐意去尝试和使用。

不同行业的服务产品，包括门票、影音下载、餐饮支付以及外卖等，将会更加频繁地使用手机支付。服务型的商业行为在进行数字化转变时将产生多样的方式。比如，餐饮支付和外卖支付在不同设备上下单的使用差异是所有行业里最小的，在电脑上购买的比例是 26%，而通过智能手机购买的比例为 20%。

智能移动设备、移动支付、可穿戴设备技术与 NFC 开始迎合消费趋势与预测。可穿戴设备技术、智能移动设备和移动支付的日益普及让营销者可以利用更成熟的营销技巧向消费者推广他们的产品及服务。基于定位技术的智能移动设备和 NFC 支付无疑正在改变品牌与消费者之间的关系。支持蓝牙跟 NFC 技术的移动设备如苹果手表以及其他智能移动设备使得品牌体验、可穿戴设备技术与支付能够无缝衔接。这些技术共同为公司提供了提升顾客体验的新方法，企业可以为顾客提供定制化产品或服务。NFC 和 BLE Beacons 为消费者、设备和支付环境提供了更快更无缝的衔接。

NFC 在悄然发展。在商户付款的时候，消费者利用手机就能代替支付设备，方便简单，这就是近场支付的好处。特别是随着 Android Pay、Apple Pay、Samsung Pay 等支付方式的不断推出，业内人士普遍对这些支付方式持有乐观的态度。与传统支付方式相比，移动支付必须是小额、安全、便捷的，只有这样才会被视为一个可行的选择。

随着互联网技术的发展与成熟，全球各个产业互联网化程度不断加深，跨境电商市场规模近年来呈现快速增长的趋势，消费者对于在线消费的需求不断上升。随着中国进出口贸易在全球市场重要性的提升和跨境电商的快速发展，境内跨境支付市场进入了新的发展阶段。当前跨境支付的主要应用场景集中在跨境电商、跨境旅游以及留学教育三个领域，体量最大的跨境电商将成为跨境支付快速增长的主要推动力。

跨境电商支付工具主要分为线上支付与线下支付两类。跨境支付工具有两大类：一种是线下汇款模式，包括电汇、西联汇款、速汇金等，比较适合较大金额的跨境 B2B 交易；另一种是线上支付，包括各种第三方支付工具和国际信用卡，线上支付手段通常有交易

额的限制，比较适合小额的跨境零售。第三方支付工具种类繁多，在使用跨境电商支付工具的同时，应注意风险的分析和控制。

# 第二节　跨境电商物流发展

## 一、跨境物流理论与模式

### （一）跨境物流概述

#### 1. 跨境物流的定义

在国际贸易发展推动下，商品需要从交易主体的卖方所在国运输到买方所在国，在空间运输层面需要跨越不同国境或关境，从而产生了跨境物流，更常用的概念是国际货运，表现为大宗商品通过陆运、海运、空运、管道或者国际多式联运方式实现从卖方流向买方。国际贸易背景下的跨境物流属于广义上的概念。所以广义的跨境物流是指两个或两个以上国家之间进行的物流服务活动，跨境物流是物流服务发展到高级阶段的一种表现形式。在跨境电子商务背景下，跨境物流带有显著的电子商务特征，商品运输不再表现为大宗商品的跨境空间位移，通过跨境物流模式实现小批量、多频次的商品跨境空间位移，所以这属于狭义上的跨境物流范畴。

#### 2. 跨境物流、国内物流与国际货运

跨境物流、国内物流与国际货运分别对应于跨境电商、国内电商与国际贸易。虽然都隶属于物流范畴，且彼此间有共同之处，但三者仍不完全互相等同。国内物流指在同一国家空间范围内实现商品从卖方流向买方过程中涉及的物流环节以及最后的配送环节。国际货运指将货物从一个国家以一种或多种运输方式运到另外一个国家。国际货运涉及的运输方式很多，包括远洋运输、铁路运输、航空运输、公路运输、管道运输、大陆桥运输以及国际多式联运，其中应用最广泛的是远洋运输与国际多式联运。跨境物流与国内物流相比，跨境物流因其跨境属性，流程更加复杂，操作更加烦琐。从商品流通的空间范畴看，跨境物流由三部分构成，分别是输出国物流、国际货运与输入国物流。国内物流不会涉及输出国海关与商检、输入国海关与商检、国际货运、输入国物流，国际货运也不涉及输入国物流与配送。跨境物流既包含输出国物流、国际货运，也包含输入国物流，以及输出国海关与商检、输入国海关与商检、汇率、国际金融等，还受到国际政治、经济、社会等因素制约。跨境物流比较常用国际邮政、国际快递等模式。在跨境电子商务发展推动下，一些新型跨境物流模式也不断涌现，如海外仓、边境仓、保税区物流、第四方物流等。

#### 3. 跨境物流的发展状态

在跨境电子商务市场中，商品突破了国家界限，通过跨境物流实现商品在不同国境间的流通。快速增长的跨境电子商务市场推动了跨境物流需求的井喷。跨境物流虽然仍

集中在国际邮政包裹与国际快递方面，但是跨境电子商务的发展刺激了跨境物流模式的创新，海外仓作为一种全新的跨境物流解决方案得到了广泛推广，如亚马逊、eBay、阿里巴巴等电商企业纷纷在全球主要市场建立海外仓。跨境电子商务飞速发展，推动了跨境物流发展，也使之成为焦点，备受诸多企业关注，将其作为重要的业务或发展趋势。不同行业、不同类型的企业都重视跨境物流价值，将经营业务向跨境物流扩散，加大对跨境物流业务投入。跨境物流不同于传统国内物流以及国际货运，其流程更为复杂，影响因素更多。跨境物流在物流资源的硬件与软件环境上，都无法回避国家间的差异，以及不同物流环节间的衔接。现有的跨境物流仍停留在传统模式上，物流资源与物流水平仍偏低。以中国为例，跨境物流停留在传统的货物运输及货代层面，物流增值服务缺失，物流系统集成性不足，供应链整合与优化方案匮乏，大数据物流、云计算信息平台、跨境物流金融、海外及时配送等能力严重不足。除此之外，跨境物流在输出国物流、国际货运、输入国物流等环节的衔接性、协同性、透明性与可追溯性表现较差。

与传统商务模式相比，电子商务优势在于对信息流、物流、资金流的利用与整合，使之更具有高效性与便捷性。作为整个产业链的线上与线下两个环节，线上商品交易与线下商品物流与配送两者发展需要相辅相成，如淘宝网、天猫商城、京东商城、亚马逊、当当网、唯品会等电子商务模式的产生与发展，推动了国内电子商务物流的发展与变革。顺丰、圆通、申通、中通、百世汇通、韵达等一大批民营快递公司逐渐兴起，并发展壮大纷纷酝酿上市，包括京东商城、阿里巴巴在内的电商企业也在自建物流体系，促使国内电子商务交易的便捷性得到了极大的保障与提升。与之相比，目前跨境电子商务的快速发展却让原有的物流运输渠道无法承受，以中国邮政、新加坡邮政等为例，作为跨境电子商务最常选用的跨境物流方式，也曾多次因为业务需求量增长过快，迅速达到其业务承受能力的上限，造成商品积压严重，甚至出现了多次爆仓现象，严重降低了物流时效，降低了顾客满意度，也促使着很多依赖于国际邮政包裹的跨境电商或卖家不得不寻求其他物流资源，甚至是转向价格更高的跨境物流资源。对于跨境物流企业而言，重要的竞争优势除了具有价格吸引力外，还应该包括服务品质与服务内容。在跨境电子商务交易中，物流配送的时效性与安全性也是影响消费者购物及体验的重要因素，直接关系到卖家获得的评价水平，进而影响到卖家的商品销售。

跨境电子商务所产生的跨境物流成为现代物流行业中的新生事物，已经呈现出蓬勃发展态势。伴随着跨境电子商务市场的发展与进一步成熟，跨境物流企业还将存在巨大的上升空间与市场，也面临巨大的挑战与危机。在未来的跨境电子商务市场中，跨境物流企业应更加聚焦全球供应链集成商角色，通过高效处理库存、仓储、分拣、订单处理、物流线路优化、物流资源调配、物流配送等相关环节，为跨境电子商务提供综合性的全球跨境供应链解决方案。

**（二）跨境物流的模式**

伴随着"海淘"或"代购"模式逐渐向跨境电商模式转变，跨境物流模式也逐渐趋于正规化、合法化、多样化。在跨境电子商务发展过程中，国际邮政包裹（尤其是国际邮政小包）与国际快递扮演着重要的角色，在众多跨境物流模式中这两种的使用比重最大。在跨境电子商务发展与演化的推动下，市场需求刺激了多种物流模式出现，跨境物流模式也不再拘泥于国际邮政包裹与国际快递，以海外仓为代表的新型跨境物流模式逐渐受到关注，开始被应用于跨境电子商务市场。根据跨境物流模式的出现及发展过程，将国际邮政包裹与国际快递视为传统跨境物流模式，将海外仓等近两年涌现的跨境物流模式视作新型跨境物流模式。对跨境物流模式的研究较少，现有的成果也多集中在传统跨境物流模式上。虽有个别学者也提出了海外仓、第四方物流等新型跨境物流模式，但是这些模式出现较晚，尚且缺乏系统的针对性研究。

1. 传统跨境物流模式

传统跨境物流模式有以下几种。

（1）国际邮政包裹（国际邮政小包）

国际邮政包裹是指通过万国邮政联盟体系实现货物的进出口运输，多采用个人邮包形式进行发货，以邮政体系为商品实现跨国物流的载体。在跨境电子商务市场中，国际邮政包裹方式包括大包、小包，其中邮政小包因其时效快、价格低的综合特质而使用最为广泛。国际邮政小包在目前跨境电子商务中使用最多，也是海淘与海外代购最常用的跨境物流模式。以中国为例，据不完全统计，目前跨境电子商务中有超过60%的商品是通过国际邮政小包运输的。在万国邮政联盟（联合国关于国际邮政事务的机构）中，跨境电商使用较多的有中国邮政、新加坡邮政、英皇邮政、比利时邮政、俄罗斯邮政、德国邮政、瑞士邮政等。国际邮政小包的优势较明显，其价格便宜，并方便个人操作实现通关；但是劣势也较为显著，主要有递送时间久、包裹丢失率高、非挂号件难以追溯进度等。在时效性方面，国际邮政小包虽然绝大部分宣称为 15～30 天，但超过80%的包裹都超过 30 天递送，如果碰到圣诞节等旺季或特殊节假日，物流周期会更久。在丢包率方面，经常使用国际邮政包裹的消费者都会有很大概率遇到包裹丢失的情况，一个包裹发出后，虽然海关出关信息都有，但是后续的信息就消失了，直到最后才发现商品根本没有送达。如果需要跟踪物流轨迹，则需要通过挂号件方式，挂号件需要在原有价格基础上增加挂号费用，这也是一笔不小的成本开支。国际邮政包裹适合轻、小型商品，在货物体积、重量、形状等方面限制性较高，如含电、粉末、液体等特殊商品无法通过正常方式在邮政渠道实现通关。在一些国家通关政策变化的影响下，国际邮政小包的优势受到挑战。

（2）国际快递

跨境电子商务常用的另一种跨境物流模式是国际快递。国际快递是指货物通过国际快递公司实现在两个或两个以上国家或地区之间物流与配送活动。全球性国际快递公司主要有 UPS、FedEx、DHL、TNT，ARAMEX 等，中国知名的快递公司也扩展了国际快递业务，包括 EMS、顺丰速递、申通、韵达等。国际快递在对货物计费时一般分为重量计算与体积计算，常以两者中费用最大的一项为最终计费方式，并在货物包装方面要求较高。国际快递可以根据不同的客户需求，如地域、货物种类、体积大小、货物重量等选择不同的渠道实现货物运输与速递。国际快递与国际邮政小包具有明显的互补性，国际邮政小包的优势是国际快递的劣势，国际邮政小包的劣势一般是国际快递的优势。国际快递具有速递时效性高、丢包率低、可追溯查询等优点，国际快递全球网络较完善，能够实现报关、报检、保险等辅助业务，支持货物包装与仓储等服务，实现门到门服务以及货物跟踪服务。但是，国际快递的价格偏高，尤其在一些国家或偏远地区收取的附加费更是惊人。国际快递也会遭遇一些国家的政策限定，尤其在货物种类方面，在一些国家会成为禁运品或限运品。在美国，一些货物被列入国际快递的禁运目录，如新鲜、罐装的肉类与肉制品、植物种子、蔬菜、水果，非罐装或腌熏鱼类及鱼子等。为顺应跨境电子商务快速发展的需求，一些国际快递企业推出特色服务产品，如中国邮政速递与阿里巴巴旗下的全球速卖通联合推出了 e 邮宝（ePacket），该产品针对 2 千克以下跨境寄送的包裹收取的费用远低于普通 EMS 的价格，并且投递时效依旧与 EMS 产品保持一致。

### 2. 新型跨境物流模式

#### （1）海外仓

海外仓俗称海外仓储，是指跨境电商企业在卖方所在国之外，尤其是买方所在国租赁或建设仓库，通过国际货运方式，预先将所售商品运至该仓库，然后通过跨境电子商务平台进行商品展示与销售，在接到消费者订单后，商品从该仓库进行出货、物流与配送活动。跨境电子商务发展与需求创新推动了海外仓的出现，海外仓是解决跨境电商物流困境的一个有效方案，也是跨境物流发展道路上的一个突破。海外仓模式出现后，便备受关注，越来越多从事跨境电商业务的企业纷纷建立海外仓，用于解决所面临的跨境物流难题。亚马逊与 eBay 在全球各地通过不同模式组建海外仓，有与政府合作模式、与企业合作模式、租赁模式、自建模式，在澳大利亚、拉美、中国、西欧快速密布海外仓；大龙网、FocalPrice 等投入巨资自建海外仓，顺丰与韵达等快递企业也试水海外仓模式。

海外仓能够实现集中进行大批量商品运输，避免了时间效率的困境，有利于降低物流成本。海外仓的使用能够有效解决国际邮政小包与国际快递的劣势与短板。如物流时效性、物流成本、通关与商检、退换货、本地化偏好等问题。海外仓还可以降低不同国家所带来的汇率、税费、文化、习俗、语言等风险。具体分析，海外仓具有以下显著的优点。

第一，海外仓可以大幅降低物流成本。在现代物流中，仓库是连接买卖双方的一个关键节点。通过设立海外仓，跨境电商企业将该节点放在海外，不仅能降低物流成本，还利于海外市场的开拓。根据市场业务量，中国跨境电商可以将货品批量运输到海外仓。由于跨境电子商务具有小批量、多批次等特点，通过批量运输，可以降低运输、通关、商检等频次，大幅度降低以上环节中的成本，批量规模化也有效地降低物流各环节中的风险，实现大幅度降低跨境电商物流成本的目的。俄罗斯 E 邮的数据显示，海外仓大约能降低 60% 的跨境电商物流成本。

第二，海外仓利于缩短运输及配送周期。海外仓为跨境电子商务提供仓储、分拣、包装、配送等一站式服务。通过批量运输，大大缩短商品的整体物流时间。海外仓还可以满足买家所在地本土发货，从而缩短了订单反应周期。当买家下单时，跨境电商企业能在第一时间做出快速反应，及时通知海外仓进行商品的分拣和包装，提升了物流响应时间。通过结合海外仓所在地的物流特点，实现货品准确地、及时地配送，进而缩短了配送周期。

第三，海外仓能够规避汇率、政治、文化等风险。通过海外仓，跨境电商企业可以实现本地化运作，有利于打破本地保护壁垒。通过海外仓预存商品，在较大程度上可以降低因政治危机所带来的政治风险。本地仓库进行配送，易受到买家信任，降低当地消费习惯和文化所带来的风险。通过所建立的海外仓，跨境电商企业将收到的货币尽可能留在账户上，短期内不去结汇，而将货币用于支付海外仓产生的租赁或运营费用，如此操作，可以弥补因汇率变化带来的不利影响。

第四，海外仓可以实现退换货。海外仓能实现本地退换货，当客户需要进行退换货时，商品可以回流到当地的海外仓，进而规避掉商品返回国内的通关和物流环节，不仅使退换货成为可能，也可以避免二次通关和商检、二次长途运输，节省掉很多的时间与成本。从海外仓进行配送和发货，可以降低物流时间，提高配送的准确率，降低商品在运输过程中的破损率等，从根本上降低退换货发生的概率。

海外仓也存在一定的风险，海外仓需要巨大的投入与精细化管理。首先租赁、建设与运营仓库需要人力、物力与财力；其次需要提前将商品批量运入海外仓库，对前期的消费预期与商品数量、种类预测要求极高，否则会面临商品送到后因销售不畅而造成库存与积压，加上因市场变化会产生资金积压与商品滞销风险，如果回流到国内，则又成为商品的进口活动，除了国际货运成本外，还需要缴纳各类进口费用；海外仓也会面临该所在国的政治、法律、社会等风险。

（2）边境仓

边境仓是一个衍生于海外仓的概念与跨境物流模式。边境仓与海外仓的区别在于仓库所处的地理位置不同。海外仓是建设在跨境电商交易主体的卖方所在国家之外的仓库，边境仓则是建设在跨境电商交易主体买方所在国家邻国的仓库。边境仓具体指的是在商品输入国的邻国边境，通过租赁或建设仓库，预先将商品送达该仓库，通过跨境电子商务平台进行商品的陈列、浏览、下单、处理、支付及客服等一系列活动。通过线下物流直接从该仓库进行跨境物流运输与配送。按照仓库所处地理位置的差异，边境仓分为相对边境仓与绝对边境仓两类。绝对边境仓是指仓库设在交易主体卖方所在国家内，该仓库所在地方与交易主体买方所在国家相邻。如中国在中俄边境的中国境内的邻近城市哈尔滨等成立仓库，对接与俄罗斯的跨境电子商务业务。相对边境仓指的是仓库设在交易主体买方所在国家的邻国边境城市或地区，用于应对跨境电子商务交易所产生的跨境物流业务需求，如中国与巴西的跨境电子商务交易，在与巴西接壤的阿根廷、哥伦比亚、巴拉圭、秘鲁等国家临近巴西的边境城市设立仓库。相对边境仓是一个相对的概念，相对于交易主体买方所在国而言属于边境仓范畴，相对于交易主体卖方所在国而言又归属于海外仓范畴。边境仓可以规避海外仓的一些风险，是针对本国保护主义以及跨境电子商务业务发展而产生的一种新型跨境物流模式。由于一些国家政局不稳定、税收政策苛刻、货币贬值及国内通货膨胀等因素，刺激了边境仓的出现与发展。边境仓具有海外仓无法实现的优势，可以规避输入国的政治、税收、货币、法律等风险；利用区域政策，如南美自由贸易协定、北美自由贸易区等。

（3）国际物流专线

国际物流专线也是跨境电子商务发展背景下出现的一种新型跨境物流模式。国际物流专线具体指在两个国家或地区以上形成的跨境物流模式，运输线路、运输时间、物流起点与终点、运输工具都是固定的，尤其是针对固定跨境物流线路而言。国际物流专线对跨境电子商务而言，可以起到长途跨境运输的功能，具有很高的规模化属性，通过专线物流模式，能够起到规模经济效应，对于降低跨境物流成本意义重大，尤其对固定市场的跨境电商企业而言，是一种行之有效的跨境物流解决方案。依据地域线路的不同，国际物流专线种类非常多，以中国为例，可分为中俄专线、中美专线、中欧专线、中澳专线等。依据运输方式的不同，国际物流专线分为航空专线、港口专线、铁路专线、大陆桥专线以及多式联运专线。已经开通的专线主要有郑欧班列、日本 OCS、欧洲 GLS、渝新欧专线、中欧（武汉）冠捷班列、国际传统亚欧航线、顺丰深圳—台北全货机航线等。国际物流专线的时效性优于国际邮政小包，弱于国际快递；国际物流专线的物流成本低于国际快递，但要高于国际邮政小包。国际物流专线能提供便利的清关服务。国际物流专线具有明显的区域局限性，无法适应跨境电子商务所产生的无地域限制性物流需求，这将导致跨境物流专线无法成为跨境物流的主要模式之一。国际物流专线对于针对某一国家或地区的跨境电商企业而言是一种比较好的跨境物流解决方案。国际物流专线会成为挖掘固定市场的跨境电商物流解决方案，也可以成为跨境物流的中间环节以及周转环节。在业务量能够支撑的情况下，可以通过开发多条国际物流专线，尤其形成国际物流专线网络，能够增加国际物流专线的使用频率与整体价值。

以渝新欧专线为例，这是一条从中国重庆开通至欧洲国际铁路的大通道，是指利用南线欧亚大陆桥这条国际铁路通道，从中国重庆出发，经过西安、兰州、乌鲁木齐，向西经过北疆铁路，到达边境口岸阿拉山口，进入哈萨克斯坦、俄罗斯、白俄罗斯、波兰，最后到达德国的杜伊斯堡，全长 11179 千米。这是一条由沿途六个国家铁路、海关部门共同协调建立的铁路运输通道。渝新欧专线的名称来源于沿线中国、俄罗斯和哈萨克斯坦、白俄罗斯、波兰、德国铁道部的共同商定。它既是中欧专线，也是铁路专线，不仅能够帮助传统贸易提供性价比更高的服务，更为跨境电子商务企业提供了缩短中国到欧洲的距离与成本的跨境物流解决方案。

（4）保税区、自贸区物流

在跨境电子商务发展背景下，自贸区与保税区价值凸显，全球各国加快了自贸区与保税区的建设步伐。依托保税区或自贸区的物流服务，成为跨境电子商务市场中新兴的一种跨境物流模式。保税区或自贸区物流是指通过国际货运预先将商品运至保税区或自贸区仓库，通过跨境电子商务平台进行商品陈列、下单、处理、支付等活动，当处理完网络订单后，通过线下的保税区或自贸区仓库实现商品的分拣、包装、发货，完成终端配送等物流活动。自贸区物流或保税区物流模式总体上属于先物流、后订单。自贸区或保税区物流模式集规模化物流、集货物流、本地化物流优势于一身，有利于缩短物流时间、提高物流时效、降低物流成本，还利于享受保税区或自贸区的资源优势。保税区或自贸区物流可以享受保税区或自贸区的优惠政策与综合优势，主要体现在物流、通关、商检、收付汇、退税等方面，也简化了跨境电子商务与跨境物流烦琐的流程与手续。如亚马逊在上海自贸区建立自贸区物流仓库，以上海自贸区为跨境电子商务交易入口，引入了全球产品线，预先将商品送至自贸区物流仓库，当消费者下单后，商品由自贸区物流仓库发出，能够实现集中化的国际货运、通关与商检，既降低了跨境物流成本，缩短了物流时间，也提高了物流与配送时效。天猫国际、苏宁全球购等纷纷推出保税区物流模式，通过与郑州、重庆等跨境电商试点城市合作，在保税区设立物流保税仓库，预先将商品送至保税仓库，当消费者下单购买后，商品直接从保税区仓库发出。保税区或自贸区物流模式比较适用于母婴、食品、化妆品等日常消耗量较大的商品品类，或者是商品型号较多、具备销量大数据分析能力的巨头电商企业。此外，在一些大型促销活动周期内，该模式为解决大量商品集中清关的拥堵问题带来很大的便利性。

（5）集货物流

跨境电子商务隶属于电子商务范畴，基于互联网络的跨时空界限特性，跨境电子商务消费较分散、单笔订单量小、产品种类繁多。在快速发展的跨境电子商务驱使下，集货物流随之出现。集货物流模式的出现是为了降低高额的跨境物流成本。集货物流模式总体上属于先订单、后物流，适用于不同销售量的各类商品需求，物流商能通过系统响应、库存管理和高效清关，最大限度地缩短全程物流时间，性价比也具有显著的竞争优势。集货物流具体指先将商品运输到本地或当地的仓储中心或集散中心，当积累到一定数量或达成一定规模后，通过与国际物流公司合作，通过国际货运模式将商品运至境外的买家手中，或者将各地发来的商品先进行聚集，然后再批量配送，与一些商品属性或种类相似的跨境电商企业形成战略联盟，成立共同的跨境物流运营中心，利用规模优化与优势互补等理念，实现降低跨境物流成本的目的。例如，米兰网在广州与成都自建了仓储中心，商品在仓储中心聚集后，通过与国际快递公司合作将商品送至国外买家。大龙湾在深圳建立了仓储中心，采取集中发货方式满足跨境物流需求，既提高了跨境物流的整体效率，又降低了跨境物流成本。虽然保税区或自贸区物流模式类似于集货物流模式，大致可以归属于集货物流范畴，但是集货物流又不等同于保税区或自贸区物流模式，集货物流不仅可以集中仓储后再进行跨境电子商务活动，也可以先进行跨境电子商务活动再集中物流与配送。集货仓库不单独局限在保税区或自贸区，已经脱离了局限性的地理空间范畴。

（6）第三方物流

第三方物流指的是由交易主体以外的第三方承担物流功能，由第三方物流企业采取合同委托模式，承担交易产生的商品物流需求。在国内电子商务交易中，自建物流可视为第一方物流，如中国的京东商城、阿里菜鸟物流、海尔日日顺物流，国外的Ulmart自建物流、亚马逊物流、沃尔玛物流等。第二方物流则由买家来承担物流功能。第三方物流则由专业第三方物流公司来承担，如中国的"四通一达"（申通快递、圆通速递、中通快递、百世汇通、韵达快递）等。在跨境电子商务中，流程与环境更加复杂，自建物流投入多、要求高、风险大，虽然个别跨境电商企业也在采取自建物流模式，如京东商城、洋码头等，但是基于资金、跨境物流的复杂性以及诸多风险与障碍等因素，绝大多数跨境电商企业除了使用国际邮政小包与国际快递外，逐渐开始转向第三方物流模式，与万国邮政联盟体系、国际快递公司等合作，或者与专业第三方跨境物流公司合作。在跨境物流中，也会存在多种模式或多个第三方物流企业合作的现象。此外，也会存在自建物流与第三方物流共存的现象。兰亭集势不仅自建跨境物流体系，还与国际性跨境物流资源合作，将商品销往全球100多个国家或地区。大批海运公司、航运公司、陆运公司、多式联运公司、国际货代公司，拥有丰富的国际贸易经验、海外运作经验、海外业务网点及国际化实践能力，这都是跨境电商企业或跨境物流企业合作的潜在对象。顺丰物流与荷兰邮政合作，推出欧洲小包业务，实现了中国国内物流与目的国物流的衔接，缩短了物流周期，降低了物流成本。在巴西，FedEx与UPS等国际快递公司业务量无法满足全国市场的需求，只能够集中在城市区域，偏远地区则依托于巴西邮政以及其旗下的Sedex。

（7）第四方物流

在跨境电子商务发展刺激下，跨境物流需求驱动了第四方物流应用在跨境电子商务市场中，用于解决跨境物流的需求。第四方物流是独立于交易主体双方以及专业第三方物流商之外的主体承担商品物流与配送业务，具体指为商品交易的买卖双方、第三方提供物流咨询、物流规划、商品运输、物流信息系统、供应链管理等综合性活动的一个供应链集成商，通过管理自身资源以及外部可协调资料、能力与技术，提供综合性的、全面的供应链解决方案。第四方物流强调供应链资源整合能力，通过其在整个供应链的影响力与话语权，以解决物流需求为基础，通过整合各类内部及外部资源，实现物流信息共享及社会物流资源充分利用。伴随着跨境电子商务发展与成熟，跨境物流更加复杂，服务已不再局限于商品跨境空间位移需求，会产生许多增值服务需求，随之涌现出一批第四方物流公司，为跨境电商市场提供更丰富的跨境物流服务。

3. 跨境物流模式对比分析

通过分析各跨境物流模式在时效性、成本、适用性以及使用率等方面的表征，能对各类跨境物流模式有较为清晰的了解。在主要的跨境物流模式中，国际邮政小包与国际快递使用较早，且是主要的跨境物流使用模式。国际邮政小包得益于万国邮政联盟的物流网络体系，在全球范围内网络最密集，能辐射到全球近200个国家或地区。在跨境物流模式中，国际邮政小包的成本是最低的，相应的时效性也是最慢的，跨境物流周期基本在1个月以上，有时甚至几个月，还容易出现丢包、商品丢失等问题。国际快递基于成熟的全球性国际快递公司，如UPS、DHL、FedEx、EMS等，在跨境电子商务市场中使用率也很高，主要得益于快速的物流速度与时效。近两年，海外仓发展极快，已成为诸多跨境电商企业极佳的物流解决方案，海外仓还可以有效解决本地化及退换货需求，其使用率正处于快速上升趋势。

第三方物流与第四方物流得益于专业性优势，在同一国家内应用范围较广，所以也具有较高的发展前景，其物流时效性与成本视不同情况、企业与商品需求而不同。以规模性优势显著的保税区或自贸区物流、国际物流专线、集货物流等模式，在物流时效性与成本方面具有一定的优势，但是在适用性上具有显著的局限性，局限性不仅体现在地理局限性、时间局限性等方面，还存在于企业与商品方面。不同的跨境物流模式之间，并不存在绝对的优势或劣势，需要根据不同需求确定，不同跨境物流模式也有其最佳的适用范围。

## （三）跨境物流的流程与类型

### 1. 跨境物流运作流程

跨境物流实现了商品从卖家流向买家，通过各种运输方式，实现了商品跨境的空间位移，也包括最后一个环节，即配送。跨境物流是跨境电子商务生态系统的一个重要环节与要素，也是跨境电子商务交易实现的重要保障。不同的跨境电商模式又产生了不同的跨境物流运作模型。从整体上看，跨境物流的运作模型表现为，当卖家接到订单后，会安排相应的物流企业，进行输出国海关与商检、国际货运、输入国海关与商检等活动，随后进入输入国物流，直到商品配送到消费者手中，至此跨境物流活动才结束。

依据跨境B2B、跨境B2C与跨境C2C模式，相应的跨境物流在具体运行流程方面也存在一些差异。跨境B2B模式下的跨境物流类似于传统国际贸易所产生的国际货运，呈现出频率低、批量大、运作成熟、物流费用较低等特征。跨境B2C模式下的跨境物流表现为频率高、碎片化、单笔商品品类多、物流复杂度与费用较高等特征。跨境C2C模式下的跨境物流表现为频率更高、单笔商品数量少、物流执行依托第三方、物流更复杂、物流费用更高等特征。

### 2. 跨境物流企业类型

跨境电子商务发展推动着跨境物流的发展，诸多行业与企业尝试着涉足跨境物流业务，刺激了跨境物流市场的火热。经过近几年发展，通过梳理现有跨境物流企业的类型，将其归为以下几类：①传统零售企业通过发展跨境电子商务业务，自有的业务量足以支撑跨境物流的需求，纷纷成立跨境物流网络，代表企业有沃尔玛、家得宝、Cdiscount等。②传统交通运输业、邮政业的企业顺应跨境电子商务市场需求，纷纷增加跨境物流业务，代表企业有中远、中集、马士基、万国邮政体系等。③大型制造企业或传统行业的大型企业凭借原有的物流资源，一般隶属于集团的物流公司或物流职能部门，伴随自身跨境电子商务市场的扩张，开始涉入跨境物流业务，代表企业有海尔物流、安得物流等。④传统电商企业随着跨境电子商务业务扩张，刺激了跨境物流的需求，在国内市场自建了物流体系，并尝到自建物流带来的优势，随之将其扩散到跨境物流市场，自建跨境物流网络，代表企业有京东物流、阿里巴巴的菜鸟物流、兰亭集势的兰亭智通、亚马逊、Ulmart 等。⑤传统快递企业不愿错失跨境物流市场，纷纷切入跨境物流业务，代表企业有 UPS、Fe-dEx、顺丰物流、申通物流、Pony Express，OCA 等。⑥新兴的跨境物流企业，成立之初就专注于跨境物流市场，代表企业有俄速通、SPSR、Intelipost、Axado、Loggi、递四方、出口易等。

## 二、信息化背景下电商物流配送

随着大数据时代的到来，电子商务物流配送所产生的数据量呈井喷式增长。能否有效利用这些数据，已经成为决定电子商务物流配送能否取得良好发展的关键。在此背景下，这里对大数据时代电子商务物流配送发展策略进行了研究。首先，分析了大数据对于电子商务物流配送的影响；其次，通过调查分析，对大数据背景下电子商务物流配送发展现状进行了总结，并指出其中存在的问题；最后，在前述研究结论的基础上，提出了建议，针对大数据时代下电子商务物流配送的发展策略。

### （一）大数据对电子商务物流配送的影响

大数据对电子商务物流配送的影响主要表现在以下几个方面。

第一，推动电子商务物流配送中的信息对接。大数据的出现，促进了电子商务的进一步发展，导致物流配送任务日益繁重，随之而来的，就是物流配送相关数据的爆炸式增长。如果继续采用传统的信息收集方式和处理方式来处理这些海量数据，无疑会给电子商务企业带来巨大的压力；反之，如果采用大数据的方式去对接各类物流信息，则能够促进电子商务物流配送更好地满足相应的物流需求。具体来说，就是将电子商务物流配送各个环节产生的数据收集起来，然后送往专门的数据处理中心进行处理和分析，进而将这些数据转化为对电子商务物流配送有所裨益的物流信息。

第二，提高电商企业的客户忠诚度。在信息爆炸时代，各种信息能够轻易地被获取，消费者的忠诚度大大降低。如果要提高消费者的忠诚度，则必须在消费者心中塑造良好的品牌形象，这就取决于电商企业的物流配送服务水平。在传统的物流活动中，物流配送服务水平的提升空间有限。然而，在大数据时代下，可以通过大数据技术挖掘和分析客户的网购数据，并在此基础上有针对性地开展个性化物流配送，进而提高客户的网购满意度和忠诚度。

第三，增加电子商务物流配送数据的价值。随着电子商务的快速发展，电子商务物流配送的各个环节都会产生大量的数据。想要充分利用这些数据的价值，就必须推动数据的结构由非结构化转向结构化。如果在传统电子商务物流配送过程中，推动数据结构的上述转换，则会产生数据的滞后，导致物流信息失效，进而降低配送数据的价值。在大数据的背景下,通过成立专门的数据处理中心,即可避免上述情况的发生。由此可见,大数据能够增加电子商务物流配送数据的价值。

### (二)大数据背景下电子商务物流配送发展现状

电子商务物流配送中的大数据处理效率普遍较低。目前,大数据技术在电子商务物流配送中的应用仅限于某些特定的服务,缺乏一种能够通用于物流配送所有环节的大数据技术合集,这越来越成为阻碍大数据技术在电子商务物流配送领域中应用的瓶颈。由此可见,从电子商务物流配送的整体视角来看,大数据处理效率普遍较低,应用范围有待扩展,技术仍然需要改进。

基于大数据平台的电子商务物流配送模式缺乏创新。经过多年的发展,越来越多的大数据技术被不断提出,与大数据有关的行业也逐渐增多。因此,对于电商企业来说,如何抓住大数据发展的机遇,提高电子商务物流配送的整体水平,具有重大的现实意义。为了实现上述目的,电商企业必须建立一套基于大数据的完整的理论系统和实践系统。在该系统中,物流配送相关企业能够以开放式或者网络式的方式,实现企业内部和外部的物流配送创新。现有的基于大数据技术的电子商务物流配送策略,在一定程度上提高了电子商务物流配送中的大数据处理效率,促进了物流配送水平的提升。然而,这些物流配送策略所使用的内部框架,总是被各种烦琐的数据处理事项所困扰,即其主要任务在于对内部大量或者少量数据进行处理。这样的数据处理也许有利于电子商务物流配送领域中某些特定的技术应用,但由于这种应用的针对性较差,因此对于电子商务物流配送的贡献程度有限。

大数据对物流配送企业造成较大的冲击。在大数据环境下,海量的数据被不断地归集和挖掘,这使得物流企业的配送变得更加透明,能够实时被用户监测,进而加大了电商企业对物流配送的要求。对此,广大物流配送企业之间的竞争日益加剧,而且不同配送企业之间的竞争逐渐由价格上的竞争转向更高层次的服务竞争。

第三方物流配送效率较低。在大数据时代下,大部分电子商务企业选择使用第三方物流进行配送服务。所谓第三方物流,指电子商务企业将发展重心放在物流配送之外的其他核心业务上,而将物流配送工作外包给专门的物流企业负责,并打造相应的信息管理系统,对企业产品的物流信息进行实时监控与管理。通常情况下,采用第三方物流配送,不仅能够改善电商企业的配送效率,还有助于提高消费者对于电商企业的满意度。然而,由于第三方物流配送受到基础设施、人员素质等因素的影响,往往会出现诸如物流配送效率较低等问题。

### (三)大数据背景下电子商务物流配送发展对策

综上所述,大数据技术在电子商务物流配送中的应用比较单一、处理效率较低,仍然需要不断完善。整体来说,为了促进大数据技术在电子商务物流配送发展中发挥作用,可以从以下几个方面着手进行改善。

第一,优化电子商务物流配送中的大数据处理策略框架。在当前的电子商务物流配送大数据处理策略和框架中，数据处理效率较低、通用性不强等问题普遍存在。因此，为了使大数据技术能够在电子商务物流配送中发挥更大的作用，必须设计一个更加成熟的大数据处理策略框架。

物流配送方面的大数据大部分是由电子商务物流服务中心提供，而且为了提高物流配送的服务水平，这些信息通常是面向客户开放的，所有客户均可以通过专门的网站查询相应的物流配送信息。从信息构成的角度上来看，所谓的物流配送信息均是以数据的形式存储在不同的数据块中。这里提出的新型大数据处理策略框架，就是指在不同的数据块中添加对应的时间标签，同时根据数据块的关联性，为其添加对应的关联标签，进而将不同的数据块连接起来。在此基础上，再进行电子商务物流配送大数据的处理，就会具有较高的效率，而且这也为增强大数据技术在物流配送领域中应用的通用性奠定了基础。

第二，以大数据为基础实现电子商务销售和物流配送的一体化模式。在电子商务行业飞速发展的背景下，电子商务平台已经成为人们消费的主要场所之一。然而，当前我国社会物流资源比较匮乏，物流配送能力相对较差，导致了电子商务物流配送环节与其销售环节出现了脱节的现象，主要表现为顾客不能掌握商品的配送信息，不能及时拿到商品或者不能享受送货上门、上门安装等服务，极大地降低了顾客的购物体验。由此可见，有必要在大数据的基础上，应实现电子商务销售和物流配送的一体化模式。所谓销售和物流配送的一体化模式，就是指将物流配送各个环节所产生的信息与电商企业的销售信息进行对接，通过两种信息的协同来实现一站式物流配送服务，并在此基础上消除物流配送中存在的盲区，从而促进电子商务物流配送的发展。当前，阿里集团打造的菜鸟网络以及京东与余慈物流之间的合作正是实现电子商务销售和物流配送一体化的典型代表，对于其他电商企业在该方面的发展具有重要的指导意义。在菜鸟平台中，当消费者选定了产品后，与之相关的各个企业，如销售企业、物流企业和配送企业等，都会将产品的动态信息统一发送到消费者的终端上，消费者即可通过终端判断产品某时刻所处的状态，预测产品到达的时间，进而合理安排取货时间。京东与余慈物流之间的合作，很好地实现了两者之间的优势互补，促进了对方企业的发展与扩张。在两者的合作中，余慈物流负责京东的物流配送，而京东则为余慈物流提供数据传送端口，向其传送商品定价、客户配送要求等数据。当京东向余慈物流传输相应的数据后，余慈物流就可以据此开展物流配送。由于余慈物流的基础设施较为完善、网络较为完整，所以能够很好地解决电子商务销售环节和配送环节的脱节问题。

第三，应用大数据指导电子商务物流配送决策。在传统物流配送工作中，配送决策通常由工作人员根据自身经验或者市场调查结果而制定。由于工作人员的经验具有主观性，而市场调查结果通常存在滞后性，所以传统配送决策普遍具有主观性和滞后性；反之，物流配送各环节产生的海量数据具有客观性和实时性，能够真实地反映市场和客户的需求。因此，在制定电子商务物流配送的决策时，必须以大数据分析为基础，才能避免决策的主观性和滞后性，真正地满足客户的需求。首先，通过大数据分析合理规划送货路线。运输成本是物流配送成本中比重最高的部分，其费用的多少取决于具体的送货线路。由此可知，送货路线是决定物流配送成本的关键因素。在传统电子商务物流配送中，车辆送货路线是由司机根据自身经验制定，所以不同配送线路之间往往存在迂回运输等不合理现象，极大地增加了配送成本。为了解决上述问题，物流配送企业可以根据不同客户的送货数据来科学合理地规划送货线路，降低线路之间的迂回程度。这样不仅可以降低物流配送成本，还能够提高物流配送效率。其次，利用大数据分析自动下达配送决策。目前的电子商务模式，首先由客户下达订单，然后电商企业再根据客户的订单发出配送指令。这种模式存在的一个最大问题就是由于城市交通较为拥堵，再加上物流配送网络不够完善，因此客户往往需要等待一段时间才能拿到商品，导致客户购买商品的满足感有所降低。在大数据时代，可以利用数据挖掘技术对客户的消费数据和商品浏览数据进行详细分析，进而判断客户的需求。然后，在客户还没有下单的情况下，提前自动下达配送指令，由此缩短客户等待商品的时间，提高客户的满意度。此外，在利用大数据制定物流配送决策时，需要加强对客户信息的保护。由于大数据技术的发展，电商企业可以轻易获取客户的相关信息，如客户的住址、电话和银行卡号等。因此，必须加强电商企业相关人员的素质教育，避免各个环节中出现盗卖客户信息等恶劣事件。

## 三、跨境电商与跨境物流的协同发展

### （一）跨境电商与跨境物流协同发展的理论基础

#### 1. 供应链管理理论

供应链管理理论是一种高度集成化的管理方法，意在通过计算机网络技术的辅助作用，按照顾客的实际需求，将所涉及的商店、仓库、供应商、制造商等各种元素全部纳入供应链体系当中，对其中的信息流、物流、商流等予以综合统筹、管理。最终形成一套完善的物流配送计划，将顾客要求的商品，在既定时间范围内，配送到正确的地点。由此可见，供应链管理理念强调协调、集成，意在通过对资源进行优化配置、信息技术共享，来实现工作效率的最大化，在多方的相互配合作用下，以最正确且最短的时间达成目标要求。供应链管理理论对于处于供应链上的各方综合竞争力的提升都是极为有益的，可以在协同配合的作用下达到一种"1+1＞2"的效果，进而促进主体市场版图的高效拓展。跨境物流在跨境电商的基础上发展而来，其本身就包含在跨境电商供应链管理系统当中，与生产组织、订单管理、采购管理、运输配送、仓库储存、跨境支付、平台运营等融为一体，在相互作用的过程中，发挥出了跨境物流独有的作用优势，进而与其他元素共同构成一个完整的跨境电商供应链体系。

#### 2. 协同学理论

协同学理论是一门涉及不同事物之间协同机制、共有特征的研究学科，专注于对同一条件下大量子系统在相互协同的作用下，从无序到有序的自组织结构机理的演变过程。由于协同学理论以事物的逐渐演变、变化过程为研究重点，因此该理论在很大程度上借鉴了突变论、控制论、信息论，吸取平衡相变论等相关学科理论原理，通过对同类现象在不同学科领域、境况下发展变化情况的比较分析，来对事物从无序到有序这一演变规律予以揭示。该理论的提出不仅为处于同一系统下事物之间的协同发展提供了一种极佳的方式，更以理论研究的方式证明了同一系统下事物之间的协同发展对于处于该系统下的子系统都有着极大的驱动效应。而反观跨境电商与跨境物流，二者都共属于电子商务流通体这个庞大的系统，是该系统下的子系统一般的存在。通过对跨境电商、跨境物流子系统影响因素的分析，可以准确地掌握二者协同度的高低，进而制订出最佳的协同方案。

### （二）跨境电商与跨境物流协同发展策略

#### 1. 加强跨境物流体系建设

跨境物流是跨境电商的关键一环，其物流服务体系的完善与否直接关系到跨境电商发展水平的高低，同时也对跨境电商是否能够实现持续发展起到了决定性的影响。通过对上述我国政府近年来外贸电商发展决议、政策的深入解读，也可以看出近年来国家已经意识到了跨境物流体系建设对于跨境电商、外贸发展的重要意义，倡导企业尽快建立完善的物流服务体系，通过海外仓、物流枢纽的建立，来最大限度地发挥跨境物流对跨境电商的保障作用，使跨境电商逆向物流服务体系得以建立。这就为我国跨境物流体系的建立明确了未来发展重点和方向。

在具体建设实践过程中，物流企业还必须发挥问题导向作用，通过对现阶段跨境物流发展中面临的长途运输破损、丢件、手续烦琐、运输成本高、时效性差等一系列现实问题，制订出极具针对性的跨境物流体系建设优化方案，以此来切实解决跨境物流的瓶颈问题，使其综合效用得到充分的发挥。如引入大数据分析技术，在人工智能的辅助下对物流库存容量进行科学推算；建立物流行业联盟，在联盟之间资源共建、信息共享的基础上，切实提升跨境物流行业水平。由此来实现物流行业资源的合理分配、充分利用。

#### 2. 构建产业协同互信机制

跨境物流是在跨境电商的基础上发展起来的，跨境电商的发展必然会带动跨境物流版图的扩张，跨境物流早已成为跨境电商实现可持续发展的必备条件。二者任何一方的实力变化都会对彼此发展情况构成不同程度的影响。因此，无论是跨境物流还是跨境电商双方都要对彼此之间的这种共生发展关系有一个深刻的认知，进而在明确思想的基础上，增强对彼此之间的信任，加强与对方的信息互通互换，在积极构建产业协同互信机制的基础上，形成抱团式发展的良好发展态势。为此，跨境电商企业可以在对重点商业机密进行保密的情况下，定期与跨境物流企业就彼此之间的商业布局情况进行信息互换、意见交流。这样不仅可以在提升跨境物流产业协调性的基础上保障跨境电商相关物流服务工作的顺利开展，使其电商销售收获丰厚的利润。同时还能够最大限度地降低跨境物流因不合理布局所造成的物流资源浪费情况的发生。

这里需要强调的是，跨境电商与跨境物流产业协同互信机制的建立，除依靠企业自身的觉悟与努力外，还需要政策支持引导效用的发挥，使这种协同性的互信互利有制度保障，并以法律合同条款的形式体现出来，以此来解除双方思想上的顾虑，加速产业协同。

3. 强化外部环境多方支持

无论是跨境电商还是跨境物流，它们都共处于市场经济体系当中，受到了市场环境的影响。可以说之所以我国跨境电商、跨境物流能够取得如此成就，不单单是其某单一要素的作用就能够实现的，而是市场环境多要素共同作用的结果。因此，在未来的发展中跨境电商、跨境物流仍然要继续依靠外部环境强有力的支持来实现。为此，跨境电商、物流企业要从宏观视角出发，对电商物流产业链上游供应商、下游消费者进行全面分析，并加强彼此之间的物流、资金流、信息流联系，增强本行业与其他行业的协同度。具体可以从以下几点着手：

一是不断引入新技术，凸显技术对产业发展的辅助作用。建立智慧物流发展战略，在物流运输的仓储货运、包装配送等各个环节积极引入大数据挖掘技术、自动识别技术、物联网技术、5G技术、射频技术、条形码技术、全球定位技术，向着物流信息的智能化获取、传递、处理分析、运用方向发展。二是加强人才培育，在复合型跨境电商物流人才的智力支持下，增强产业协同内动力。为此，跨境电商、跨境物流在协同发展的过程中，还要与高校建立人才培育合作机制，在三方的作用下共同致力于跨境电商物流复合型人才的培育工作，为我国跨境电商与跨境物流未来的协同发展提供丰富的人才资源支持。

综上所述，站在协同发展的角度来看，跨境电商与跨境物流虽然在政府的引导下，也在多领域进行了协同合作。但受各方面现实因素的影响，二者之间的协同合作仍处于初级发展阶段，并在实际协同发展中表现出了一些问题和不足，严重阻碍了二者协同合作效应的形成。在未来的发展中，跨境电商与跨境物流双方要在政府的引导下，建立协同发展目标，通过对自身发展规划的不断优化调整来适应这种全新的协同发展环境，由此形成一个极具体系化、流程化、标准化的协同发展机制。

# 第三节　跨境电商物流服务与顾客体验

## 一、从用户习惯到用户需求

用户习惯建立在重复性行为的基础上。通常情况下，个体必须以足够多的时间和频率有意识地重复一个过程才能令其变成一种自发行为。当个体遇到之前发生过的问题时，或多或少会重复该问题的思考过程，并最终做出相同或类似的反应。而当这个问题出现的次数增多之后，个体行为就会迅速做出反应。久而久之，思考的过程会越来越短，甚至被省略。而一旦思考过程被省略了，习惯也就随之养成。用户习惯养成之后，会催生出新的用户需求。

在跨境电商市场日渐成熟的今天，关注用户习惯、培养用户需求、提升用户体验已成为跨境电商相关企业实现精细化运营的关键着眼点。作为跨境电商平台，精细化运营的发展目标是向用户承诺，"只要用户有需求，用户就会想到我"。以亚马逊为例，作为跨境电商平台，亚马逊要解决的是人们的购物需求。生活中，人们购物的频率绝对没有使用搜索引擎的频率高，但是，在失去了需求本身具有的经常性后，亚马逊却努力培养出一种用户习惯，即用户在产生购买需求时，会首先想到亚马逊。

为了做到这一点，亚马逊在自己销售商品的同时，把各大电商平台的商品信息聚合到自己的平台上。这种行为看上去缺乏理性，好像是在给自己的竞争对手拉生意。然而，通过这一举措，亚马逊实际上向购买者释放出这样一个信息：你只要登录亚马逊，就可以找到所有网站中最低价或者性价比最高的商品。

对用户而言，如果发现每次登录亚马逊的网站都能找到自己想要的商品，而且这些商品的价格绝对处在合理的区间内，就会构成一个非常棒的购物体验，久而久之这种购物体验就会形成一个用户习惯。这种用户习惯不仅为亚马逊带来了流量，更重要的是，流量背后的大数据成为亚马逊得以刻画、跟踪用户需求的基础，推动着亚马逊更好地满足顾客需求。

## 二、用户需求的满足

跨境电商平台面临着复杂的物流和仓储的难题，包括缺乏库存规划、库存不准确、仓储管理效率低下、发错货或配送延误等。针对跨境物流发展的诸多难题，亚马逊推出了基于已有物流能力的"亚马逊物流＋"服务。

"亚马逊物流＋"的竞争力源于精细化的仓储运营能力。精细化运营的实质是物流服务水平的提升，不仅体现在系统的精准分析和运算能力的提高，还体现在系统具备的强大的包容性和灵活的适应能力。

"亚马逊物流＋"等顾客服务形式的出现表明，伴随跨境电商市场规模的扩大，跨境电商市场竞争越来越激烈，产品同质化严重，众多的"爆款"不禁让消费者视觉疲劳，如何在众多竞争对手中突围而出，已成为很多电商平台不得不思考的问题。

快速、敏捷、灵活地满足客户的需求，是跨境电商实现高速发展必须迈过的一道门槛。

### （一）从拼价格到拼速度

跨境电商发展到现在，以往单纯以价格战吸引顾客的"烧钱"策略已经事倍功半了，跨境电商要想突破重围，必须开始转变思路，在保持价格优势的前提下，不断缩短商品流转的时间。

跨境购物的时间成本很多时候是花费在商品的海关通关上，但如今，很多地方政府为支持跨境电商发展，特意推出电子通关的概念。易票联支付等一些第三方支付公司率先与海关完成对接，助力跨境电商的发展。境内消费者在电商平台上使用那些已与海关通关管理系统对接的支付公司的网购支付产品后，电子订单、支付凭证、电子运单等信息会通过其平台实时传输给海关，保证符合条件的电商平台实现一站式电子通关，这无形中大大提高了通关效率，缩短了通关时间。

### （二）从拼速度到拼体验

跨境电商与国内网购最大的区别就是退换货，很多时候消费者在收货后，对商品不满意，都有一个退货的过程，但在跨境购物中，物流成本耗费将变得非常大，因而，建立一个跨境电商 O2O 体验店，线上线下结合就非常必要了。消费者在体验店看到实物，觉得满意后再下单购买，这样一种模式，减少了退货率，也激发了消费者的购买欲。

另外，支付体验的优化，也会让整个购买过程画上一个完美的句号。第三方支付公司提供了一系列付款方式，一种是自助机下单或店内扫码支付，店内刷卡提货，另一种是电商专属手机 App 下单，货物自提或邮寄。便捷、有效的支付方式，无疑是把消费者推向商店大门的重要一步。

跨境电商没有想象中好做，但只要找对方向，不断优化用户体验，缩短消费者的等待时间，提供便捷、有效的支付体验，跨境电商物流市场的发展潜力依然十分巨大。

## 三、亚马逊的卓越顾客体验

### （一）贝佐斯的客户体验观

杰夫·贝佐斯是亚马逊的创始人兼 CEO，亚马逊在跨境电商物流领域的成功与贝佐斯本人的客户体验观息息相关。

大约在一个世纪以前，芝加哥传奇的零售业巨头马歇尔·菲尔德曾有一句名言——"顾客总是对的"，而贝佐斯可能是在互联网时代最认真践行这一口号的企业家。贝佐斯领导下的亚马逊总是先关注客户需求，再考虑盈利模式，最终也成功地把客户需求转化为盈利。在当下互联网行业激烈的市场竞争环境下，贝佐斯一直在践行自己的经营准则——溺爱自己拥有的 1.64 亿客户，而非公司的 5.6 万名员工。

亚马逊通过 500 多个量化的指标来衡量自己的运营表现，其中有 80% 以上的指标围绕客户需求而制定。对于改善顾客体验，贝佐斯可谓不遗余力。亚马逊英国公司前主管西门·摩多克回忆说，当时亚马逊的发货截止时间是每天下午 4 点钟，超过时间的订单只能在第二天送出。但是贝佐斯一直不停地要求将物流截止时间延后到 6 点、7 点甚至更晚，即便这意味着整个货仓流程需要做出巨大改变也在所不惜。目前亚马逊承诺在英国大多数地区和 10 个美国城市内，只要客户在早晨下单，当天即可收货。另外一名前高管则回忆称，贝佐斯曾强烈要求采用更加坚固的纸板包装箱，以方便客户日后继续使用这个印有亚马逊 LOGO 的盒子，并以此来吸引更多潜在客户。

贝佐斯强调的是客户体验，其实就是我们所说的用户体验。在致股东信中，他说："在客户体验方面，我们已经设置了非常高的门槛，并且有着异乎寻常的不断改进的紧迫感。"因此，"我们要基于长远创造更好的客户体验"。

贝佐斯为什么会把客户体验放到这么重要的位置？

这主要是因为零售业作为服务行业，是体验式经济的前沿阵地。传统的经济模式是，制造电视的企业把电视卖给顾客，就完成了销售任务。电视是耐用消费品，企业巴不得顾客从此再也不来麻烦自己，这样它可以用广告和其他手段吸引新顾客。但是，零售业本来利润率就低，它必须依靠顾客持续购买才能产生规模收入。这就意味着像沃尔玛、亚马逊这样的零售企业必须创造好的客户体验，顾客在购物过程中感觉舒服，以后才会再来购物。用户使用产品的过程，是企业与用户对话的过程。用户买到产品，并不意味着销售任务结束，而是体验之旅才刚刚开始。

这样就能理解，为什么无论是沃尔玛还是亚马逊，都会舍得将巨资投到物流体系上。好的物流体系不仅能让企业精打细算，花好每一分钱，还能让顾客尽快拿到货，提高顾客的满意度。

贝佐斯这种近乎狂热的客户导向最终也得到了回报。每年密歇根大学都会针对美国最大的225家公司进行客户满意度调查。亚马逊数年以来在这方面一直领跑在线零售类公司，也常常出现在客户满意度最高的前十大公司名单之中。最新的一期调查显示，只有亨氏奶粉、施乐、苹果这三家的客户满意度指标在亚马逊之上。

### （二）亚马逊客户体验的三大支柱

提升客户体验是亚马逊10多年来一贯的战略，它简单而又务实，令这家拥有5万多员工、业务遍布全球10多个国家的庞大商业帝国，能从上到下迅速理解和贯穿执行。

在亚马逊，每位员工都知道"飞轮"，其起点就是客户体验，这是指以客户体验为出发点的一个良性循环。贝佐斯认为，在亚马逊的飞轮里，当客户体验更好的时候，流量自然会增加，更多的流量会吸引卖家来网上卖东西，这样消费者就有了更多更丰富的选品，以及获得更方便的服务，这也将进一步提升客户体验。随着飞轮的不断成长，亚马逊的运营成本会被分摊，成本结构将会更加合理，可以将省下来的钱返还给消费者，以形成低价，这也是提升客户体验的一个重要因素。

支撑亚马逊飞轮的，是基于客户体验的三大支柱：丰富的选择、便利和低价，强大的技术能力和数据化运营是驱动飞轮加速的引擎。在亚马逊上市的那一年，它的合作伙伴是美国在线、雅虎、Excite、网景、Geocities等企业，其中的大多数都比当年的亚马逊更有名气、更为庞大。然而，经过10多年的长跑后，这些互联网明星企业有的倒闭，有的尽显颓势，但是专注于提升客户体验的亚马逊，却如贝佐斯所期望的那样，越来越"重"，市值越来越高。

#### 1. 丰富的选择

不断地增加商品的丰富性，是亚马逊提高客户体验的一个重要支柱。从创立亚马逊的第一天起，贝佐斯就提出，要为客户提供某种他们以任何方式都难以得到的东西。

早在20世纪末，亚马逊在线销售的书籍就远远多于任何一个实体书店销售的图书数量，而且这些书籍是在"365×24"的不打烊的店里，以一种有用的、容易搜索和浏览的方式呈现给用户的。

上市的第二年，亚马逊就开始了品类扩张。亚马逊新增加了在线音乐、视频、礼物等品类，仅仅在上线6周的时间内，亚马逊就冲到了在线视频的领先地位。21世纪初，亚马逊邀请商家来第三方平台（Market Place）开店。当时业界都认为第三方商家的商品和亚马逊自己的零售商品放在一起销售会有风险，或许会蚕食亚马逊自己的零售业务。有人指出第三方商家开店，会让亚马逊的库存预测变得困难，而且也有可能没有足够的商品信息展示在第三方卖家的商品页面上。现在，第三方平台已经成为亚马逊一个重要的业务。

自主零售的品类扩张和第三方商家的销售，都极大地丰富了亚马逊的商品选择，这为亚马逊吸引了更多的顾客。

### 2. 便利

在提供了丰富的商品后，如何帮助顾客快速找到所要购买的商品，甚至根据其消费行为推送其可能喜欢的商品，以及快速地将商品交付到顾客手中，是亚马逊提升顾客体验的第二个支柱——便利。

和实体零售不同的是，亚马逊可以在互联网上为消费者呈现丰富的商品相关信息，不仅仅包括商品的介绍，还有大量的评论、浏览选项和推荐商品，以及一键购物的功能。

在前端，亚马逊为顾客提供的便利表现为丰富的商品选择、更精准的搜索和信息推送、更顺畅的下单流程；而在后端，无论是实体还是虚拟的商品，亚马逊都在致力于将其快速交付。

在亚马逊精密计算的仓储物流系统下，工作人员仅仅是系统的执行者而不是操作者。比如在包装的作业地点，工人只需拿起商品对着扫描器一扫，系统会根据这件商品的尺寸、重量，算出所需的包装盒大小，而这位工人只需从面前的两三种包装盒里抽出系统建议的包装盒即可。

基于对仓储物流中心的成熟运营经验，亚马逊推出了很多创新又快捷的服务，比如在西雅图推出了新鲜的杂货超市类服务，当地的用户可以在下订单的第二天早上喝到新鲜的牛奶；在日本和法国，亚马逊将仓储物流服务与位置服务（Location Based Services，LBS）结合起来，顾客可以通过手机或无线设备中输入所在地信息，利用终端设备通用分组无线服务技术（General Packet Radio Service，GPRS）定位寻找距离最近的送货点，比如亚马逊可以将商品送到离顾客最近的便利店，让用户去那里提货。系统也可以看到顾客的位置，亚马逊可以据此提供就近的服务。

### 3. 低价

从21世纪初起，贝佐斯就将低价作为亚马逊提升客户体验的第三大支柱。他的低价策略不是提供限时限购的折扣，而是每天都有大量的商品打折。

在亚马逊网站，如果消费者搜索到的商品同时由亚马逊自己的零售和第三方商家销售，排序的规则是谁低价谁就排在前面。在价格一样的情况下，商家服务得分最高的商品将排在前面。

在亚马逊创立的早年间，业界对于它提供低价的质疑是如何在保持低价的同时盈利。贝佐斯的解决之道是规模化。贝佐斯认为规模足够庞大，加之在全球范围内进行运营，是使亚马逊能够为用户提供最低价格的一个重要原因。比如亚马逊的一项即时订购更新（Instant Order Update）服务，是为了提醒那些忘记了前段时间已经买过某商品的用户，在重复购买时提醒他。尽管业界认为这项服务会对亚马逊的销售额不利，但是贝佐斯却认为这有利于消费者。他同时也认为，这项服务用在 4000 万用户时的成本比用在 100 万用户时的成本要低得多。

### （三）基于客户体验的业务流程优化

一般情况下，业务流程设计以及完善是一个以某种价值主张为目标的动态过程，在很多情况下，这种目标往往被大部分公司定义为管理的便捷和成本的降低。当企业从完善内部管理或降低竞争成本的角度出发而进行变革或者流程再造时，客户体验被摆在一个可有可无的位置。很显然，这种从内而外的变革是否能够获得客户的认同，并不能确定，其变革成果的有效性势必大打折扣。

亚马逊提倡的是从客户体验出发，而非单纯从成本出发的业务流程的优化，这种优化为客户提供了更方便、快捷的服务体验，也为企业赢得了新的竞争优势。

#### 1. 以客户需求为起点

跨境电商中"电子"部分只占工作的 30%，也是消费者看得见的，如界面是否清晰、分类是否明了，而剩余的 70% 则是消费者看不见的那部分，包括物流、配送，这些才是跨境电商物流企业的工作重心。

亚马逊有一个原则：做任何决策的时候，要首先从消费者的角度去考虑，然后从消费者的需求出发去倒推企业内部的流程。在现实阶段，消费者需要的就是对于物流配送的要求，就根据这个需求倒推，找到亚马逊内部流程中需要进行哪些变革，亚马逊的管理还需要从哪些方面加以完善。

购物没有地域限制是跨境电商的一个重要特点，如何打破消费者网络购物的地域局限？以亚马逊中国为例，继北京之后，亚马逊在电商市场相对比较成熟的上海（后迁至苏州）、广州分别建立了仓库，这样的布局不仅满足了业务量较高的当地消费需求，而且有利于亚马逊对全国市场的覆盖。我国目前大约有 572 个地级市，亚马逊已经完成了一级、二级、三级大部分城市的覆盖，同时在 346 个城市实现了货到付款的服务。三级仓库的建立可以大大缩短配送时间和配送成本。

在增加仓库数量的同时，亚马逊还不断对仓库进行扩容。扩容后，亚马逊提供的货品品种增加了数十倍，从最初的上万种产品到现在的以百万计的产品品种，在品种上大大丰富了消费者的选择。

扩容仓库，加大库存给企业带来的最直接影响是加大了库存成本的压力，但是，从消费者体验来看，可以为顾客提供更丰富的选择与更快捷的服务。仓库只是物流配送的第一环节。在仓库问题解决之后，后期的配货、发货、送货更是影响配送速度的关键环节。

在没有新需求和新技术之前，人们往往没有审视、改变自己的流程的习惯。流程再造之前，亚马逊产品摆放的标准是按照产品分类、外形、购买频率等特性，将货品固定在某处，也就是常说的档案化管理。现在，消费者需求的改变对仓库利用率提出了更高的需求。为了进行更为科学的物流规划，亚马逊聘请专业公司对库房结构进行重新设计，并且对业务流程进行了标准化改造。

新流程改变了以往档案式管理的思路。新思路借助于信息系统的帮助，以存放方便、节约空间为原则改变了每一个库存的轨道，确保内部通道的流畅性。以一个绒毛玩具为例，在产品入库时，库房管理员首先找到存放母婴产品的区域，但是不必将它固定放到某一个货架，而是可以找一个空当（譬如在婴儿车之间）将它摆放好，并用电子枪将其位置上的编码扫描。当有消费者选购一本幼儿画报和一个绒毛玩具时，配货员从一个入口进入，输入其想要的货品代码，计算机会自动帮他找出一条最优的道路，带他找到幼儿画报和那个存放在婴儿车空当间的绒毛玩具。

这样的改变，大大节约了库房空间，而信息化辅助工具的帮助也不会让"随意而放"的货品乱了配货员的阵脚。改造后的新库房不但面积上满足了亚马逊配货所需，更是满足了配送一体化、搭货方便的需求，解决了一个仓库内不同规格产品的摆放、提取、运输等问题。只有库房管理员们能够最快地找到货品，最快地进行配货，才能为后续的配送节约时间。

随着亚马逊业务量的增加以及消费者对配送速度更高的要求，如果说三级城市三五天的送货周期还可以接受的话，而在北京、上海、广州、天津等一线城市，消费者往往要求当天订货当天送到，譬如一本畅销书，能够先睹为快总是令人兴奋的。在电商发展初期，很难有第三方物流能够高质量地满足这种大量而快速的配送要求。消费者有需求，而第三方又做不到。这就推动着亚马逊自己开辟物流配送服务。

2. 注重细节的完善

现在消费者的选择很多，如果一次服务不满意，下次消费者可能就不再选择你，所以跨境电商物流企业必须对消费体验的各方面都关注。配送是否及时准确，货物包装完整与否、配送员工是否有礼貌、是否自备零钱，等等，这些细节都开始成为消费体验的细节。

不同消费者对于配送要求各不相同，因此，关注用户体验的跨境电商物流企业必须能够为顾客提供尽可能多样化的选择。较之最初，亚马逊在配送环节也做了诸多新的调整。顾客在网站上确认订单后，亚马逊会为顾客提供多种可供选择的送货方式和送货时间。譬如送货方式有平邮、快递、加急快递、国内特快专递等，送货时间和送货地点也可以进行选择约定。与其他同行相比，亚马逊还有一点颇受消费者称道，在亚马逊网站上购物下订单后，会分别收到来自客服中心的订单确认以及货物发出通知。而在送货当天，亚马逊要求配送员尽量与客户先电话确认。这些细节都让客户感受到亚马逊配送管理的人性化。

如亚马逊推出了"订单拆分服务"，消费者可以一次购齐需要的商品（包括预售和缺货商品），并且可以自由选择"用最快方式拆分订单发货"的功能。之前，假设消费者想购买一本缺货的图书和一张有现货的 CD，他只有两个选择：要么这次他只买一张 CD，等图书到货时再次购买（他得始终记得自己曾经想看这本书）；要么他只能一次购买，等到图书到货后一并送来。订单拆分功能的推出，使得这名消费者有了新的选择，他可以一次购买这本图书和 CD 选择分拆送货，那么他在收到 CD 后，就会再次收到图书。实现订单分拆对于信息系统而言没有多大困难，而对物流体系的考验要多一些，亚马逊必须准确知道自己的货物在什么地方，怎样分拆才是最优。

此外，亚马逊还推出了"零风险购物"，消费者可以在收货后 15 天内无条件退货。亚马逊是第一家可以由配送员上门取退货的公司。对消费者而言，退货并没有额外的成本支出，但对于公司自身增加了管理的风险与配送成本。

# 第五章　跨境电商供应链管理

## 第一节　跨境电商供应链管理

### 一、跨境电商供应链概述

跨境电商供应链是指在满足国外顾客需求过程中直接或间接涉及的所有环节。跨境电商供应链包括制造商、供应商、国际物流公司、仓储中心、分销商，甚至包括国外顾客本身。这些企业和消费者构成了一条"链"，一个集成的组织，管理的载体是贯穿于"链"条中的信息流、产品流和资金流，目的是减少采购、库存、运输等环节的成本，提高整条供应链的竞争能力。这不仅可以提高供应链中单个企业的竞争力，还可以使供应链上所涉及的企业或组织分享更大的利润。跨境电商供应链是由跨境电商供应链载体、跨境电商供应链实体、跨境电商供应链周期和跨境电商供应链系统四个部分组成。

#### （一）跨境电商供应链载体

跨境电商供应链载体包括产品流、信息流和资金流。以跨境电商速卖通为例，首先，在信息流方面，阿里巴巴全资收购了美国电子商务软件运营提供商 Vendio 公司。Vendio 拥有 10 多年的网店零售服务经验，其核心业务是帮助中小商家建立网上销售平台，并同步接入各种不同的网上销售渠道，比如 eBay、亚马逊等。收购之后 Vendio 可以将其服务的 8 万多家美国 B2C 零售卖家与速卖通对接，通过 B2B2C 的模式将速卖通的产品铺向全美市场。其次，在产品流方面，阿里巴巴与国际物流巨头 UPS 结成战略联盟。UPS 是全球最大的包裹递送公司及全球领先的供应链和货运服务供货商。速卖通可以整合 UPS 的优质运输技术，让客户享受到在线管理货运和在线追踪所带来的便利，其中包括打印 UPS 货运标签、要求 UPS 上门取件。最后，在资金流方面，阿里巴巴与全球最大的网上支付公司 PayPal 合作。当时的 PayPal 在全球 190 个市场有超过 8400 万个活跃账户和约 800 万名商户，使用货币多达 24 种。合作后，速卖通的用户可以直接通过 PayPal 付款。这样，UPS 为速卖通用户提供了一种高端的物流选择，PayPal 则极大地提高了速卖通的订单转化率，Vendio 迅速为速卖通打开了美国的在线零售市场。

#### （二）跨境电商供应链实体

对于任何一个跨境电商来讲，仅仅处理好供应链中的产品流、信息流和资金流等工作是远远不够的，还需要处理跨境电商的沟通与协调问题。从企业内部来看，这涉及职能部门内和职能部门间；从跨企业来看，这涉及不同企业之间的协调问题。一个企业失败的原因可能是由于供应链设计方面出现缺陷，也可能是缺乏各个实体之间的协调与沟通，即供应链上各实体在设计、流程和资源等方面难以协调所期望的战略目标。例如，一个决定提供产品种类繁多的电商同时还要保持低库存，而它选择的供应商和承运商的标准却是价格低廉而不是快速响应。不难想象，其结果一定是因为糟糕的产品供应能力而招致消费者的不满。类似地，假设一个企业的市场营销部门大力宣传其企业可以快速的供应产品，而分销部门的目标却是降低成本，选择廉价的运输方式；这样的两个部门目标相冲突，其结果一定也是不利于企业运作发展的。因此，供应链上各个实体的战略应该与供应链的竞争战略具有共同的目标。这个共同的目标就是要满足顾客至上的理念和供应链旨在建立的供应链各实体之间的一致性。任何一家企业想要获得成功，其供应链上所涉及的各个实体与竞争战略必须相互匹配。

与供应链上各实体保持一致性的关键问题是，在供应链的各个环节，沟通与协调的范围有多大，即匹配的范围就多大。有两种极端的情况，一个是每个职能部门内的各项运作都有自己的独立策略，其各自的目标是最大化自己的绩效，在这种情况下，匹配的范围被限制在供应链的职能范围内。另一个极端情况是，供应链所有环节的所有职能领域具有联合的战略，旨在实现供应链盈余最大化，在这种情况下，战略匹配范围扩展到了整个供应链。

### （三）跨境电商供应链周期

跨境电商供应链所有流程可以分为一系列周期，每一个周期都发生在供应链的两个相邻环节的接口处。正常的流程应该包括供应商或制造商采购原材料环节、制造商生产产品环节、国际物流公司配送货物环节和处理顾客订单环节等，相应的跨境电商供应链流程都可以分解为采购周期、制造周期、补货周期和订单处理周期这四个周期。每个周期都可以分解为卖方展示或推销其产品、买方发出订单、卖方接受订单、运输货物、买方接收货物等环节。跨境电商供应链的周期观点明确地说明了供应链所包括的所有流程及每个流程的承担者。在考虑供应链决策时，周期观点是非常有用的，因为它明确了供应链每个成员的职责和任务，以及每个流程的预期产出。

这里以一位顾客浏览美国亚马逊网站购买充电宝为例说明跨境电商供应链的周期活动。这个例子中，供应链始于顾客对充电器的需求，顾客浏览亚马逊网站上展示的商品，这些商品有的属于亚马逊自营，即存放于亚马逊的库存，有的属于一些独立商家，他们在亚马逊网站上开设店铺。顾客选择好商品后提交订单，如果该商品属于亚马逊自营商品，亚马逊接受订单，并由亚马逊自营的仓储中心发出货物，顾客接收货物，一个订单处理周期完成。如果该商品属于那些独立商家，则由他们负责发出货物，顾客接收货物。如果亚马逊自营的仓储中心或那些独立的商家对某些商品的库存不足，他们会向供应商发出补货订单，供应商接收订单，发出货物，亚马逊仓储或独立卖家接收货物，一个补货周期完成。如果供应商的库存不足，会向制造商发出补货订单，而接收订单的制造商会采购原材料、生产产品、发出货物，这样制造周期和采购周期完成。产成品物流发送到各地的分销商，再由分销商进行配送。在这条供应链中，亚马逊向顾客提供产品的相关信息，顾客选购商品，付款给亚马逊，亚马逊将零售终端信息和补货订单传给独立商家或仓储中心，独立商家或仓储中心将货物运输给顾客，顾客确认收货后，亚马逊将货款支付给独立商家或仓储中心，仓储货物会及时向供应商补货，供应商又向制造商补货，制造商生产商品。订单处理周期、补货周期、采购周期和制造周期贯穿于这条供应链中。

任何一条跨境电商供应链存在的主要目的都是满足顾客的需求，同时获得自己的利润。"供应链"一词形象地描述了产品或原材料沿着供应商—制造商—分销商—电商—顾客这一链条移动。事实上，跨境电商可以向多个制造商、分销商那里采购货物，而制造商也可以从多个供应商那里购进原材料，跨境电商和制造商之间可能还有多个分销商，因此，大多数供应链是一个网络，称之为跨境电商供应网络。

### （四）跨境电商供应链系统

跨境电商企业内部几乎所有的供应链活动都可以归属于客户关系系统（Customer Relationship Management，CRM）、集成供应链系统（Integrated Supply Chain Management，ISCM）和供应商关系系统（Supply Relationship Management，SRM）这三种部门流程中的一种。这三种流程对生成、接受并履行顾客需求所需的信息流、产品流和资金流有着至关重要的影响。

客户关系系统致力于引发顾客需求并简化下单和跟踪订单的过程。客户关系管理流程包括客户关系、客户服务、市场营销、定价、销售、订单等流程。

集成供应链系统致力于以尽可能低的成本及时满足客户关系管理流程所引发的需求。它包括内部生产和库存能力计划、供给和需求计划准备以及实际订单履行。

供应商关系系统致力于为各种产品和服务安排并管理供货资源，包括评估和选择供应商、协商供应条款以及与供应商联系新产品和订购事宜。

上述三种部门流程都致力于为顾客需求服务。三种流程的整合对供应链的成功起到了很重要的作用。在很多企业中，这三种流程都缺乏彼此联系，如市场营销部门只负责客户关系管理流程，生产制造部门只负责集成供应链管理流程，采购部门只负责供应商关系管理流程，各部门之间缺乏交流，这样就大大降低了供应链对供给和需求进行有效匹配的能力，从而导致顾客不满和较高成本。因此，有必要建立一个有效地反映上述流程的供应链组织，以确保流程中的成员可以顺畅地沟通和协作。

## 二、跨境电商的供应链战略

跨境电商供应链战略是指从企业战略的高度来对全球供应链进行全局性规划，确定原材料的获取和运输、产品的制造或服务的提供以及产品配送和售后服务的方式与特点。跨境电商供应链战略突破了仅仅关注企业本身的局限，通过在整个供应链上进行规划，进而实现为企业获取竞争优势的目的。跨境电商供应链战略管理所关注的重点不是企业向顾客提供的产品或服务本身给企业增加的竞争优势，而是整个全球供应链流程所创造的价值给企业增加的竞争优势。

跨境电商供应链的目标都应该是供应链整体价值最大化，也就是追求整体供应链剩余最大化。跨境电商供应链剩余是指最终产品对于顾客的价值与供应链为满足顾客需求所付出的成本之间的差额；它由两部分构成，一是消费者剩余，即产品对于顾客的价值与顾客所支付的价格的差额。二是供应链盈余，即顾客支付的价格与供应链成本之间的差额。例如，一位顾客花 100 美元从亚马逊上购买充电器，这 100 美元就代表了供应链获得的收入，显然，顾客对这个充电器所愿意支付的价格大于或等于 100 美元，多出来的部分由消费者以消费者剩余的方式获得，消费者剩余越多，其在这次购物中感受到的快乐或满足就越多，其余部分则以供应链盈余的形式保留在供应链中。本例中，消费者支付的 100 美元与供应链总成本之间的差额为供应链盈余，是供应链中所有环节和中间商所共享的总利润。对于大部分以盈利为目的的供应链来说，供应链盈余与利润之间存在很强的关联。供应链是否成功，应当由供应链总体盈利而不是单个环节的盈利来衡量，供应链总体盈利越高，供应链就越成功，而过分追求个别环节的盈利很可能导致整体供应链利润的减少。

跨境电商供应链的收入只有来自消费者，消费者在亚马逊购买充电器时所付的价格是供应链的收入来源，其他环节所有的现金流都只是供应链内部的资金的交换或者说是内部资源配置的移动。跨境电商供应链战略追求的就是供应链剩余最大化，对于如何提高供应链剩余可以从两个大方向上去把握：首先应该提高产品对于顾客的价值；其次是如何从消费者那里获得更高的剩余，这部分剩余是消费者所支付的价格与供应链总成本的差额，所以想要从消费者支付的价格中获得更多的收入就必须控制成本。在一条供应链中，由于所有的信息流、产品流和资金流都会产生成本，因此有效的跨境电商供应链管理应该包括对供应链资产的管理、库存的管理、物流的管理，这样，实现供应链总剩余的最大化的方法就变得十分重要。具体来说，跨境电商供应链涉及不同层次、存在不同动力机制、追求不同的战略目标，因此，跨境电商供应链战略可以主要体现为层次论、动力论和标的论三种。

### （一）跨境电商供应链层次论

成功的跨境电商供应链管理需要制定与信息流、产品流和资金流相关的各种决策，这些决策根据其战略重要性和影响的时间跨度可分为三个层次：供应链全局设计、经营计划和具体运作。全局设计阶段限定或者说确保了好的经营计划，而经营计划则又限定或者确保了有效的具体运作。

### 1. 跨境电商供应链全局设计

在这个阶段，公司决定如何构造供应链，决定供应链的配置以及供应链的每个环节或组织执行什么样的流程。这些决策通常也称为战略供应链决策。公司的战略决策包括生产和仓储设施的位置和能力，在各个地点制造或存放的产品，根据不同交货行程采用不同的运输模式以及将要使用的信息系统的类型。公司必须保证供应链配置支持这一系列的战略目标。

### 2. 跨境电商供应链经营计划

在供应链配置确定之后，公司需要有相应的供应链计划，即要制定一整套控制短期运作的运营政策，这一阶段的决策必须满足既定战略供应链配置的约束。计划从预测未来一段时间跨度的市场需求开始，包括决定哪个地点供应哪些市场、计划库存多少、是否外协制造、补货和库存政策、备货点设定以及促销时间和规模等一系列相关的政策。

### 3. 跨境电商供应链具体运作

这一阶段的决策时间是"周"或"天"，企业根据既定的供应链计划做出具体的实现客户订单的有关决策，其目的是以尽可能好的方式实施供应链计划。在这一阶段，公司分派订单给库存或生产部门、设定订单完成日期、生成仓库提货清单、指定订单交付模式、设定交货时间表和发出补货订单。由于供应链运作是短期决策，通常具有更小的需求不确定性，因此，运作决策的目的就是要利用这种不确定因素的减少，使得供应链在配置和计划政策的约束下取得最优性能。

### （二）跨境电商供应链动力论

根据跨境电商动力来源的不同，可以将跨境电商供应链分为推动式供应链、拉动式供应链和推拉混合式供应链。

### 1. 推动式跨境电商供应链

推动式供应链是以企业自身产品为导向的供应链，有时也称为产品导向或库存导向供应链。这种供应链始于企业对市场的预测，然后制造所预测的产品，并推向市场。推动式供应链的运作模式是依据制造商本身对市场的预测，如果能成功地预测市场需求，就能成功地销售产品，企业就会获得成功；相反，如果对市场预测得不准确，就意味着失败。当制造商对商品市场预测偏低时，就会供不应求，整体利润减少；相反，如果制造商对商品的市场预测偏大时，就会层层退货，导致企业负担过重。推动式供应链模式是以制造商的生产计划、分销计划为前提进行的，虽然也进行过市场预测，但并不能十分准确地把握市场，因而这种供应链的运营模式所产生的商业风险是不可低估的。

### 2. 拉动式跨境电商供应链

拉动式供应链是以企业获得订单为前提的。企业根据所获得的订单来进行生产，所以又称为客户导向或订单导向供应链。这种供应链起始于企业收到客户的订单，并以此引发一系列供应链运作，这是以销定产模式，所以重点是拉到客户，再以客户需求为导向进行生产、采购、外包等一系列活动。采用这种模式的供应链，增加了企业控制市场的能力，能够使企业适应复杂多变的市场，使企业运营处于一种良性状态，同时节约企业运营所需的资金量，从而节约企业运营成本，有效地增进客户服务。事实上，一般的跨境电商并不能完全满足顾客的体验要求，因为企业并不能在接到订单后再组织生产和配送，所以很难应用拉动式供应链，但是采取定制模式的供应链可以采用拉动式供应链。

对一个特定的产品而言，采用什么样的供应链战略不仅要考虑来自需求端的不确定性问题，而且还要考虑来自企业自身生产和分销规模经济的重要性。在其他条件相同的情况下，需求不确定性越高，就越应当采用根据实际需求管理供应链模式拉动战略；相反，需求不确定性越低，就越应当采用根据长期预测管理供应链模式——推动战略。

### 3. 推拉混合式跨境电商供应链

由于推动式供应链和拉动式供应链各有其优缺点及不适用的范围，所以在实际应用中，核心企业会根据需要将两种模式结合形成新的推拉混合模式，以求将两种模式的优点互补、缺点互避。

实践中可以将顾客的需求作为分界点分别采取推、拉两种不同的运作模式，在分界点之前，按推动式的大规模通用化方式和需求预测组织生产以形成规模经济；在分界点之后，首先将产品的后续分级、加工、包装和配送等过程延迟，待切入顾客的需求信息并接到订单后，根据实际订单信息，尽快将产品按客户的个性化或定制要求分级、加工及包装为最终产品，实现对顾客需求的快速而有效的反应。比如某生产 T 恤的厂商先按照推动式的大规模生产、裁缝成品但并未给衣服染色，而是在接收到个性化的订单后再按照拉动的方式进行染色，可见，分界点之后实施的是拉动式差异化整合模式。

当然，顾客需求分界点的位置是可调整的。当分界点向供应链上游方向移动时，顾客的需求信息会较早地被切入生产过程，产品同质化生产阶段会相应缩短，从而扩大按订单执行生产供应活动的范围；若将切入点向供应链下游方向移动，产品的个性化培育时间则会被推迟，相应地延长规模化时段。在实践中，顾客需求切入点的位置一般根据产品生产的特征和市场需求的特点等情况进行调整。

### （三）跨境电商供应链标的论

根据产品的生命周期、需求稳定程度以及可预测程度等可以将生产的产品分为两大类，即功能型产品和创新型产品。功能型产品包括可以从大量零售店买到的主要商品，这些产品满足基本需求，即需求稳定且可以预测，并且生命周期较长。但是稳定性意味着竞争较激烈，进而导致利润较低。创新型产品是指为满足特定需求而生产的产品，企业在产品样式上或技术上进行创新以满足顾客的特殊需求。尽管创新型产品能使企业获得较高的利润，但是创新型产品的新颖程度却使需求变得不可预测，而且产品的生命周期一般较短。与此相对应，可以将供应链战略划分为两类效率型供应链战略和响应型供应链战略。

### 1. 效率型供应链战略

效率型供应链战略是指强调以最低的成本将原材料转化为零部件、半成品、成品，以及在供应链运输中的供应链战略，主要适用于功能型产品。由于功能型产品的需求可以预测，生产该类产品的企业可以采取共用措施降低成本，在低成本的前提下妥善安排订单、完成生产和产品交付，使供应链存货最小化和生产效率最大化。

### 2. 响应型供应链战略

响应型供应链战略是指强调快速对需求做出反应的供应链战略，所对应的产品是创新型产品。这是因为创新型产品所面临的市场是非常不确定的，产品的生命周期也比较短，企业面临的重要问题是快速把握需求的变化并能够及时对变化做出有效反应以适应需求的变化。许多跨境电商经营的产品属于时尚类产品，需求变化快，而且一旦畅销，其单位利润就会很高，随之会引来许多仿造者，基于创新的竞争优势会迅速消失，因此，产品的生命周期较短。这类产品的供应链应该考虑的是供应链的响应速度和柔性，只有响应速度快、柔性程度高的供应链才能适应多变的市场需求，而实现速度和柔性的费用则退为其次。

## 三、跨境电商供应链战略与竞争战略关系

竞争战略核心问题是在企业总体战略的制约下，指导和管理具体战略经营单位的计划和行动。跨境电商供应链管理服务于企业的竞争战略，核心问题是如何通过处理好顾客需求、竞争者产品与本企业之间的关系，来奠定本企业产品在市场上的特定地位并维持这一地位。供应链战略是公司战略的有机组成部分，与公司产品开发战略和市场营销战略并列为三大职能战略，共同支撑公司的竞争战略。其中，产品开发战略主要用于明确企业所要开发的新产品组合，以及明确开发是企业内部进行还是外包出去；市场营销战略强调如何对市场进行细分。

### （一）供应链与竞争优势

竞争战略与供应链战略之间的关系集中体现在企业的价值链上。价值链始于新产品的开发，它创造了各种规格的产品。市场营销通过公布产品属性和服务水平来吸引顾客的需求，还将顾客的偏好用于新产品的研发。生产部门利用各种新技术，将投入转变为产出，制造产品。服务是对顾客在购物期间或购物之后各种需求的反馈。这些都是成功企业所必须具备的核心职能。其中供应链管理至关重要，供应链对竞争优势的作用主要体现在供应、运作和物流三个方面。为了执行竞争战略，所有上述职能都会发挥作用，每一种职能都必须制定自身的战略并共同服务于企业的竞争战略。供应链战略还可以分解为供应战略、运作战略和物流战略。

### 1. 供应战略与竞争战略

供应战略是供应管理部门在现代供应理念的指导下，为实现企业战略目标，通过对供应环境的分析，对供应管理工作所做的长远性的谋划和战略。供应战略作为企业的一种重要的职能层次战略，是整个供应规划各方面内容的中心线索和指导方针，所以在供应战略的选择过程中就应考虑各个层次上的重点内容，并总体上应该与企业的长期竞争战略相一致。另外，战略选择过程往往要在众多的因素中取舍，就一定要重点突出。反过来，供应战略一经选定，则供应规划在各个层次上都要在战略选择的指导下进行。供应管理理念是对供应战略的提炼和概括，简洁地体现供应战略本质；供应管理目标是供应战略的具体化和量化；供应管理策略是供应战略各个局部或方面的战术上的深化；而行动方案则是更进一步对战略、目标和策略详尽的落实。

## 2. 运营战略与竞争战略

运营战略是运营管理中最重要的一部分。运营战略是指在企业经营战略的总体框架下，如何通过运营管理活动来支持和完成企业的总体战略目标。运营战略可以视为使运营管理目标和更大的组织目标协调一致的规划过程。运营战略涉及对运营管理过程和运营管理系统的基本问题所做出的根本性谋划。由此可以看出，运营战略是为支持和完成企业总体战略目标服务的。运营战略的研究对象是生产运营过程和生产运营系统的基本问题，所谓基本问题包括产品选择、工厂选址、设施布置、生产运营的组织形式、竞争优势要素等。运营战略的性质是对上述基本问题进行根本性谋划，包括生产运营过程和生产运营系统的长远目标、发展方向和重点、基本行动方针、基本步骤等一系列指导思想和决策原则。

## 3. 物流战略与竞争战略

物流战略是指为寻求物流的可持续发展，就物流发展目标以及达成目标的途径与手段而制定的长远性、全局性的规划与谋略。在一定时间多频度、少量的运输或即时运输，这种高水准的物流服务将逐渐普及，并成为物流经营的一种标准。物流战略的作用基本表现在以下三个方面。

（1）降低系统成本。单个企业或者企业集群都可以被称为"系统"，物流战略的着重点不应该是企业局部成本最小化，而应是系统成本最低，实现这一目标需要系统成员共同努力，并一同分享由效率的提高而带来的价值。

（2）加快反应速度。通过跨企业的协同反应，加快供应链上资金流、信息流和产品流的运行速度，一方面可以为顾客提供更多更即时的服务；另一方面产品的流通速度加快也可以减少库存的占用成本。

（3）创造增值服务。系统成本的降低，直接为各种系统成员创造价值，除了快捷的反应时间价值外，成本降低还可以给企业提供一个良好的条件，即面向顾客创造更多的增值服务。例如：京东是中国名列前茅的电子商务公司，之所以能够取得如此傲人的成绩与京东的物流战略密不可分。京东的高水平物流服务非常普及，并且已经成为企业很有影响力的竞争优势。

### （二）供应链战略与竞争战略的匹配

要实现供应链战略与竞争战略的匹配，企业的竞争战略与供应链战略必须具有相同的目标，即企业竞争战略所希望满足的顾客至上与供应链战略旨在提高的供应链能力要保持一致。企业想要实现战略匹配必须满足下列条件：一是竞争战略必须与所有的职能战略相匹配，以形成协调统一的总体战略，并且每一个职能战略都必须对其他的战略形成支持，帮助企业实现竞争战略的目标；二是企业内部的各个职能部门必须合理地配置本部门的流程和资源，以确保成功地执行这些战略；三是供应链的整体设计与各环节的作用必须协调一致，以支持供应链战略。

竞争战略的确立会明确企业希望满足的一个或者多个顾客群，而供应链战略确定原材料的获取和运输、产品的制造或服务的提供以及产品配送和售后服务的方式与特点。要获得供应链战略与竞争战略的匹配，企业必须保证其供应链能力会支持企业满足目标顾客群的能力。一般来说，企业需要完成以下三项工作。

### 1. 有效把握需求的不确定性

一家企业首先必须理解每个目标顾客群的需求，以及在满足这些需求的过程中，供应链所面临的不确定性。这些顾客群的需求帮助企业决定供应链的服务要求和成本类型。供应链不确定性有助于企业识别供应链必须面对的需求、中断和延误的不可预知性。竞争的核心是满足顾客需求，相对于传统的贸易而言，跨境电商的特点是直接与国外消费者打交道，因而准确地把握终端顾客的需求变得十分的重要。如华为Mate7款手机，由于之前其有款产品在欧洲的销售不是很好，所以华为对于Mate7的销售预期比较低，因此在产能订制上也没有那么高。但是华为Mate7在中国上市后，消费者购买热情远高于预期，这样就导致了供不应求的情况，给企业造成了很大的损失。总的来说，对顾客需求的预测可以依据以下几个方面来进行。

（1）产品的价格。产品的价格越高，需求的不确定性就越大。因为产品的单价占消费者可支配收入的比重越大，消费者就越重视这件商品，相应地，消费者对商品的要求就会越高，需求的不确定性就会越大。

（2）单次购买产品批量。单个消费者的订单可能会很小，而一个企业或大型组织的订单可能会很大。比如单个消费者可能只需要订购一台电脑就能够满足需求，而对于一个企业或组织来说，可能就需要100台电脑才能满足需求，订单中需求数量的增加，将会增加需求不确定性，因为更大的需求数量也意味着更大的需求变化。

（3）产品种类的丰富程度。顾客需求的产品种类增加，将会增加需求的不确定性，因为产品种类的增加会增加顾客对每种产品的需求。比如提供一款时装的商家就会比提供种类繁多的商家面临更少的不确定性，因为产品的种类单一，所以其面对的消费群体可能也比较单一，需求的不确定性也小。

（4）产品更新换代的速度。产品更新换代的速度快将会增加需求的不确定性，一方面，在物质极大丰富的今天，今天还流行的产品，明天可能就会面临被淘汰的危险，这就增加了需求的不确定性；另一方面，产品的更新速度快，则产品的生命周期就会比较短，希望在短时间内准确地把握顾客的需求就会比较困难，这就增加了缺货的风险，同样增加了需求的不确定性。

（5）所需的服务水平。这里的服务水平可以是指产品的可获得性水平，即对供应链响应能力的要求，也可以指对产品质量的要求。下紧急订单的顾客期望得到高水平的产品可获性，如果订单里的所有零件不是马上就能全部买到，这个顾客就很可能另寻卖家。简而言之，紧急订单所允许的响应时间会很短。例如，仅面向紧急订单提供订货服务的企业所面临的需求不确定性就远远高于较长的供货期提供同样产品的企业，因为后者有机会在更长的供货期内履行订单义务。随着供应链服务水平的提升，必须满足的实际需求的比例将逐渐增加，这就迫使供应链为特定的需求高峰做好准备。因此，服务水平的提升会增加需求的不确定性。

供应链需求的不确定性也受到产品所处生命周期的影响。因为新产品的设计和生产工艺仍处在不断改进的阶段，所以新产品的不确定性较高，相反，成熟产品的不确定性较低。全球化在为供应链增加了机会的同时也带来了风险，比如各国汇率、大宗商品价格、全球需求的不确定性等很多因素都会带来程度不一的风险，而这些因素都会影响供应链的绩效，所以在设计供应链时，充分考虑到这些不确定因素的企业应该会比那些忽略了这些因素的企业表现得更好。很明显，企业要想保持战略协调能力，就必须考虑来自全球的风险和不确定性。

### 2. 提高供应链响应能力

接下来，企业需要解决的问题是在不确定性面前如何才能满足顾客的需求，即建立何种供应链战略，才能使企业在面临不确定性时能最好地满足其设定的需求目标，这也是进行战略匹配的目的所在。接下来应该考虑供应链的特征，并根据能够影响供应链的响应能力和效率特征的因素对供应链进行分析。供应链响应性包括供应链完成下列各项任务的能力。

（1）提高对需求的柔性。所谓提高对需求的柔性，是指企业在不同的需求下进行生产运作的能力的提升。当制造企业面临着巨大的竞争压力时，对市场需求的变化必须有足够的应变能力。企业的柔性生产能力是可以让企业加强这种应变能力的有效手段之一，与其说柔性生产是一种生产方式，还不如说是一种全新的制造理念，它适用于品种多、批量小、交货期严格的订单生产。例如，汽车的制造商本田，其设立灵活的工厂在2008年发挥了很大的作用，受金融危机的影响，顾客对运动型多用途车（SUV）的需求下降了，对小型轿车的需求上升了。本田的工厂在设计时就考虑到顾客需求的改变可能会导致这两种车型生产批量的转换，所以本田在同一条生产线上既能生产SUV，又能生产小型汽车，因此在那段时间仍然可以运营。相反，那些建造的只生产大型卡车和SUV的公司，在2008年SUV需求下降的时候就遇到了很大的困难。

（2）缩短供货期。以Zara为例，在一个消费者需求变化无常的行业内，Zara通过实施快速响应战略，凭借缩短供货期，Zara每周都可以使在销服装比其他竞争对手的服装更贴近消费者的喜好。其结果是，Zara的服装大部分是全价销售的，而与其类似的竞争对手的服装有一半是减价销售的。

（3）提供多种类的产品。我们以大龙网为例，大龙网通过调研发现，在俄罗斯，中国制造的婚纱产品仅仅在网上销售，并没有渗透到线下市场。然而，婚纱是一种体验性很强的产品，即对线下所需的服务能力要求很高，因而对零售这一环节的响应能力要求也高，大部分人应更愿意通过线下渠道购买。为了提高这部分的响应能力，大龙网直接与婚纱零售店合作，为俄罗斯等欧洲国家的500家线下婚纱实体店安装了一个O2O（线上到线下，Online to Offline）系统。这个系统包括一台40多寸的平板电脑和一套大龙网自己设计的软件。通过这个系统，婚纱店可以把大龙网线上婚纱的图片和相关信息展示出来。本来一个实体店只能展示 100 ～ 500 款婚纱，有了这个系统后，展示量拓宽到了 1000 款以上，从而可以为实体店提供更多种类的产品。

（4）对产品的不断调整。随着现代科技的飞速发展和全球化的进程，市场的竞争日益加剧，顾客的需求日渐多样化和个性化，从而使企业竞争的焦点逐渐集中在如何才能更好地满足顾客需求上。在这种形势下，传统的大规模生产模式不再适应快速多变的市场需求，大规模定制或者不断修改产品属性以满足顾客多样化需求的生产方式应运而生。比如苹果手机的更迭，从 2007 年 iPhone 第一代手机上市，依靠 IOS 强大的系统功能、电容屏的崭新操作模式和漂亮优雅的外形，苹果手机在短短的几年内击败了传统的手机巨头诺基亚和三星，从当时的奢侈品象征到现在的大众化手机，iPhone 几乎每一代新品上市，都会给各国手机市场带来巨大冲击。

供应链越具备上述能力，其响应能力就越强。但是，响应能力的获取是需要付出成本的。比如，要提高对大幅变动需求量的响应能力，就必须提高生产能力和增加库存能力，这样就会增加更多的成本。于是，引出了供应链效率的概念。供应链效率是制造和向顾客交付产品的成本的倒数。成本的增加将会降低效率，每个旨在增加响应能力的战略选择都会产生额外成本、降低效率。

高成本一般伴随着高响应能力，但是高成本反映的效率水平却较低，比如缩短供货期就要求补货的频率加大，而补货频率加大必然带来额外运输成本，所以提高供应链的响应能力是以增加成本为基础的。相反，较低的成本是与较低的响应能力相对应的，而较低的成本反映供应链效率是很高的，比如某产品的生产计划需要提前数周甚至数月并且产品的种类单一，这样的企业效率一般很高，但面对需求的响应能力却很低。

供应链中既有只强调响应能力的，也有致力于以最低成本进行生产和供货的。大体上供应链的响应能力范围可以分为以下四个部分：效率极高、效率中等、响应能力中等和响应能力极高。响应能力高的一个代表就是 Zara，相比 Zara，Hanes 服装公司的响应能力较低，效率偏高，它还是传统的备货生产，生产提前期为几周。并且随着响应能力的提高，需求的不确定性也在增加。比如提供的产品种类增多了，就可能会由于产品种类的增加，使得需求更加分散，从而导致需求的不确定性增加。

3. 协调供需之间的矛盾

在响应能力范围内标出了需求不确定性水平并理解了供应链在响应能力范围中的位置后，接下来就是要确保供应链响应性的程度与需求不确定性保持协调一致。其原则就是对面临高不确定性的供应链设定高的响应能力，对于面临低不确定性的供应链设定高的效率。比如 Zara 的竞争战略锁定的就是比较重视在短时间内需要丰富个性化服饰的客户。考虑到服饰种类及风格繁多、创新水平高、交货迅速，消费者对服饰的需求不确定性高，因此 Zara 适合建立高响应能力的供应链，因为高响应性的供应链可以满足种类繁多和快速交货这样的消费者偏好。

从上面的论述中可以得出这样的结论，如果来自顾客和供应链的需求不确定性增加，最好的办法就是增加供应链的响应能力予以适应，而来自顾客和供应链的需求不确定性减弱，最好的方法就是增加供应链的效率予以适应，这就是通常意义上的战略匹配。

实现战略匹配的下一步就是给供应链的不同环节分配不同的角色，以保证相应的响应水平。这里需要强调的是，可以通过给供应链的各个环节分配不同的响应水平和效率水平来实现这条供应链所需要的最佳响应水平或效率水平。

要实现完整的战略匹配，企业还必须确保所有的职能战略都始终支持竞争战略，供应链内的所有次级战略如制造、库存和采购也都必须与供应链的响应水平保持一致。下面就注重效率的供应链和注重响应能力的供应链这两种情况来说明完整的战略匹配应该有的义务。对于更加注重效率的供应链来说，其首要目标是以最低成本满足需求，产品设计战略应该是以最低产品成本来实现最大绩效，因为价格是消费者首要的驱动因素，所以要降低产品成本；制造战略应该是通过提高利用率来降低成本；库存战略应是最小化库存以降低成本；交货期战略应该缩短交货期，但不能以增加成本为代价；供应商战略应根据成本和质量进行选择。相反，对于更加注重响应能力的供应链而言，首要目标是对需求做出迅速的响应，其产品应该采用模块化设计；定价战略则可以提高边际收益，因为价格不再是消费者的首要驱动因素；制造战略应维持产能的柔性以缓解供求不确定性；库存战略应维持缓冲库存来应对供求不确定性；交货期战略应尽量缩短交货期，哪怕成本会有所增加；供应商战略应该根据速度、柔性、可靠性和质量进行选择。

### （三）定制的跨境电商供应链

前面关于供应链的讨论主要集中在企业服务于一个细分市场时如何实现战略匹配，这种情况对于类似于速卖通这样的电商来说是吻合的，但是还有很多跨境电商是通过多种渠道为顾客提供多种类甚至是非常个性的产品，这些企业同样需要一些办法来满足顾客的需求。在这种情况下，"一体适用"的供应链无法实现竞争目标，需要有量身定制的供应链战略。比如LOHO，一家销售眼镜的电商，为了更好地满足顾客的体验需求，广泛分布在北京、深圳、广州等地，形成了线上预售、线下体验相结合的模式，LOHO之所以能够取得如此巨大的成就与其定制化的供应是分不开的。通过LOHO平台，消费者只需要将自己的定制化需求交给LOHO，比如镜框的颜色、款式，甚至太阳镜也可以根据消费者眼睛的近视度数、散光度数定制化生产出来，这无疑是定制化供应带来的好处。

另一个定制的供应链例子就是红领西服，为了吸引更多的消费者、获取消费需求，红领西服开辟了两条直达通道。一方面建立了线上电商平台，另一方面将洗衣店、改衣店、裁缝店等产业链上下游角色整合起来，形成一体化的线下网络，让消费者能够通过各种方式来发送定制需求。线上，通过RCMTM（Red Collar Made to Measure）全球西装定制供应商平台，消费者只需提供身体的测量数据，就可以得到根据身体数据定制的西装版型，而不再根据传统的码号来选择固定的标准版型。同时消费者可以在网上选择自己想要的西装款式、面料、纽扣的款式数量，再通过一系列个性化设置如刺绣、珠边设计、钉扣缝制方式，甚至每一根缝衣线的颜色组成定制版型。版型通过 3D 模型系统即时进行展示，消费者可以随时增删、确定下单。线下，消费者也可以选择传统的人工测量的方式，通过洗衣店、改衣店、裁缝店、大型商场的加盟店等服务网络，进行服装测量定制，并通过 3D 展示确定版型。收集到的消费需求将进入平台的数据库中，通过计算模型，直接生成制作图纸，同时申请物料传达到工厂进行生产。红领西服的企业运营生产完全基于消费者产生的数据进行驱动，真正地实现了服装、西服衬衫的个性化定制。这些在制定供应链战略时，企业的关键任务是设计一个当需求不确定性较低时可以很有效率、而需求不确定性较高时可以具有很强响应能力的供应链。通过根据实际情况对供应链进行调整，企业可以在维持成熟而稳定的产品和顾客细分市场的低成本的同时，为快速发展的产品、顾客细分市场和渠道提供响应能力。

供应链进行定制需要在供应链中与某些产品共享某些环节，而在其他环节上仍保持独立运作。共享这些环节的目的是在实现可能获得的最大效率的同时，为每一个顾客群提供适当的响应水平。例如，所有的产品可能都是在同一家工厂的同一条生产线上生产出来的，但是需要较高响应水平的产品可能会采用 UPS 等快递运输方式来运送，而那些对响应水平要求不高的产品则可以通过那些耗时但较为便宜的方式运输。再如，可以对响应水平要求较高的产品的生产采用灵活的工艺，而对响应水平要求不高的产品的生产则采用响应水平低但是更有效率的工艺。

合理地选取推拉结合点也可以很好地满足定制化的需求，例如，在顾客下订单之前采取推动式供应链，机械化的生产半成品，而当顾客的某些定制需求确定时，再采取拉动式生产产品。例如，生产 T 恤时，可以将推拉结合点设定在染色阶段，待顾客对颜色、字样的需求确定之后再进行染色或加工。

# 第二节　跨境电商供应链绩效管理

## 一、采购决策

### （一）采购决策的基本含义

采购（Sourcing）是指购买产品和服务所需进行的一系列业务流程。跨境电商管理者首先必须决定每项任务是由具有响应能力的供应源完成还是由具有效率的供应源来完成，然后要决定是由跨境电商内部来完成还是外包给第三方完成。

### （二）采购对跨境电商供应链绩效的影响

采购决策的目的是增加整个供应链可以分享的总盈余的规模。供应链总盈余受到采购决策对于销售、服务、产品成本、库存成本、运输成本和信息成本的影响，它们会影响供应链的效率和响应能力。如果第三方能比企业自身创造更多的供应链盈余，那么外包给第三方就是有意义的。相反，如果第三方不能增加供应链盈余或者是与外包相关的风险很高,那么就应当将供应链职能留在企业内部完成。采购成本列在销货成本项下,而欠供应商的款项则列在应付账款项下。

以京东商城为例。京东商城依靠其包含 RFID、EPC、GIS、云计算等多种物联网技术的先进系统对一个区域进行发散分析,从而了解客户的区域构成、客户密度、订单的密度等,根据这些数据提前对各区域产品销售情况进行预测,根据预测销售量备库,同时决定采购商品分配到哪些区域的仓库及各仓库分配数量。从成本管理角度分析,物联网技术可以帮助采购人员更合理地做出采购决策,加速了产品库存周转率,提高了产品合理分配仓库程度,节约了属于作业成本范畴的采购成本、库存成本、物流成本;销售数据与供应商的直接交流,允许供应商自行补货,也降低了交易成本的谈判成本、协调成本和信息成本。

### (三)采购绩效的衡量指标

采购绩效的衡量指标主要包括以下六个。

(1)平均购买价格。该指标主要度量的是当年购买某种产品或服务所支付的平均价格。平均购买价格应当按照每一价格下的购买数量进行加权。

(2)平均购买数量。该指标主要度量的是每笔订单的平均购买量。其目标是搞清楚每下一笔订单时各个地点的总数量是否充足。

(3)供应质量。该指标主要度量的是所供应的产品的质量。

(4)供应提前期。该指标主要度量的是从下订单到收到产品的平均时间。较长的提前期会降低响应能力并增加供应链中必须持有的库存量。

(5)按时交货比例。该指标主要度量的是供应商按时交货的比例。

(6)应付账款周转天数。该指标主要度量的是从供应商完成供应链任务到收到报酬的天数。

## 二、生产决策

### (一)生产决策的基本含义

跨境电商生产决策包括生产设施、设施的布局和产能。跨境电商必须决定生产设施究竟应该是柔性的还是专用的,抑或是二者的结合。决定将设施布局在何处是跨境电商在设计供应链时必须考虑的一个重要因素。跨境电商还必须考虑与设施所在地的各种特征相关的一系列问题,其中包括宏观经济因素,劳动力素质,劳动力成本,设施成本,基础设施状况,是否接近顾客、企业其他设施的位置,税收影响以及其他战略因素。跨境电商还必须决定设施完成其预订职能的产能。

### (二)生产对跨境电商供应链绩效的影响

管理者在进行设施决策时所面临的基本权衡是在设施数量、位置、产能及设施类型所带来的成本(效率)与这些设施为企业的顾客所提供的响应水平之间进行取舍。柔性产能可用于很多种产品的生产,但往往效率较低;而专用产能只能用于少数几种产品的生产，但效率却更高。

增加设施数量会相应地增加设施成本和库存成本，但是同时可以降低运输成本和缩短响应时间。提升设施的柔性或产能会相应地增加设施成本，但是同时可以降低库存成本和缩短响应时间。

设施集中布局会获得规模经济，节约成本，但是分散布局可以更接近顾客而更具有响应能力。

大量的过剩产能可以让设施轻松应对需求的大起大落。然而，过剩产能是要花费成本的，因此会降低效率。几乎没有过剩产能的设施与具有大量过剩产能的设施相比在单位产品的生产上更有效率。然而，利用率高的设施往往难以应对需求的波动。因此，跨境电商必须认真权衡，以确定每个设施的适当产能。

以戴尔公司为例。戴尔电脑公司经营管理的核心就是按订单生产。顾客直接订购个人电脑，然后直接按订单生产。从订单确认、核查到产品送达顾客，整个过程是在订单发出的 5～7 天完成。按订单生产给戴尔公司带来了一系列超越竞争对手的优势，如低库存成本，零中间商成本，即时生产具有最新技术的产品，最终实现个人电脑的直销。结果是戴尔和顾客实现了双赢。工厂库存期最多为 3 天，这主要是因为与传统生产系统相比，戴尔现在的供应商每次的库存量更少，但频率更高了。这样下游企业的库存就为零，因为产品生产出来后直接送达顾客。在整个链中没有一个环节货物会停留超过 7 天，但在传统供应链中零部件的库存期长达 60 天，中间商的产品库存期是 30 天。

### （三）生产绩效的衡量指标

生产绩效的衡量指标主要包括以下四个。

（1）产能。该指标主要度量的是设施可以实现的最高产量。在需求一定的条件下，产能决定了利用率，即设施目前正在使用的产能所占的比例。

（2）产品种类。该指标主要度量的是每个设施生产的产品除以产品系列的种数。随着产品种类的增加，生产成本和流程时间也很可能会增加。平均生产批量指标与产品种类指标有密切关系。平均生产批量度量的是每一批产品的平均产量。大批量生产可以降低生产成本，但是库存也会相应增加。

（3）单位生产成本。该指标主要度量的是生产一单位产品的平均成本。根据产品的具体情况，单位生产成本可以按件、按箱或者按磅来度量。质量损失指标与单位生产成本指标有密切关系。质量损失度量的是由于产品缺陷造成的生产损失所占的比例。质量损失对财务绩效和响应能力都有不利影响。

（4）实际平均流程时间/周期。该指标主要度量的是在一段时期（如一周或一个月）内生产所有产品的实际平均时间。实际平均流程时间/周期包括理论时间和所有的延误。

设定订单的完成时间时应采用这一指标。生产/调试/停工/空闲时间度量的是设施加工产品的时间，设施调试准备的时间，设施由于故障而无法运行的时间以及因为没有产品可生产而闲置的时间。理想情况下，利用率应当取决于需求而与设施调试或停工时间无关。

### 三、库存决策

#### （一）库存决策的基本含义

库存决策是指跨境电商供应链管理者为了打造响应能力更强、更有效率的供应链所必须做的有关周转库存、安全库存、季节性库存和产品可获得性水平的库存决策。

周转库存（Cycle Inventory）是指用于满足在供应链两次送货之间所发生的需求的平均库存量。周转库存的规模是大批量物料的生产、运输或采购的结果。

安全库存（Safety Inventory）是为了应对需求超出预期的情况而持有的库存，是为了应对需求不确定性而持有的。

季节性库存（Seasonal Inventory）是用来应对需求可预料的季节性波动的。

产品可获得性水平（Level of Product Availability）是使用库存产品按时满足的需求在所有顾客需求中所占的比例。

#### （二）库存对跨境电商供应链绩效的影响

管理者制定库存决策时需要在响应能力与效率之间进行权衡。增加库存通常可以提高供应链对顾客的响应能力，较高的库存还可以利用规模经济的好处，降低生产成本和运输成本。不过，这种做法会增加库存持有成本。

周转库存的规模是大批量物料的生产、运输或采购的结果。跨境电商之所以大批量生产或采购，是为了在生产、运输和采购过程中可以利用规模经济的优势。然而，随着批量规模的增大，持有成本也会增加。

安全库存是为了应对需求超出预期的情况而持有的库存，是为了应对需求不确定性而持有的。如果这个世界是完全可预测的，那么只需要周转库存就够了。然而，由于需求是不确定的，有可能超出预期，那么企业需要持有安全库存以满足超出预期的高需求。确定安全库存是管理者面临的一项关键决策。例如，优衣库等在线衣服零售商必须计算迎接"双十一"等节假日购物高峰期所需的安全库存。如果安全库存过高，卖不出去的衣服在节假日之后只能降价销售。然而，如果安全库存过低，又将失去销售机会，进而损失了原本可以获得的利润。因此，确定安全库存量就意味着要在库存积压所造成的成本与库存短缺所造成的销量损失之间进行权衡。

跨境电商采用季节性库存，在需求较低的销售淡季积累库存，为需求很高的销售旺季做储备，因为届时跨境电商的生产能力将无法满足全部的需求。管理者面临的关键性决策包括：是否应持有季节性库存；如果持有季节性库存，则应持有多少库存。如果跨境电商能够以较低的成本迅速调节生产系统，那么它可能没有必要持有季节性库存，因为生产系统可以在不增加太多成本的前提下调节到需求较高的状态。然而，如果改变生产率的成本比较高（例如，必须雇用或解雇工人），那么跨境电商保持稳定的产量并在淡季积累库存就是明智的。因此，供应链管理者在决定持有多少季节性库存时面临的基本权衡是在持有额外的季节性库存的成本与拥有可灵活调节的生产率所带来的成本之间进行取舍。

较高的产品可获得性提高了供应链的响应能力，但同时也增加了成本，因为很多库存被用到的概率并不高。相反，较低的产品可获得性降低了库存持有成本，但是会造成更多的顾客需求无法按时得到满足。确定产品可获得性水平时的基本权衡是提高产品可获得性水平所带来的库存成本与无法按时满足顾客需求所造成的损失之间的取舍。

### （三）库存绩效的衡量指标

库存绩效的衡量指标主要包括以下五个。

（1）平均周转库存。该指标主要度量的是企业所持有的库存的平均数量。平均周转库存可以分别按照实物单位、需求天数和价值金额来度量。

（2）平均安全库存。该指标主要度量的是补充订货到货后手头持有的平均库存量。平均安全库存应当按照单位和需求天数的库存量单位（Stock Keeping Unit，SKU）来度量。可以根据每个补货周期手头所持有的最低库存的平均值来估计平均安全库存。脱销时间比例与平均安全库存有密切关系。脱销时间比例主要度量的是某种单品的库存为零的时间所占的比例。该指标可以用来估计在产品脱销期间所损失的销售收入。

（3）季节性库存。该指标是指为了满足特定季节中出现的特定需求而建立的库存，主要度量的是为应对需求的季节性变化而采购的产品，在扣掉周期库存和安全库存以后，与该产品销量之间的差异。

（4）满足率（订单／需求）。该指标主要度量的是利用库存使订单／需求得到准时满足的比例。满足率不应按照时间来求平均值，而应当按特定的需求单位数量（如每千、每百万等）来计算。

（5）库存周转次数。该指标主要度量的是一年内库存平均周转的次数。它等于销货成本或者是销售收入除以平均库存。

## 四、仓储运输

### （一）仓储运输的基本含义

仓储运输包括仓储和运输两个部分，跨境电商的仓储涉及布局是集中还是分散，建立边境仓还是海外仓。运输是指将库存从供应链上的一个点转移到另一个点，涉及运输网络设计和运输方式的选择。

运输网络是由运输方式、地点和产品运送线路组成的。跨境电商必须决定是从供应源直接运输到需求所在地还是经过中间集散点。设计决策还包括每次运输中是否经过多个供给点或需求点。

运输方式是将产品从供应链网络中的一个位置转移到另一个位置所采取的方式。跨境电商可以选择航空、卡车、铁路、海洋和管道等作为产品的运输方式。如今，信息产品还可以通过互联网传送。每种运输方式在速度、货运规模（单个包裹、多个包裹的集合、整车或整船）、货运成本和灵活性方面都有着自己的特点，跨境电商就是根据这些特点进行选择的。跨境电商具有特殊性，面临选择自建物流体系还是利用第三方物流进行配送。

### （二）仓储运输对跨境电商供应链绩效的影响

跨境电商管理者制定运输决策时需要进行的基本权衡是某种产品的运输成本（效率）与产品的运输速度（响应能力）。采用快速运输方式可以提高响应能力，但会增加运输成本，不过同时也会降低库存持有成本。

跨境电商可以利用运输对设施和库存的位置进行调整，从中找出响应能力与效率的最佳权衡。出售高价值产品的跨境电商可以采取快速运输以提升响应能力，同时将设施和库存集中布局以降低成本。相反，销售低价值、高需求的产品的跨境电商可以在接近顾客的地方存放一定量的库存，然后采用海运、铁路和整车运输等成本较低的方式从位于低成本的国家的工厂补货。

自建物流体系可以提高跨境电商的响应能力和服务质量，但是效率低，而利用第三方物流会降低跨境电商的成本。

以京东商城为例。在运输配送环节，京东商城的绝对性优势是自建物流体系。它主要应用的是 GIS（地理信息系统）技术，这种技术是物联网技术应用的典型实例，京东商城通过和一家地图服务商合作，将后台系统和该公司 GPS 系统（全球定位系统）进行关联，实现了可视化物流。京东商城在运送的包裹上和运货车辆上均装有 EPC（电子产品编码）标签，包裹出库时将通过 RFID（无线射频识别）技术进行扫描并和运送车辆关联起来，当货车在路上行驶时，其位置信息将通过 GPS 系统即时反馈到后台系统，并在网站地图上显示出来。京东商城的 GIS 系统可以使物流管理人员在系统后台即时查看物流运行状况，同时，车辆位置信息、停驻时间、包裹分配时间、配送员和客户交接时间都会形成海量原始数据。京东商城物流管理者通过大量分析这些数据，可以做出合理的人员安排计划，优化服务区域配送人员分配，缩短配送时间，优化配送流程。另外该系统还可以使用户即时查询商品运输信息，提高用户对商品的实体感知程度。从成本管理角度分析，该技术的使用优化了京东商城自身的配送计划，相当程度上降低了在电子商务企业总成本占有极大比重的运输成本。

### （三）仓储运输绩效的衡量指标

仓储运输绩效的衡量指标主要包括以下六个。

（1）仓储容量。该指标主要度量的是仓储设施可以实现的最高容量。仓储设备利用率与仓储容量指标有密切关系。仓储设备利用率度量的是设施目前正在使用的仓储所占的比例。

（2）单位仓储成本。该指标主要度量的是存储每一单位的产品的平均成本。

（3）订单处理时间。该指标主要度量的是跨境电商对客户的需求信息进行及时处理的时间。

（4）平均向内运输成本。该指标通常用于度量将产品运到设施内的成本占销售收入或销货成本的百分比。理想情况下，应当按照运进来的每一单位产品来度量这个成本，但实施起来相当困难。向内运输成本通常包括在销货成本之中。按照供应商分配这一成本是很有好处的。平均入库批次规模与平均向内运输成本有密切关系。平均入库批次规模度量的是运到设施的每一批次货物的平均数量或金额。

（5）平均向外运输成本。该指标主要度量的是将产品从设施运送给顾客的成本。理想情况下，应当按照所运送的每一单位产品来度量这个成本，但实际操作中经常是将其作为销售收入的百分比进行度量。按照顾客统计这一指标是很有好处的。平均出库批次规模与平均向外运输成本有密切关系。平均出库批次规模度量的是从设施运出的每一批次货物的平均数量或金额。

（6）各种运输方式所占比例。该指标主要度量的是采取每种运输方式占总体运输的比例（数量或金额）。这一指标可以用来估计各运输方式是否使用孤独或不足。

## 五、收入定价

### （一）收入定价的基本含义

定价决定了供应链上的跨境电商就自己提供的产品和服务收取多少费用，它包括三个方面：定价与规模经济、每日低价与高—低定价、固定价格与菜单定价。

大多数供应链活动都显示了规模经济。工序转换使得小批量生产的单位成本远高于大批量生产。考虑到装卸货物的成本，利用一辆卡车运到目的地比用四辆卡车更为便宜。在每种情况下，供应链活动的提供者都必须决定如何适当定价以反映其规模经济，一种常用的做法是提高数量折扣。但必须谨慎行事，以确保数量折扣符合支撑流程的规模经济，否则就有可能面临这样的风险——顾客订单主要因数量折扣而增加，但是支撑的流程却并不具备规模经济。

在仓储式商店中常维持价格的长期稳定。与此相反，大多数超市都实行高—低定价，每周都有几种产品大幅降价出售。每日低价的定价策略使得需求相对稳定。高—低定价策略会在打折周形成购买高峰，随后几周的需求往往大幅下滑。这两种定价策略带来的是不同的需求状况，而这些状况都是要由供应链来满足的。

跨境电商必须决定是对其供应链活动收取固定的价格还是按照其他属性（如响应时间或交货地点）提供不同的价格菜单。如果供应链的边际成本或顾客的价值随着某种属性会有很大的变化，那么提供价格菜单往往是有效的。

### （二）定价对跨境电商供应链绩效的影响

所有的定价决策都应当以增加跨境电商利润为目标。这就要求人们必须了解完成某项供应链活动的成本结构以及该活动能够为供应链带来的价值。类似每日低价这样的策略可以培养稳定的需求，提高供应链的效率。其他一些定价策略可以降低供应链的成本、捍卫市场份额甚至是从其他对手那里窃取市场份额。只要差别定价有助于增加收入或者是降低成本（当然最好能够同时带来这两种好处），就可以利用差别定价来吸引具有不同需求的顾客。

定价会影响选择购买跨境电商产品的顾客群以及顾客的期望，而这将直接影响供应链的响应水平以及供应链致力于满足的需求对象。定价还可以充当匹配供给和需求的工具，特别是当供应链并不十分灵活时，可以利用短期折扣来消除供给过剩，或者是通过促使需求前移来减缓季节性需求高峰。简而言之，定价是影响供应链将面临的需求水平和类型的最重要的因素之一。

### （三）定价绩效的衡量指标

定价绩效的衡量指标主要包括以下四个。

（1）平均销售价格。该指标主要度量的是给定时期内供应链完成某项活动的平均价格。应当按照各种价格下的销售数量进行加权平均。销售价格区间与平均销售价格有密切关系，该指标度量的是特定的某个时间段内单位产品的最高销售价格与最低销售价格。

（2）平均订货量。该指标主要度量的是每次订货的平均数量。平均销售价格、订货量、每笔订单固定成本增量、单位可变成本增量有助于估计完成某项供应链活动所需的投入。

（3）利润率。该指标主要度量的是利润占收入的百分比。企业需要根据各种利润率指标来优化定价，这些指标包括利润率类型（毛利润率、净利润率等）、范围（SKU、生产线、部门、企业等）、顾客类型等维度。单位可变成本增量与利润率有密切关系，其度量的是随订货规模而变动的增量成本。其中包括邮购企业的拣货成本或者制造厂的可变生产成本。每笔订单固定成本增量与利润率也有密切关系，其度量的是与订货规模无关的增量成本。其中包括制造厂的工序转换成本、订单处理成本或运输成本，这些成本与邮购企业的装运规模是不相关的。

（4）应收账款周转天数。该指标主要度量的是从销售完成到收到货款的平均时间。

## 六、辅助管理

### （一）辅助管理的基本含义

辅助管理包括需求预测、信息协调和风险管理三个方面。在设计供应链流程时，管理者必须决定这些流程在供应链中是属于推动流程还是拉动流程，以便做出需求预测。在推动系统里，企业根据需求预测制订主生产计划，然后向后倒推，为供应商制订有关零部件型号、数量和交货日期的计划。在拉动系统里，企业根据实际需求信息以极快的速度在整条供应链间传递，从而使产品的生产和配送可以准确地反映实际需求，但也必须根据需求预测准备各个模块的库存和生产安排。

供应链协调（Supply Chain Coordination）是指供应链各环节在信息共享的基础上为了实现供应链整体盈利能力最大化这一目标而努力。缺乏协调有可能导致供应链利润的重大损失。供应链各环节的协调要求每个环节与其他环节适当的共享信息。例如，在拉动系统中，供应商要想按时为制造商提供恰当的零件，制造商就必须与供应商共享需求和生产信息。因此，信息共享对于供应链的成功是不可或缺的。在供应链中有很多技术可以用来共享和分析信息。管理者必须决定使用哪些技术以及如何将这些技术整合到供应链中。

风险管理的目的是增加供应链剩余。如今的全球供应链比过去的当地化供应链面临更多的风险因素。这些风险包括供应链中断、供应链延迟、需求波动、价格波动和汇率波动。就像在 2008 年国际金融危机中那样，低估全球供应链中的风险以及没有制定适当的风险环节策略，都会产生令人痛苦的后果。因此，了解相关的风险因素，并制定适当的风险管理战略，对于全球供应链而言至关重要。

### （二）辅助管理对跨境电商供应链绩效的影响

需求预测对跨境电商供应链绩效有直接的影响。需求预测中的误差可能导致库存、设施、运输、采购、定价甚至是信息管理中严重的资源配置不当。网络设计中的需求预测误差有可能造成设施建设的数量过多或过少，也可能造成设施类型错误。需求计划是根据预测制订的，因此，企业制订并遵循的实际的库存、设施、运输、采购和定价计划都有赖于准确的预测。运作层面上，需求预测也在跨境电商的实际日常活动中发挥着作用。

好的信息显然可以帮助企业同时改善响应能力和效率。但是，假设信息越多就总是越好则存在一定的风险。随着供应链上共享信息的增加，所需的基础设施及后续分析的复杂性和成本也会大幅上升。然而，所共享信息提供的边际价值却随着信息的增加而逐渐下降。因此，共享最少的信息来实现既定的目标是非常重要的。例如，零售商与制造商之间共享销售整体数据通常就足够了，而不必共享具体的销售点数据。综合信息的共享成本较低，同时能够提供改善生产计划方面的绝大多数好处。在进行信息基础设施建设时，必须在复杂性与价值之间进行权衡。

跨境电商集中利用规模经济，效率高，但是增加了风险，一环出问题就会影响整个供应链，分散化会使其响应能力变强。好的供应链网络设计可以在降低供应链风险方面发挥重要作用。每一种缓解策略都是有代价的，而且可能增加其他的风险。例如，增加库存可以缓解延迟的风险，但会增加因过时而报废的风险。拥有多个供应商可以缓解中断的风险，但会因为单个的供应商难以实现规模经济而增加成本。因此，在供应链网络设计中根据具体情况制定缓解策略是非常重要的，以便在所缓解的风险的量与因此而增加的成本之间达到良好的平衡。

以 Zara 为例。Zara 是一个快速时尚服装零售商，Zara 通过自有、合资或连锁经营方式在全球开设了 1425 家店铺之后，它已成为世界第二大服装零售商。它的店铺主要分布于欧洲和美洲各地，在中东、非洲和亚太地区也有分布。Zara 的规划和信息系统可以让店铺经理跟踪需求，以便根据客户和销售趋势在销售高峰期安排销售人员的工作。店铺经理还可以使用掌上电脑实时按照销售额对服装进行排序，从而可以在不到一小时的时间里重新排列畅销品，这为 Zara 提供了优于其对手的重要竞争优势。

### （三）辅助管理绩效的衡量指标

辅助管理绩效的衡量指标主要有以下四个。

（1）需求预测误差。该指标度量的是预测需求与实际需求之间的差异。预测误差是对不确定性的测量，并针对不确定性给出响应（如安全库存或过剩产能）。需求变动与订单变动的比例与需求预测误差有密切的关系，其度量的是即将收到的需求订单和发出的供应订单的标准差。比例小于 1 表明存在牛鞭效应。

（2）信息更新频率。该指标给出了每个预测多久更新一次。预测的更新频率应当高于决策的修正频率，以便标出大的变动并采取相应的矫正措施。

（3）计划偏差。该指标是计划产量／库存与实际值之间的差异。这些偏差可作为发现短缺和过剩的预警。

（4）供应链中断比例。供应链中断的风险驱动因素包括自然灾害、战争、恐怖主义、劳资纠纷和供应商破产等。

# 第三节　跨境电商供应链的协调管理

## 一、跨境电商供应链失调的原因

### （一）体制

体制包括两方面：一是硬的考评制度，二是软的潜移默化的文化。由于不同供应链的环节属于不同企业，所以很难形成跨企业文化，本章中讨论的体制集中在硬的考评制度上。供应链的参与者采取的行动很自然会以对自己的绩效评估指标的最优化为目标。如果给予跨境电商供应链内不同环节或参与者的考评制度不合理，供应链需求波动性加大，供应链利润降低，那么就会出现跨境电商供应链失调。

只注重某一种行为的局部影响的考评制度将导致无法最大化供应链总盈余的决策。比如在运输方面，若运输部门的奖惩与单位运输成本挂钩，那么运输部门很可能采取降低运输成本的措施，即使这么做会增加库存成本或者是降低客户服务水平。在销售方面，如果制造企业的销售部门的考评是基于评估期的销售量，即评估期内销售给分销商或零售电商的数量（批发出货）而不是给最终顾客的销售量（实际销售），将会导致制造企业所面临的订单变化大大超过顾客的需求程度。在定价方面，若采取基于订货批量的数量折扣策略，则由于订货批量越大价格越优惠，该策略将加大跨境电商供应链内部的订货批量，从而加重跨境电商供应链内的"牛鞭效应"。

### （二）信息传递

如果需求信息在跨境电商供应链中的各环节之间传递时出现扭曲，那么就发生了信息传递障碍，会导致跨境电商供应链中订单的波动增大。造成信息扭曲的原因有两点。

**1. 各环节基于订单而不是顾客需求进行预测**

当跨境电商供应链的各环节认为自己在供应链内的主要作用就是完成下游合作伙伴的订单，根据自己接收到的订单进行预测时，信息在沿着跨境电商供应链向上传递的过程中将出现扭曲，随着订单向上传递到制造商和供应商，顾客需求中的任何变动都会被放大。

**2. 缺乏信息共享**

跨境电商供应链中的各环节之间缺乏信息共享会加重信息扭曲的程度。例如速卖通推出的俄罗斯团购活动，以折扣价格和性价比高的商品吸引俄罗斯买家采购，短期内加大了订单规模。如果制造商对于这一促销活动一无所知，那么就有可能认为这笔订单数量的增加是需求出现了永久性的增长，从而向供应商发出更大的订单。因此，速卖通结束此团购活动后，制造商和供应商将会积压大量的库存。由于库存的积压，当速卖通的后续订单恢复正常水平时，制造商的订单规模将比正常水平低。这样一来，零售电商与制造商之间缺乏信息共享将导致制造商订单的大幅波动。

## （三）运作

企业运作过程中下订单和履行订单的行动会导致供应链失调的加剧，主要有以下三个表现：生产问题、仓储运输问题和价格促销，它们将导致以下几个具体问题。

**1. 订货批量过大**

当企业所下订单的规模远远超出了需求的数量时，订单的波动将沿着跨境电商供应链不断向上放大。企业大批量订货的原因可能是每笔订单的下单、收货或运输的固定成本非常高。如果供应商提供基于订货批量的数量折扣，那么企业也可能会大批量订货。以某企业每6周订一次货为例。因为每6周的订单都要汇集在一起一次发出，订单流中有5周没有订单而在第6周则会出现相当于6周的需求量的大规模订单。为多家采取批量订货方式的零售电商供货的制造商所面临的订单流的波动幅度更是远远超过了零售商所面对的需求的波动。如果制造商也将订单聚集起来一次性向供应商下单，那么这一影响将被进一步放大。在很多情况下都会出现焦点期，大量的订单蜂拥而至。订单的集中进一步加剧了大批量订货的影响。

**2. 补货提前期过长**

如果跨境电商供应链中的各个环节之间的补货提前期较长，那么信息扭曲将进一步加剧。以某零售电商错误地将需求的一次随机增长解读为出现了需求增长趋势为例。如果零售电商面临的补货提前期是两周，那么它在下订单时会将两周的预期需求增长计算在内；相反，如果零售电商面临的补货提前期是两个月，那么它在下订单时就会将两个月的预期需求增长计算在内，订单量增大。当零售电商将需求的一次随机减少错误地解释为出现了需求下降趋势时，其理亦然。

订货量虚报的一个重要原因在于制造商的限量供应。限量供应是指制造商将有限的产品根据零售电商所下订单的数量按照比例进行分配，进一步加剧了信息扭曲，尤其是当高需求的产品供不应求时。这种限量供应方案将会造成一种博弈，即零售电商为了增加自己可以获得的供应量会虚报订货量，最终影响是人为地推高了产品的订货量。基于自己真实的预期销售量下订单的零售电商因为被少分配了产品而出现销售损失，虚报订货量的零售电商却从中受益。

如果制造商利用订单来预测需求变化，那么它就会将订单数量的增加解读为需求的增加，而实际上顾客需求并没有变化。制造商可能会因此而兴建足以满足所接到的所有订单的产能。当充足的产能投入使用后，订单量却恢复正常水平了，甚至会因为市场的变化而降低，制造商将面临产品和产能过剩的问题。这种繁荣—萧条周期会交替出现。

另外，制造商发起的商业促销和其他短期降价活动也会造成提前购买，即批发商或零售电商在折扣期内大批量地采购来满足未来的需求，还导致了促销期后订单减少。

### （四）组织协调

作为企业外部运营系统的外部供应链网络，实际上反映的是企业和企业之间建立的一种关系。所以管理好供应链网络的关键是如何处理好企业与企业之间的关系，即组织协调，企业在实际合作中往往存在一些问题，在中国尤其严重，包括以下三个方面。

#### 1. 投机主义

投机主义是指跨境电商供应链的每一个环节都只从自身出发考虑自己的行为，而无视对其他环节的影响。跨境电商供应链合作伙伴之间缺乏信任导致他们经常做出以牺牲整条供应链绩效为代价的投机行为；缺乏信任还会造成严重的重复性努力；更为严重的是，各个环节之间的信息不能共享或者是被忽视；行动过程中往往以自我为中心，都希望其他企业找上门来合作，特别是国有企业更是如此。

#### 2. 行为短视

行为短视是指跨境电商供应链的不同环节只是针对眼前的局部状况做出反应，只注重短期利益，如采购时极力压价，不考虑对方的接受程度及今后的合作关系。跨境电商供应链的不同环节基于局部分析，彼此推脱造成波动的原因使得跨境电商供应链相邻的环节成为敌人而不是合作伙伴。

#### 3. 相互推诿

相互推诿是指因为跨境电商供应链中的各个环节采取的行动所造成的最严重后果由其他环节承受，长期以来供应链中没有一个环节会从中吸取教训，这将形成恶性循环：各个环节将自身行为失误造成的问题归咎于其他环节。

正如斯坦福大学李效良教授指出的，成功的公司总是力图使供应链上其他各方与自己保持利益一致，这非常关键，因为供应链上的每家公司，无论是原料供应商、产品装配厂、经销商，还是零售电商，都在努力使自身利益最大化，那么在供应链的实际运行中，若有任何一方与其他方面的利益产生分歧，其行为都将对整个供应链的效用产生消极影响。

## 二、跨境电商供应链失调的解决措施

### （一）体制：目标与激励保持一致

跨境电商管理者可以通过使目标与激励保持一致来改进跨境电商供应链的协调，使跨境电商供应链活动的每一个参与者共同努力，力争实现跨境电商供应链总利润的最大化。这可以从以下三个层面来考虑。

#### 1. 协调跨境电商供应链内各环节的目标

供应链协调要求每一个环节都将重点放在供应链盈余或整个蛋糕的规模上，而不是仅仅关注自己能分到的那一块蛋糕有多大，否则的话，跨境电商供应链上的每一个环节都会白白损失本能得到的利润。同时，跨境电商供应链中的强势环节必须意识到将所有的风险转嫁给弱势环节的做法最终损害的将是它们自己的利润。协调的关键是打造一种可以实现双赢的机制，跨境电商供应链盈余与供应链中各环节的利润共同增长。

#### 2. 协调各职能部门间的目标

跨境电商企业内部实现协调的一个关键是确保各个职能部门利用考评制度的目标与企业的整体目标是一致的。所有的设施、运输、销售、定价和库存决策，都应当基于它们对供应链的盈利能力而不是对总成本甚至是局部成本的影响来评估。对于运输环节，这有助于避免类似运输经理制定的决策降低了运输成本却增加了供应链总成本的情况；对于销售部分，考评依据由批发出货改为实际销售，有助于消除销售人员可能持有的鼓励提前购买的动机，有助于减少订单流的波动，即降低"牛鞭效应"。

#### 3. 协调定价

如果制造商的每一个生产批量的固定成本比较高，那么它就可以使用基于订货批量的数量折扣来实现产品的协调。如果跨境电商企业对某种产品拥有市场控制力，那么管理者就可以使用收费和数量折扣来帮助实现协调。由于需求存在不确定性，制造商可以利用回购合同、收入分享合同和数量柔性合同来鼓励零售电商提供可以最大化供应链利润的产品可获得性水平。在基于订货批量的数量折扣下，零售电商会为了获得折扣而增加订货批量，而提供基于总量的数量折扣可以打消零售电商某一次订货的批量的动机，从而降低供应链中的订单波动。

### （二）信息传递：提高透明度和准确性

跨境电商企业的管理者可以通过提高供应链中各个环节获得的信息的透明度和准确性来实现协调。提高信息共享的程度，可以通过以下六个手段来实现。

#### 1. 电子数据交换技术（Electronic Data Interchange, EDI）

按照商定的协议，将商业文件标准化和格式化，并通过计算机网络，在贸易伙伴的计算机网络系统之间进行数据交换和自动处理。以此电子方式下单可以极大地缩短与下单和信息交换相关的提前期。

### 2. 共享销售终端数据

在供应链各个环节之间共享销售终端数据有助于降低"牛鞭效应"。信息扭曲的一个主要原因是供应链中的每一个环节都使用订单来预测未来需求。由于各个环节收到的订单存在差异，其得出的预测也存在差异。事实上，跨境电商供应链满足的唯一需求来自最终顾客。如果零售电商与供应链其他环节之间共享销售终端数据，那么供应链的所有环节就可以基于顾客需求进行需求预测了。并且共享综合的销售终端数据就足以削弱信息扭曲，并不需要共享详细的销售终端数据。采用适当的信息系统有助于实现这类数据的共享。例如亚马逊定期与供应商共享销售终端数据，避免供给和订单的不必要波动，改善了供应链的协调。

### 3. 实施协同预测

共享销售终端数据后，要想实现完全协调，跨境电商供应链中的不同环节必须共同进行预测和制订计划。零售电商可能观察到6月份的大量需求，这是因为开展了促销活动。如果下一年的6月份零售电商不打算开展促销，那么即使零售电商与制造商共享了销售点的历史数据，二者之间的预测也会有差异。要想实现协调，制造商必须了解零售电商的促销计划。关键是要确保整条供应链都基于共同的预测进行运作。

### 4. 连续库存补充计划（Continuous Replenishment Program, CRP）

该方法是利用及时、准确的销售时点信息确定已销售的商品数量，根据零售电商或批发商的库存信息和预先规定的库存补充程序确定发货补充数量和配送时间。CRP改变了零售商向贸易伙伴生成订单的传统库存补充方式，它是由供应商根据从客户那里得到的库存和销售方面的信息，决定补充货物的数量。可见，CRP成功的关键因素是：在信息系统开放的环境中，供应商和零售商之间通过进行库存报告、销售预测报告和订购单报文等有商业信息的最新数据交换，使得供应商从过去单纯地执行零售商的订购任务转而主动为零售商分担补充存货的责任，以最高效率补充销售点或仓库的货品。

以全球知名商业巨头沃尔玛公司的补货策略为例，对于每一种商品，沃尔玛店铺都制定一个安全库存水平，一旦现有库存低于这个水平，沃尔玛的计算机系统就通过计算机网络自动向供应商订货。供应商根据沃尔玛店铺近期的销售数据，分析出商品的销售动向，再以商品库存数据为基础，同时兼顾物流成本，决定什么时候、以什么方式向沃尔玛的店铺发货，以多频度、少数量进行连续库存补充，这一系列的程序正是自动补货模式CRP的写照。

### 5. 供应商管理库存（Vendor Managed Inventory, VMI）

它是一种在供应链环境下的库存运作模式，本质上，它是将多级供应链问题变成单级库存管理问题。相对于按照传统用户发出订单进行补货的传统做法，VMI是以实际或预测的消费需求和库存量作为市场需求预测和库存补货的解决方法，由销售资料得到消费需求信息，供货商可以更有效地计划、更快速地反映市场变化和消费需求。

VMI实施要求企业有较完善的管理信息系统，可以使用电子数据交换（EDI）技术来实现。VMI能够在一定程度上消除"牛鞭效应"。VMI要求整个供应链上的各个企业共享生产、销售、需求等信息，可以加强供应链上下游企业之间的合作，减少由于信息不对称或不完全带来的风险，优化供应链。需求信息能够真实、快速地传递，信息的透明度增加，可以缓解下游企业的库存压力，避免"牛鞭效应"。

### 6. 协同式供应链库存管理（Collaborative Planning Forecasting and Replenishment, CPFR）

CPFR是在CFAR（Collaborative Forecast and Replenishment，合作预测与补货）共同预测和补货的基础上进一步推动共同计划的制订，即不仅合作企业实行共同预测和补货，同时将原来属于各企业内部事务的计划工作（如生产计划、库存计划、配送计划、销售规划等）也由供应链各企业共同参与，利用互联网实现跨越供应链的成员合作，更好地预测、计划和执行货物流通。

### （三）运作：提高绩效

跨境电商企业的管理者可以通过提高运作绩效和针对产品短缺的情况设计适当的产品分配方案来抑制信息扭曲。这可以从管理产能、管理库存和管理需求三个层面来考虑。

### 1. 管理产能

（1）工人的弹性工作时间

企业利用工人的弹性工作时间来应对需求的波动。在需求超过已有工人正常工作时间范围时，可以通过工人的加班加点来满足额外需求。而当需求不足时，则可以减少工人的工作时间来控制成本费用。然而如果劳动力市场供不应求，这种方法难以实现。

（2）使用转包

企业将旺季的部分生产转包出去，保持内部生产的水平恒定，使固定成本相对低廉。而转包商通过聚集来自多个制造商的需求波动而以更低的成本提供产能弹性。跨境电商可以负责设计和开发新产品，控制销售渠道，具体的加工任务通过合同订购的方式委托同类产品的其他厂家生产。之后将所订产品买断，并直接贴上自己的品牌商标。

（3）使用专用和弹性双重设施

企业同时兴建专用设施和弹性设施。专用设施以高效的方式提供相对稳定的产出，而弹性设施则以相对较高的单位成本生产品种多样、数量各异的产品。例如天成泳装所采用的生产策略是在对需求进行预测后，大批量购买同一种布料在专用设施上批量裁减；但对于需求量小的泳装，只使用人工裁减的弹性设施，从而降低了专用设施的成本。

（4）在生产过程中融入产品弹性生产线可以随需求而变动。只要各生产线的产品需求变动是互补的，就是说当一种产品的需求上升时，另一种产品的需求倾向于下降，那么就可以在不同生产线之间调配工人来改变各生产线的产能。当然，这需要工人们必须掌握多种技能，可以很快地适应在各生产线之间的岗位变动。从事季节性产品生产的企业可以通过构建需求旺季均匀分布的产品组合来充分发挥生产线的作用，同时生产割草机和吹雪机就是一个很好的例子。

## 2. 管理库存

### （1）多种产品共用零部件

企业如果能够设计生产出可以用于多种产品的通用零部件，那么这些零部件的总需求相对稳定。以生产割草机和吹雪机为例，二者如果使用同一种发动机，即使二者的需求在一年中会出现波动，发动机的需求仍会保持相对稳定，因此，供应链中负责零部件生产的那部分就可以很容易地实现供给和需求的匹配，而且库存水平也相对较低。

### （2）为高需求的产品或可预测需求的产品建立库存

当一家企业的大多数产品的需求旺季相同时，企业的最佳做法是在淡季时生产需求更容易预测的产品，而需求比较不容易预测的产品则应当在接近销售季节时生产，因为届时需求会更容易预测。跨境电商可以通过减小批量来降低波动的影响和信息的扭曲。而减小批量则要求企业必须采取措施降低与每批产品的订购、运输和收货相关的固定成本。

### （3）电脑辅助订货（Computer Assisted Ordering，CAO）

利用电脑取代订单员来整合有关产品销售、影响需求的市场因素、库存水平、产品收货和期望服务水平的信息。电脑辅助订货和电子数据交换有助于降低每次订货的固定成本。在某些情况下，跨境电商可以通过取消采购订单来简化订货流程，从而节省与每一张补货订单相关的订单处理成本。信息系统也可以简化交易结算，节省与每份采购订单相关的交易成本。

### （4）整车运输（Full Truck Load，FTL）

跨境电商可以通过将小批量的多种产品聚集在一辆卡车上，在不增加运输成本的前提下减小批量。运输成本已经成为大多数供应链中减小批量的主要障碍，相比于零担运输，整车运输可以把较为分散与随机的货物集中起来，实现从起点运到终点的直达运输，从而实现规模效益。日本 7-11 公司把需要在相同温度下运输的产品装载在一辆卡车上，从而在保证产品多样化的前提下减少了为便利店送货的卡车的数量。

### （5）集货配送

集货配送是指将多个零售电商的产品集中装载在一辆卡车上来配送，从而降低每个零售电商的固定成本，进而使得它们可以按照较小的批量订货。以韵达开通韩中跨境电商物流为例，走集货模式，为众多中小跨境卖家提供从韩国到中国"仓到门"的跨境物流服务。

### （6）采用简化收发货流程和降低收发货成本的技术

第一是预先发货清单技术（Advanced Shipping Note，ASN），以电子方式确认运输内容、数量和发货时间，可以减少卸货和装货时间，提高交叉发货的效率。ASN 以电子方式更新库存记录，从而降低收货成本。附有条形码的托盘也可以简化收货和发货。第二是无线射频识别技术（Radio Frequency Identification，RFID），通过无线信号识别特定目标并读写相关数据，可以进一步简化收发货流程，降低收发货成本。

### 3.管理需求

为了减轻信息扭曲，作为制造商和品牌发展商，跨境电商可以通过限量供应方案的设计来防止代理商在供应短缺的时候人为地提高订货量。根据以往的销量进行分配的方法可以消除代理商或零售电商虚抬订单的动机，在需求淡季促使零售电商尽可能多地出售产品来提升自己在需求旺季产品供不应求时可以获得的产品配给比例。

### （四）组织协调：构建战略伙伴和信任关系

当跨境电商供应链内构建了信任和战略伙伴关系时，可以更容易地利用前面所介绍的解决办法来实现协调。共享各环节都信任的准确信息可以更好地匹配供应链内的供给和需求并降低成本。更为融洽的关系还有助于消除重复工作，降低供应链中各环节的交易成本。一般可以通过以下几种策略来增强组织协调。

### 1.连续库存补充计划

为了快速反应客户降低库存的要求，供应商通过与零售电商缔结伙伴关系，主动向零售电商频繁交货，并缩短从订货到交货的时间间隔，从而降低整个货物补充过程的存货，同时减轻存货和生产量的波动。

### 2.供应商管理库存

在一个共同的框架协议下把下游企业的库存决策权代理给上游供应商，由供应商行使库存决策的权力并且第三方物流参与的供应商管理库存系统，并通过对该框架协议经常性地监督和修改以实现持续改进。供应商收集分销中心、仓库和POS（销售时点信息）数据，实现需求和供应相结合，下游企业只需要帮助供应商制订计划，从而下游企业实现零库存，供应商的库存也大幅度减少。VMI是一种很好的供应链库存管理策略，它能够突破传统的条块分割的管理模式，以系统的、集成的管理思想进行库存管理，使供应链系统能够获得同步化的运作。

（1）协同式供应链库存管理

成功实施协同式供应链库存管理要求对组织结构进行调整，有效的合作要求制造商组建跨职能部门的基于具体顾客的团队，其中应包括销售人员、需求计划人员和物流人员。零售业的整合使得这样的集中变得可行。对于较小的顾客，这类团队可以按照地域或销售渠道来划分。零售商还应当围绕供应商组建营销计划、采购和补货团队，可以按照产品类别组建团队，为多个供应商服务。对于拥有海外仓等多个层面的库存的零售电商来说，将两个层面的补货团队联合起来非常重要，否则很容易出现重复库存。

（2）跨境电商供应链中的买卖双方开展有效合作

跨境电商供应链中的买卖双方可以就下列四种供应链活动中的一项或所有各项开展有效合作。

①战略与计划。合作双方确定合作范围、分配角色和责任，并明确检查点。接下来，双方在共同的商业计划中确定影响供给和需求的重大事件，如促销、新产品推广、第三方平台以及库存政策的调整。

②供给和需求管理。合作销售预测给出了合作双方对于线上销售网络平台和线下销售点的顾客需求的最佳估计。然后将其转化为合作订货计划，该计划根据销售预测、库存状况和补货提前期确定未来的订单和交货要求。

③实施。随着预测逐渐被证实，它们将转化为实际的订单。对于这些订单的履行涉及生产、发货、收货和储存产品等过程。

④分析。主要的分析任务是确认例外情况并评估用来衡量绩效或识别趋势的指标。成功合作的一个基本方面是识别和解决突发情况，包括超出目标的库存处理能力或低于目标的产品可获得性水平等。

# 第六章 跨境电商数据运营分析

## 第一节 跨境电商数据分析

### 一、数据分析的作用

不管是什么跨境电商平台，都有大量贩卖不同规模和不同类型的商品的店铺。如何从众多店铺中脱颖而出，吸引更多的客户是卖家需要考虑的问题。因此，为店铺设定长久的目标、为店铺找到合适的定位是必不可少的。卖家在跨境电商平台上除了要做最基本的（选择商品并上架，购买货物、发货等）工作，还要维护客户关系、投放广告、装修平台店铺等，努力提高店铺流量，提升品牌效应，从而有效提高商品的销售量。

要达到以上的经营效果，数据分析工作是不可缺少的，数据分析工作是贯穿于商品交易前到交易结束的整个过程，能够帮助卖家提升经营效果，提高市场占有率，下面从以下几个方面来讲解数据分析的作用。

#### （一）提升店铺流量和曝光度

在电商市场上有各类营销活动和广告，卖家可以通过不同的营销手段在一定程度上增加店铺的流量，提高曝光度，例如常见的投放关键词广告、店铺广告等。不同的关键词、不同的店铺名带来的营销效果是有区别的，卖家能够通过"数据分析"找到营销效果更好的方法，不仅避免因盲目投放广告导致无效的成本上升，也能吸引更多买家找到卖家的店铺。

#### （二）提升买家下单率

卖家能够通过数据分析找到浏览量较少、销售量低、曝光度低、买家收藏量少和加入购物车少的商品，并进行综合分析各种特性。例如买家加入购物车数量和收藏量很高，但是订单量却很低的商品是否是因为反馈较少，买家怀疑商品的质量，因此保持着观望态度而迟迟没有下单，针对这种情况卖家可以在商品详情里增加关于商品反馈以及反映商品质量的描述。通过数据分析，卖家能够对商品销售做出相应的调整，并对店铺进行优化，从而提升买家的下单率和商品的成交量。

#### （三）有利于选择合适的店铺装修效果，及时调整和优化店铺界面

店铺界面视觉效果也会影响买家浏览量和商品的成交量。买家进入一家店铺，首先看到的是店铺首页，清晰的商品分类、店铺优惠活动等亮点能够让买家浏览的时间更长，从而提升买家的下单意愿。卖家通过数据分析，能够及时掌握买家对店铺装修效果的反

应，也能了解到买家对店铺活动感兴趣的程度，从而及时调整和优化店铺界面。

## 二、数据分析的工具

### （一）平台内工具

平台内的数据对于卖家来说是最重要的数据，这里基于 Shopee 平台阐述数据分析的工具。Shopee 平台为卖家提供了"我的数据"工具。借助"我的数据"工具，卖家能够获得关于自己店铺的大量数据，并且能够通过图表进行直观的分析。"我的数据"功能模块，常用功能有以下几个模块。

（1）仪表板。通过"仪表板"功能可以快速了解店铺总体的运营情况，从关键指标、商品排名、分类排名三个方面为店铺经营指导方向。

（2）商品。该功能模块能够帮助 Shopee 平台卖家详细清晰地了解商品的各个指标数据，能够帮助卖家及时调整商品经营的问题，帮助卖家定价、选品、选择合适的标题详情等。

（3）销售。通过该功能模块能够帮助卖家分析销售的各项指标情况，分析出店铺经营状况的优缺点，优化店铺各项指标。

（4）营销。卖家在进行投放广告、开展店铺活动后，需要通过该模块功能了解实际的营销效果，为以后店铺的营销活动提供清晰的策略。

### （二）平台外工具

平台外的数据对于卖家来说也是非常重要的。卖家应充分了解清楚市场的真实需求，尤其是海外数据。收集数据后再进行深入系统的数据分析，及时调整店铺的销售策略和产品，避免因市场波动导致的销售量下滑甚至亏本。卖家可以利用各大电商平台数据报告（例如亚马逊电商畅销 TOP100 产品）、各国跨境电商市场报告（西班牙 Shopping 类网站排名）、爬数据软件等工具获取数据，平台外的数据主要应从以下两个方面收集。

第一，了解海外市场销售量较高的产品。作为跨境电商平台卖家不仅要关注国内销售量较高的产品，也应该时刻关注海外市场销售量较高的产品，及时调整店铺销售的产品，淘汰销售量低且利润低的产品。

第二，了解海外买家热搜产品。除了销售量高的产品，买家搜索量高的产品能直接反映市场最热门的产品，跨境电商卖家通过热搜产品提高对跨境市场的敏感度，确保店铺能够长久运营下去。

收集数据后可以利用 Excel、SPSS 等数据分析工具对数据进行分析。

Excel 是较为常见的办公软件，拥有数据统计、图表统计、分类对比、构建数据模型等较为丰富的功能。

SPSS（Statistical Product and Service Solutions, SPSS）全称是"社会科学全程软件包"，它的基本功能包括数据管理、统计分析、图表分析、输出管理等。例如较为常见的 SPSS 直销模块，是分析利用 RFM（Recency Frequency Monetary）模型进行历史数据分析，筛选出应当优先考虑的促销名单，能够根据数据分析目的对数据进行重新整理，使用直销模块中的决策树模型对存在重构行为的买家的基本特征进行定位，该结果将被用于随后进一步改善营销活动的效果。

## 三、跨境电商数据分析

Shoppe 平台一般提供仪表板、商品、销售、行销等这几类数据分析功能模块，接下来本文按照 Shopee 平台的数据分析分类进行讲解。

### （一）"仪表板"数据分析

在"我的数据—仪表板"页面里，卖家可以获取不同时间段店铺的订单、转化率、销售额、访客数、商品浏览数等数据。

1. "仪表板"关键指数

"仪表板"功能涉及销售额、订单、转化率、每个订单的销售额、访客数、商品浏览数六个关键指标。

卖家通过点击指标查看相关的数据，最多可同时选择四个不同的指标，鼠标移至指标右上方的灰色，即可查看每一项指标的定义和计算方式。

卖家还可以选择在不同时间段的情况下"已下订单""已确定订单""已付款订单"三种情况下的关键数据，根据不同的数据进行相应的店铺调整。

2. 商品排名

卖家通过"仪表板"页面能够分别查看销售额、件数、页面浏览数、转化率的前五名商品。这里的转化率是指商店里已下单或已付款的访客总数除以商品浏览量的总数，转化率越高则代表店铺的商品越有吸引力。

3. 分类排名

卖家还可以通过"仪表板"页面查看销售量排名靠前的类别。通过该数据，卖家能够时刻了解店铺销售量较好类别的商品和较差类别的商品，深刻分析产生销售量差距的原因，才能让店铺发展得更好。

如上所述，"仪表板"呈现的是店铺的整体销售情况，卖家通过查看某一时间段内的"仪表板"数据能够了解店铺在该时间段内的关键数据。

### （二）商品数据分析

在"我的数据——商品"功能模块中，卖家能够通过 Shopee 平台对商品概述、商品表现、商品诊断三个方面进行数据分析。

1. 商品概述

（1）商品指标

在 Shopee 平台的"商品"数据功能模块中，其数据主要分为访问，加入购物车、已确定订单（已付款订单数）三个类别。访问这一类别的指标有访客数、商品浏览数、已访问的商品、跳出率（即点击商品后没有购买、收藏和加入购物车就离开的比率）；

加入购物车这一类别的指标有件数、转化率（加入购物车）；已确定订单这一类别的指标有件数、销售、已确定的商品、转化率（访问至确定）。整个买家的购物流程从浏览数到加入购物车最后按确认购买按钮，卖家可以提升任何一个环节的转化率。例如：加入购物车的销售件数突然减少，可以去修改商品文字或者是图片进而去提升转化率。

（2）指标趋势

Shopee 平台中指标趋势共涉及 12 项指标的数据，点选右侧的灰色符号便能查看指标的定义，每次最多可以选择 4 项指标查看各个指标间的相关性，并且能够通过图表直接表现出来。

（3）商品排名

商品排名通过访客数、页面浏览数、销售额、件数、转化率、加入购物车数等指标进行排名。卖家借助商品排名工具能够清楚了解按照不同指标进行排名的前十名商品，从而做出相应的调节。例如访客数前三的商品销售量却不在前三，卖家据此可以通过修改商品详情的描写或者增加优惠折扣活动来优化店铺运营。

2. 商品表现

在商品表现中，卖家能够选择不同的类别、不同的指标来查找相对应的商品，从而查看该商品的数据并进行分析。

（1）选择不同的时间区间

可以选择今日实时、昨天、过去 7 天、过去 30 天的数据，也可以选择某一时间段的数据。不同时间段的数据代表不同的含义，例如想查看新品的反响，可以查看过去 7 天的数据；想查看今年数据与去年数据的对比情况，则可以选定去年某一时间段的数据与今年同一时间段的数据进行对比。

（2）选定不同的指标

鼠标移至每项指标右上侧的灰色符号便能查看该指标的定义，一次最多可以同时勾选 10 项指标。选择特定的时间段以及指标后，页面下方便会显示相对应的商品详细数据，卖家可以通过该数据进行调整经营策略，也可以进行相关的记录。

（3）可通过"搜索商品"查询某一商品

如果商品数量过多，卖家有自己特定的数据需求，可以通过"搜索商品"查询某一商品。卖家通过一系列的操作显示出来的商品，所选择的指标将会体现在商品的上方。因此可以根据自己的需求自定商品的排序方式。

3. 商品诊断

商品诊断，即通过 Shopee 平台后台对店铺内某一商品从销售额下降率、差评、高退货率、高逾期出货率、高卖家取消率、低转化率、低浏览量等指标进行诊断。买家可以利用 Shopee 平台"商品诊断"的功能及时发现销售情况发生异常的商品，并及时找到原因，对症下药。

（1）销售额下降率

当过去 7 天或 7 天以上销售下降率超过 30% 时，销售额下降率过高，卖家应采取相应的措施，例如参加平台促销活动或者开展店铺活动，改善商品的详情描述（图片、文字等）。

（2）差评

商品的评价是两星或低于两星则视为差评，当过去 7 天或 7 天以上收到过差评，卖家就需要注意了。

第一，要尽快联系买家，仔细询问商品出现的问题，看看是否能够及时弥补。

第二，将发现的问题及时解决并防止再次发生，做出相应的调整。

第三，在商品描述中对差评进行解释。

（3）高退货率

当过去 30 天至少 5 个商品以上或者 10% 以上的商品被要求退货，说明退货率过高。此时卖家需要做的是以下三点。

第一，提供准确的商品描述，及时回应买家的疑问。

第二，确保商品包装不会受损，例如在商品的包装上标记"易碎物品"，增加缓冲的泡沫制品。

第三，退货率较高的商品可以考虑下架不再售卖，以免影响店铺的名誉。

（4）高逾期出货率

当过去 7 天内至少 1 个商品或者 5% 的订单逾期出货，则表明店铺的逾期出货率过高。此时卖家需要做的是以下两点。

第一，确保有足够的人力和库存以应对店铺的基本运作，如人手不够应及时招聘工作人员。

第二，订单的发货顺序应该按照订单支付顺序，卖家应严格按照这一标准进行出货。

（5）高卖家取消率

当过去 7 天内至少 5 个商品或者 30% 的订单被取消，则表明店铺的订单取消率过高。此时卖家应该从以下几点进行改善取消订单的情况。

第一，定期更新库存。

第二，按时出货，避免订单被系统取消。

第三，如果无法及时出货，需要及时和买家联系。

如某店铺近期某款鞋退货率较高，经过与所有退货的买家沟通了解到，这件商品虽然是羊皮做的，但是穿着还是特别磨脚，因此卖家经过核实发现是供应商所供的货有问题，立即向供应商反馈，并将该商品下架。

### （三）销售数据分析

#### 1．概述

（1）销售概述

Shopee 平台的销售数据主要从访客、已下订单、已付款订单三个维度进行分析总结，主要对应 6 个数据进行呈现。卖家选择想要查看的时间段，页面就会出现相应的数据。销售概述是对店铺销售整体的数据进行显示，对于卖家而言可以用少量的时间就能对店铺销售情况有总体的了解。

（2）指标趋势

销售概述里的指标趋势与商品的指标趋势相似，销售概述的指标趋势涉及以下指标。卖家通过点击指标查看相关的数据，最多可同时选择 4 个不同的指标，鼠标移至指标右上方的灰色，即可查看每一项指标的定义和计算方式，也可以通过图表的直观方式查看各个指标的变化趋势。

#### 2．结构

关于销售数据的结构有分类结构、订单价格结构、买家结构。

（1）分类结构

绝大部分 Shopee 平台内的店铺商品都有不同分类，卖家需要查看不同分类的销售数据可以通过"销售—结构—分类结构"功能查看。卖家只要选择想要查看的时间段，页面就会出现按照销售额占比不同组成的圆饼图，能够直观清晰地让卖家了解不同分类商品的销售情况。

（2）订单价格结构

订单价格结构是指根据卖家订单的价格范围对订单的销售数量进行细分，卖家能够通过买家数量了解买家最愿意支付的价格。

（3）买家结构

买家结构是针对不同买家的销售数量进行细分，卖家可以通过该数据决定接下来的店铺运营优先考虑哪种群体的买家。

Shopee 平台"销售"功能模块能够帮助卖家掌握更详细的销售情况，例如通过买家结构了解常客的占比，如果近期常客占比低，是否是商品质量有所下降？价格是否调整得不合适？或者售后服务水平降低？这些异常的情况都应该及时分析原因，调整销售策略。

### （四）营销数据分析

Shopee 平台的营销数据从折扣活动、套装优惠、关注礼、优惠券、加购优惠五个方面进行收集和分析。

#### 1．折扣活动

（1）关键指标

卖家在店铺内设置折扣活动后，可以通过折扣活动模块查看折扣活动的效果。

Shopee 平台提供销售、售出件数、订单、买家、每位买家的销售额 5 个关键指标的数据，通过选择某一时间段的数据卖家能够了解折扣活动的关键数据，对折扣活动的效果有基本的了解。

（2）折扣活动概述

如果卖家想查看不同的折扣活动的数据，可以使用折扣活动模块功能，找出相对应的折扣互动。

2. 套装优惠

同折扣活动数据相似，套装优惠的数据也分为关键指标与套装优惠概述。

3. 关注礼

关注礼是指买家关注店铺获得优惠的活动，例如优惠券、折扣等。

4. 优惠券

Shopee 平台优惠券活动的数据分析分为关键指标和优惠券表现。优惠券关键指标的数据分析与关注礼的关键指标相似，能够有效直接让卖家了解优惠券活动的实际效果。

5. 加购优惠

加购优惠是 Shopee 卖家中心 2020 年推出的一款工具，允许卖家在销售主要商品的同时，对买家选定的加购商品给予购买优惠。加购优惠（Addon Deal）会以醒目的标签出现在 Shopee App 商品浏览页上，让买家在纷繁的商品堆里一眼看见优惠。商品详情页内会将买家选定的加购商品和优惠价格展示出来，买家可以自行搭配商品组合，一并加入购物车中。卖家能够通过"加购优惠"活动为店铺带来更多流量，提高下单率和购物车转化率。

# 第二节　跨境电商大数据营销

## 一、大数据精准营销

### （一）市场策略

1. 市场定位——寻找属于自己的蓝海市场

（1）市场定位的重要性

跨境电商企业面向的是全球市场，偌大的海外市场，究竟哪里才是自己产品的用武之地？

市场的定位不精准误入红海市场，或是市场变化蓝海变红海却还不愿意转移阵地的企业不在少数。这也是在全球跨境电商市场规模不断扩大的态势下，许多具有多年经验的外贸老人却感慨"外贸越来越难做了"的原因。

其实，外贸不是难做了，而是出口企业没有为自己的产品找到一个"好做"的市场。所谓"好做"的市场，就是现在大家都想挖掘的蓝海市场，但蓝海市场是相对于产品而言的。例如，一个市场可能是儿童玩具的蓝海市场，却不一定是假发产品的蓝海市场。

因而做好市场定位是企业在一个市场能够站稳脚跟的重要前提，更是企业在海外市场取得好成绩的关键一步。市场定位对跨境电商企业的具体价值在于：①创造差异化，塑造企业在特定目标市场独特的品牌形象；②适应细分市场客户的特定需求，更好地满足客户需求，赢取客户的青睐；③在某一细分市场形成自己的竞争优势，避开竞争激烈的红海市场；④准确定位市场，推动精准营销的实现，让营销活动达到事半功倍的效果。

（2）行业内主要的跨境电商平台市场定位

亚马逊在市场定位方面选择的主攻市场是欧、美、日市场，欧、美、日市场的消费水平在国际市场上属于最高水准。亚马逊主要面向拥有自主品牌的卖家，正因为如此，亚马逊对商品的质量、品质要求较高，坚决打击假冒伪劣产品，这与其定位相匹配。

"速卖通"在市场定位方面，选择的主攻市场为新兴市场，如俄罗斯、印度、巴西等地。新兴市场在基础设施方面尚不完善，中小卖家想要独立进入还比较困难，而"速卖通"凭借自身完备的服务体系，帮助中小卖家企业进驻新兴市场，因此赢得了国内众多中小企业卖家及国际消费者的青睐。

eBay 在市场定位方面，选择的主攻市场是欧美市场。eBay 在欧美市场资历较深，在整个运营链条上已经比较成熟，特别是在供应链和支付环节，对于想要主攻欧美主流市场的卖家具有较大的吸引力。不过 eBay 在欧美市场已经达到一定的规模，未来想在欧美市场实现爆发性增长比较难。

**2. 大数据分析精准定位蓝海市场**

做跨境电商，商家都希望把产品放在蓝海市场销售，绕开红海市场激烈的竞争环境，尽可能避免高投入、低回报的营销效果。因而，精准定位到自己的蓝海市场，就成了跨境电商企业的头等大事，它也决定着企业在海外市场能否少走弯路，能否不断发展壮大。

（1）定位原则

好产品是相对于市场而言的，卖对了市场才是关键。别人的蓝海市场并非自己产品的蓝海市场，给自己的产品精准定位蓝海市场，才是做跨境电商的大智慧。要精准定位蓝海市场，要遵循如下定位原则：①根据产品的特性做市场定位；②根据产品特定的使用场合和用途做定位；③根据客户属性与偏好做定位；④根据客户的利益期望做定位。

这些原则的遵循，都是建立在对市场充分了解的基础上的。相同的产品在不同的国家或细分市场有不同的需求情况。因此，必须要以产品为导向，了解市场上消费者对产品的喜好、需求情况，了解市场上同行卖家的入驻量即竞争大小情况，了解市场上消费者对产品的使用场合、用途、使用频率情况，了解消费者希望产品能够满足什么样的利益需求，等等。这些市场情报的获取主要是通过对市场大数据的挖掘研究，并进行深入细致的分析，从而更明确、更精准地掌握市场行情。

（2）利用大数据思维精准定位蓝海市场

针对 G20 国地区的蓝海市场定位：①市场同行商家之间竞争的激烈程度。②市场容量分析。市场对无线摄像头需求量情况。③商机大小分析。市场容量和竞争程度综合分析结果。④定位蓝海市场，如南非、俄罗斯。

根据大数据分析结果可知，无线摄像头在G20国地区的蓝海市场是南非、俄罗斯。在G20国地区中，美国、法国、德国、英国等大国对无线摄像头的需求量很大，但是竞争异常激烈，因而商机大小远不如南非、俄罗斯。南非、俄罗斯市场对无线摄像头的需求量虽然不是最大的，但竞争却很小，因而商机表现不错。

针对中东地区的蓝海市场定位：①竞争程度分析。市场同行商家之间竞争的激烈程度。②市场容量分析。市场对无线摄像头需求量情况。③商机大小分析。市场容量和竞争程度综合分析结果。④定位蓝海市场，如科威特。

根据大数据分析结果可知，无线摄像头在中东地区的蓝海市场为科威特。科威特市场需求量虽然不是很大，但是竞争比较小，商机较大。

**（二）选品策略**

1. 数据思维理性选品——不盲目追随

（1）大数据思维

①行业分析

对于集生产与销售于一体的跨境电商企业，借助海外市场大数据，对自己产品所处的行业在海外市场的需求状况、竞争程度、行业趋势进行分析，可以为企业产品调整、设计、创新提供决策参考。

对于单纯的销售型跨境电商企业，依据大数据分析对所选品类所处行业在海外市场的需求状况、竞争程度、行业趋势进行分析，可以根据行情变化，第一时间调整产品策略，优化产品配置，促进产品销售。

跨境电商企业可以借助权威研究中心的行业研究数据、海关数据、第三方平台或服务商的行业数据分析报告等，了解和预测行业市场动态，及时调整公司产品策略，跟进潮流趋势。

②市场需求分析

依靠第三方平台的跨境电商企业，对平台本身定位的市场的需求变化要及时把握清楚。比如，"速卖通"的主攻市场为俄罗斯、巴西等新兴市场，跨境电商企业就必须清楚这些市场的蓝海产品是什么，这些市场有什么样的需求，等等。

对于经营独立网站的跨境电商企业，要了解自己产品在目前主攻市场的需求变化情况，消费者对产品有什么样的期望，等等。跨境电商企业对市场的分析必须借助市场大数据，可以结合第三方机构、中国电子商务研究中心的某些跨境行业数据，或者通过行业协会、行业展会的信息，做数据收集与分析，根据大数据分析的结果选择最受市场欢迎的产品。

无论是哪一个市场，都是动态变化的，因此需要定期或不定期地进行目标市场大数据的收集、整理、分析，并且对所收集的数据进行科学的筛选。因为在这个信息大爆炸的时代，各种渠道都蕴藏着丰富的数据，但有些数据并没有用，有的数据甚至是有误的，这些数据分析出来的结果对企业决策并没有参考意义，还有可能对企业造成误导。

（2）企业定位

每个跨境电商企业都有一个相对稳定的定位，至少在行业定位上是相对稳定的。企业选品不能盲目追随所谓的热销品、畅销品，如果自己一直是玩具行业的卖家，店铺或网站上突然多了个3C类的热销品，显然和自己的定位不相符。跨境电商企业要结合企业定位选品，避免选择的产品与自身的定位相违背。

选品符合企业定位，一方面是向客户证明自己的专一、专业性；另一方面，长期相对稳定的产品类型有利于打造企业的品牌影响力，提高客户的信任度。

**2. 选品技巧数据化——打造自己的爆款**

不同的数据分析工具，数据分析结果具有不同的侧重点，跨境电商企业可以充分发挥不同工具的长处，根据综合分析结果制定科学合理的选品策略。

（1）研究分析第三方平台热销品

第三方平台也是跨境电商企业选品可以借助的工具，如"速卖通"、亚马逊、阿里巴巴国际站等，分析这些平台的热销品及这些热销品的关键词，然后结合上面提到的搜索引擎分析工具，对热销品关键词的其他数据进行分析比对，判断选品的市场潜力。

（2）研究目标市场本土化网站的热销品

国外本地化的电商平台网站，也是跨境电商企业可以研究分析的对象。国外本地化网站对本地消费者有更精准的洞察与需求匹配，通过分析国外本地化网站的热销品，特别是行业新品的受欢迎程度，就可以了解当地市场消费者对某产品的需求情况与喜爱程度，以此判断该选什么产品。

（3）研究分析社交媒体热词

这个时代几乎人人都会使用社交媒体，社交媒体聚集了巨大的用户信息。利用大数据思维挖掘社交媒体的价值信息，已成为很多企业洞察消费者行为的重要方式。

国外重要的社交媒体有Facebook、Twitter、YouTube、Pinterest、Google、Instagram、Linkedln等跨境电商企业进入这些社交媒体，了解社交媒体上的用户都在热议什么。例如，如果是电子产品行业的企业，就可以关注社交媒体用户都在谈论什么款式和品类的电子产品，甚至可以发现用户的需求痛点，利用这些有价值的信息指导选品或者优化产品。

（4）研究分析同行优秀店铺

向厉害的人学习，是自我成长的有效方式。做跨境电商也是一个道理，通过研究行业内优秀店铺相关经营数据，分析其热销品的特点、属性，可以知道什么产品正在被追捧，还可以研究分析优秀店铺关于热销品的标题设计、关键词使用、市场定位等价值信息。

此外，还可以通过店铺的买家页面分析该产品买家的来源、对产品的评价等信息，以结果反向指导决策，包括选品与营销。

**3. 善用选品潜规则**

对于某个大的品类来说，可能热销品只有一个系列，或只有某一款。跨境电商企业无论是进驻第三方平台开店铺，还是经营独立网站，如果产品仅仅是某一个系列或某一款产品，店铺和网站看起来就有些单调，产品品类简单，客户可选择性少。

因此，跨境电商企业在选品时可适当铺宽产品线，增加产品类目，可以是围绕着热销品的周边产品，如手机，可以配套选择一些手机膜、手机套等配件覆盖更多的相关性关键词。这样做一方面是可以吸引更多的流量，另一方面是给客户更完善的购物体验。

## （三）定价策略

**1. 定价前期数据分析：合理定价**

**（1）供应商分析与选择**

确定要上线销售什么产品之后，接下来就是定价问题。要根据供应商的货源情况定价。

如果是单纯的销售型跨境电商企业，最好根据选品去分析与选择供应商，因为供应商的服务水平、生产能力和资质、产品产出率和合格率等情况，直接影响产品成本。只有掌握这些情况，跨境电商企业才能准确判断产品的成本，为科学定价提供参考依据。如果是集设计、生产、销售于一体的跨境电商企业，就不用考虑供应商分析与选择这一环节。

另外，对供应商的分析与选择，也是为了能够给客户更好的购物体验。假如选择了价格具有优势的供应商，后期借助有效的营销活动使产品热卖，也可能因为产品质量不过关或者供货不稳定，造成客户的购物体验很差，那么即便产品价格低也留不住客户。

**（2）成本分析与核算**

成本是定价最主要的参考元素，做生意的最终目的是盈利，因此卖家必须对成本的数据分析与核算做到全面、准确，避免因为疏忽某项成本，或者成本数据核算不准确造成产品定价的不合理或亏损，或卖不动。

一般的成本核算公式为：成本 = 货物成本（进货成本 + 运输成本 + 破损成本 + 仓储成本）+ 第三方平台成本（平台年费 + 广告费 + 服务费等）+ 网站运营成本（网站搭建成本 + 服务器租用费 + 推广费 + 运营人工费等）+ 物流成本（运输成本 + 搬运成本 + 报关费等）+ 售后维护成本（退换货物流成本 + 破损费等）+ 其他费用。

**（3）竞争对手分析**

竞争对手也是定价可参考的重要因素，对竞争对手的数据分析要素包括竞争对手的价格水平、竞争对手的定价优势。例如，竞争对手的优势是产品独特还是营销能力强，又或者是生产成本或进货成本低。这里的竞争对手包括国内同行卖家、目标市场上的本土化卖家与其他国家的跨境电商卖家。只有全面分析来自不同地域的竞争对手，才能够准确掌握自身所处的竞争状况。

对竞争对手进行分析，并对比自己的实际情况分析出自己可采取什么样的定价策略，才具有市场优势。假如通过对竞争对手分析后发现，自己比竞争对手有更好的营销能力，就不用在产品定价上太被动，就算定价比对手高，也可以借助自己的营销优势，推动销售。

（4）目标市场分析

对目标市场的分析，需要依靠市场大数据。分析要素包括目标市场的经济发展水平，也就是目标市场买家群体的消费能力大小。假如该市场的买家平均收入水平相对较高，说明消费能力也较强，对价格的敏感度较低，产品价格相对高也能够接受。

目标市场买家的消费理念。了解买家是对产品价格还是品质更在意。如果是更注重产品品质，那么只要产品品质能够满足他们的期望，就算价格高一些，他们也可以接受。

分析市场上的替代品情况。如果在该市场上替代品很少，买家不容易购买到，那么他们对产品价格也不会太在意。

## 2. 巧用定价策略：有的放矢

定价前期分析为最终定价提供了重要的决策参考，特别是成本分析与核算。综合上面的分析，以及自己设定的盈利点，可以为产品定一个较为合理的价格。但有的时候卖家想通过价格来达到某种效果，如引流或者实现利润大增等，就要基于前面的分析，配合使用不同的定价策略。

（1）引流定价策略

引流定价策略，适合那些新店铺、新网站或者有新产品进入市场的跨境电商企业。引流定价一般是将产品价格设定得较低，有可能会造成暂时性亏损。以低价来吸引客户到自己的店铺或网站上，一方面是出于流量积累考虑；另一方面则是大面积曝光产品与品牌。等到店铺与网站有较高较稳定的流量之后，再把价格调整回盈利状态。

引流定价的产品价格并不是越低越好，必须综合考虑引流目的与亏损程度，考虑在达到引流效果的同时，把亏损范围控制在最低。一个可以借鉴的引流定价办法是：如果是入驻第三方平台的卖家，可以在平台上查找大概10家的国内同行卖家，计算出同类产品的价格平均值，然后将产品定价为平均价格的85%。这个价格可能会导致暂时性亏损，但这个价格配合良好的营销策略很容易为店铺引入较大的流量。

当然，这只是一个办法，具体的价格还得综合考虑其他竞争对手产品的价格。例如，目标市场本土化电商与其他国家的跨境电商，与他们的产品价格相比，中国制造具有成本优势。因此，中国的跨境电商企业，要根据目标市场的具体情况使用引流定价策略。

（2）保守定价策略

保守定价策略，适合竞争力处于中等水平的产品，也适合常规性产品的定价。保守定价是保证在盈利的情况下，为产品设定一个不高不低的价格。那么，这个价格的利润率在多少合适呢？其实没有太确切的利润点，要看自身是自营独立网站，还是入驻第三方平台。

如果是自营独立网站，定价最好依据自己能够接受的最低利润点来定，也就是总成本＋所能承受的最低利润。

如果是入驻第三方平台，要根据平台内该行业卖家的平均利润率水平来定。比如"速卖通"，利润率一般在 15%～20%，属于较低的水平。

（3）盈利定价策略

盈利定价策略，是指产品价格的盈利点比行业内的平均盈利点高，属于具有较高盈利水平的价格。不过该策略并不是想用就能用，对产品本身的特性，以及卖家各方面能力的要求相对较高。

第一，产品的独特性较高。产品在功能、外观或属性等方面，具有别的产品无可比拟的特点。

第二，产品具有很强的消费节点特性。比如圣诞节、情人节、万圣节等节日才消费的产品，这些产品有特殊性功能和价值，具有比较强的溢价能力。

第三，卖家所进入的市场竞争较小。竞争较小的市场属于卖方市场，卖家占据优势。

第四，卖家具有较强的营销能力。价格低的产品，如果没人知道也没用。价格高的产品，如果配合很强的营销策略，也可以成功推销出去。

第五，卖家在进货渠道方面具有优势。例如：能拿到与同行相比质量无差异但成本较低的货源；对于热销品，具有比同行更稳定的供货渠道；等等。

### 3. 实践数据分析：指导调整优化定价策略

产品定价之后并不是一成不变的，起初看似合理的价格，因为市场的变化也会变得不合理，或者经过一段时间的销售实践之后，发现这个价格并不能达到预期的效果，因此要进行价格的调整。

价格的调整要充分利用市场变化数据、店铺销售情况数据等做分析，一方面洞察市场行情变化；另一方面掌握之前的价格对销售业绩的影响情况，通过直观的数据分析结果对产品价格进行科学的调整，不断优化进步，做好跨境电商。

## 二、大数据营销技巧

### （一）海关数据搜索

海关数据就是海关履行进出口贸易统计职能中产生的各项进出口统计数据。海关统计的任务是对进出口货物进行统计调查、统计分析和统计监督，进行进出口监测预警，编制、管理和公布海关统计资料，提供统计服务。根据这部分数据，海关会定期发布进出口统计预警监测数据。数据会具体到某类行业、某类商品，但不会具体到某企业。在外贸中该如何有效利用海关数据？可从以下几个方面谈一谈。

### 1. 海关数据助力外贸企业发展

（1）开发优质客户，快速高效地找到潜在的真实、优质买家

企业进入一个新市场找不到客户时，或是新产品刚上市，或是企业业务量不饱和，需要寻求市场扩张时，海关数据贸易情报可以帮助企业迅速网罗市场上所有真实的、正在采购的有效买家信息，并通过提供一系列的数据报表分析，帮助企业准确了解、评估

市场上真实存在的每一个采购商的采购行为和习惯（包括采购量、采购周期、采购频率、采购地区等），从而锁定最适合自己的买家，并与之进行深入的贸易商谈，提高业务成交概率。

（2）监控竞争对手，全面了解竞争对手进出口行为

通过海关数据贸易情报能够监控竞争对手的贸易动向，追踪其每一笔贸易记录，了解其贸易细节，从而了解其客户资源、业务结构、生产经营状况、供货频率和周期等，通过对竞争对手和自己的对比分析，找到贸易的突破口，优化自身竞争优势及实力，提高企业竞争力。

**2. 海关数据的运用**

对于每一位有志向的外贸人士来说，首先应当明白这一点：买家是拓展市场的源泉，竞争对手是阻碍发展的拦路虎，应当细致深入地去分析研究、透彻了解、准确把握对手的各种情况，真正做到知己知彼、全盘把握、心中有数。

那么，怎样才能有效地知己知彼呢？海关数据能够提供以下几个方面的帮助。

（1）快速找到买家和其采购规律

海关提单每月都会更新买卖双方的交易凭证，并且保证买家信息的真实性、准确性和适时性，而且其中的买家都在当前活跃。同时，通过对其交易记录的查询和分析，可以清楚地知道买家的采购产品和实力，从而找到最适合自己的买家，集中力量开发，达到事半功倍的效果。通过对买家交易记录的跟踪与分析，可以发现其产品数量、出货时间、补货时间之间的关系，找出买家的采购规律，在最佳时间将公司产品推荐给买家，增加交易成功率。

（2）提高现有买家忠诚度，救回已经或即将失去的客户

一方面通过对现有客户交易记录的跟踪和分析，能够知道同一类产品该客户还从哪些供货商处采购，通过对竞争对手和自己的对比分析，可以找到突破口，进一步巩固客户关系，提升客户价值；另一方面根据订单的异动情况，可以预先把握买家可能的动向，对已有市场策略进行改进或调整，用以规避风险。通过对客户交易记录和竞争对手的对比分析，发现买家的关注点，找到自身产品、交货、沟通等环节存在的问题，从而有针对性地改进和调整，更好地与买家沟通，重新获得客户的认可。

（3）监控竞争对手，从已倒闭的竞争对手中接收客户

通过对买家交易记录的跟踪，可以找出同类产品的其他供货商和其在交易中的份额变动。同时，可对竞争对手交易记录全程跟踪，掌握其买家资料和交易记录，再加上对竞争对手背景和生产经营状况的分析，真正做到知己知彼，从而灵活、有针对性地调整自己的市场策略，让自己处于竞争中的有利地位。

通过对竞争对手交易记录的跟踪，能够掌握其买家资料和采购规律，并能判断竞争对手的经营状况，一旦竞争对手倒闭，能够第一时间对其客户做出反应，获取最大利益。

（4）找到利润较高的买家、地区和发现潜在的投资机会

通过对提单数据的挖掘、分析，可以为某一特定产品找出利润较高的买家和外销地区，降低企业的外销成本，提高企业外销利润。通过对交易记录的跟踪、统计分析可以发现某个国家或地区的出货量变动情况，预先发现产业转移的先兆，抢先一步进行战略布局。同时，可以第一时间掌握交易货品中出现的新材料、新技术、新工艺、新产品等。

### （二）搜索客户公司的社交媒体

社交媒体正快速转变着企业与客户之间的交流方式。相对于像 E-mail 之类的传统交流方式，社交媒体作为一种低成本、高效益的在线营销手段，为企业提供了更为广阔的交流平台。

企业可以通过发微博等方式来推销其产品和服务，为用户提供及时的回馈和技术支持，为该品牌的爱好者在网上建群。如今这个飞速发展的时代，企业必须充分利用社交媒体，才能在市场中保持竞争性。外贸人员可以通过这些社交媒体，成功地找到想要的客户或者公司。

#### 1. 社交媒体的优点

（1）即时性

社交媒体支持实时对话和回馈，让企业能够更加积极主动地把握潜在的商机。

（2）简便性

用户无须花费多少时间就可以在社交网站上建立账户并应用，它最大的好处是无纸化。

（3）免费

现在绝大部分社交媒体都不向用户收取任何费用，对于企业来说这是一个减少开支的好方法。

（4）方便收集客户反馈意见

当有客户在社交媒体上对企业的产品进行抱怨或称赞时，企业可以从社交媒体上得到反馈并提高客户服务水平。

（5）品牌忠诚度

至少有一半 Twitter 和 Facebook 的用户认为，他们在社交媒体上开始关注某企业之后会越来越乐意去谈论、推荐或购买该企业的产品。

#### 2. 社交媒体公司代表

著名的社交媒体公司 Facebook、Twitter 和 Linkedln 三家凭借其极具吸引力且简洁的设计，成为互联网上最受欢迎的社交媒体。每天有 50% 的 Facebook 用户登录账户，这意味着每天有 3 亿用户在社交网络上进行互动，这对于企业而言绝对是一个潜在客户聚集地。

### （三）展会名录搜索法

作为一名合格的外贸人员，对展会资料的查找与收集是很重要的，尽管公司有责任

和义务为业务人员提供一定数量的相关展会资料，但是单靠公司提供的资料，效果必定有限。如果想成为一名优秀的业务精英，就必须自己积极、主动地去收集相关的展会资料，下面是查找展会资料的几点方法和建议，供大家参考：①多去广交会、展览馆收集会刊、名片等；②通过相关的展览界朋友帮忙收集会刊；③通过专业性杂志、报纸的编辑部邮购会刊；④必要时，可询问客户以前参加过的相关展览，让其邮寄会刊；⑤通过协会、学会、组委会购买会刊；⑥在展会相关刊物里面寻找信息资料，可对做广告的客户信息特别留意；⑦上网查找资料；⑧上网查找展会的官方网站，寻找参展商名录。

当然，每个业务人员都有自己做事的方法和方式，无论使用何种方式，只要通过自己的努力，就能在展览界中争得一席之地。

### （四）利用海外商业数据库资源寻找目标客户

数据库营销是一个主动营销的过程，它通过对客户信息的管理实行批量化沟通。数据库营销能帮助保留客户，提高客户的忠诚度，一些外部购买的数据库则可能是大量客户的来源。外贸企业除了可以从外部购买、开发数据之外，更应该建立属于企业自己的数据库，这是一个长期累积的过程。

自身数据库的建立是一个漫长的征程，外贸企业不可能一开始就完全依靠自身的数据库，因此必须通过购买外部数据库开发客户。外贸企业接触较多的一般是海关数据库和一些数据库平台等，其中康帕斯（Kompass）、Thomas 等就属于此类数据库平台。

对于数据库营销如何收集数据库信息，并有效地利用到实战的数据库营销当中去，是一个难点，也是一个重点。

数据库看似神秘其实并没有那么复杂，在大数据时代背景下，很多国家都有非常专业的数据库。

市场上的收费数据很多，一般也就几千元。当然，也有一些免费的网站，比如由加拿大海关和财政总署提供的进口商免费查询数据库，从中能查到公司全名、所在城市、省份和邮政编码。要找具体联系人、电话和邮箱，就要灵活使用搜索引擎。诸如此类的数据库还很多，如 Zoominfo、Kompass、邓白氏等，大家可以根据实际需求进一步挖掘其中的宝藏。

大数据时代的来临，带给我们众多的冲击，每个人都应当与时俱进、不断提升，放弃守旧思想，大胆接受新的挑战。大数据正受到越来越多人的关注和谈论。大数据之所以受到人们的关注和谈论，是因为隐藏在大数据后的是超千亿美元的市场机会。数据挖掘技术在企业市场营销中得到了比较普遍的应用。通过收集、加工和处理涉及消费者消费行为的大量信息，确定特定消费群体或个体的兴趣、消费习惯、消费倾向和消费需求，进而推断出相应消费群体或个体下一步的消费行为，然后以此为基础，对所识别出来的消费群体进行特定内容的定向营销，这与传统的不区分消费者对象特征的大规模营销手段相比，大大节省了营销成本，提高了营销效果，从而为企业带来了更多的利润。

# 第七章 跨境电商网络营销及策略

## 第一节 跨境电商网络营销概述

### 一、网络营销的内涵

网络营销的内涵主要体现在以下三个方面。

第一，网络营销不仅仅是使用万维网（World Wide Web，WWW）。万维网是互联网不可分割的一部分，万维网提供用文字和图片表达的用户界面，允许用户通过浏览器查看文本信息。万维网、电子邮件、即时通信工具等都是开展营销活动的有效方式，而用户接收信息的终端不仅限于计算机，还能用电视机进行接收。

第二，网络营销不仅仅是使用技术。互联网主要提供信息，消费者可以使用互联网更容易地获取信息，还可以通过互联网反馈和传递信息。在互联网环境中，企业和消费者的思想和行为将发生很大的变化，因此网络营销不仅是信息技术的简单应用，也是信息技术与营销活动的有机结合，形成的营销活动具有新的表达方式和新的思想理念。

第三，网络营销不仅仅是在线销售和在线广告。在线销售和在线广告都只能被视为在线营销的基本活动，而不是在线营销的所有活动。在互联网上进行市场调查、提供新服务、应用新的定价策略、与消费者互动都是在线营销活动所涉及的领域。

### 二、网络营销的内容

#### （一）网上市场调查

在线市场研究是在线营销的主要功能之一。互联网和传统媒体之间最大的区别之一是它的互动性。营销人员可以利用互联网的互动性进行市场调查。营销人员可以通过在线调查或电子邮件进行调查，收集第一手资料，并收集搜索引擎所需的二手信息。但是，互联网超越了时间和空间的限制，实现了信息共享，且拥有大量的信息。因此，当使用互联网进行市场调查时，营销人员不仅要学会有效使用网络工具，进行调查和组织数据，还要学会如何区分海量信息中有用且可靠的信息。

#### （二）网络消费者行为分析

相对来说，传统市场环境下的消费者同互联网环境下的消费者有着很大的不同。后者所掌握的信息更多，并且传播渠道更加广泛，能够有效地通过网络营销的方式进行宣传、分享以及互动。如果想要开展互联网营销活动，那么就必须对网络消费者群体进行调查，并且详细分析消费者的个人喜好。互联网能够作为众多消费者交流、分享的场所，所以，它理所当然地成为众多有着相同兴趣爱好的消费者的聚集地，吸引着人们不断地加入其中。正因为如此，我们若要对消费者的行为进行分析，那么对这样的虚拟聚集地进行着重分析就显得尤为重要了。

### （三）网络产品策略和服务策略

作为一种独特的、有效的沟通渠道，互联网无疑是重要的，它在推广线下商品的同时还能够吸取其他产品的销售经验，从而更好地实现产品的创新策略。因为网络环境与现实环境存在种种差异，在进行网络销售的时候不可避免地会出现某些问题。例如，消费者对于外观方面、质量方面以及价格方面不了解等。因此，互联网营销的策略便要"因地制宜"了，这也是对于网络营销十分重要的一部分。举个简单的例子，通过互联网，企业可以制订新产品开发以及产品组合销售的方案，在互联网上，随时发布新信息，并根据消费者的实际情况做出服务调整，这是众多品牌能够屹立在网络市场上的关键之一。与此同时，企业还可以根据自身的条件，来做一些网络互动，如公众号、小视频以及直播等，通过这些方式来使服务策略更加完善。

### （四）网络品牌

建立和推广在线品牌资产是网络营销的主要任务之一。企业不仅可以通过互联网通信功能提高其品牌和产品的知名度，还可以建立企业的网络品牌（如域名品牌）。与传统市场一样，网络品牌也对在线消费者产生重大影响，网络品牌和传统品牌也存在差异。网络品牌的创立需要企业进行重新安排规划和投资。如果企业想充分展示品牌对网络营销的影响，就不应该依赖传统品牌，必须要同时计划并投资传统品牌和网络品牌，以实现它们之间的互补和互动。

### （五）网络定价策略

信息技术的发展使网络环境中商品和服务的价格构成变得更加复杂，在互联网环境中，消费者更容易获取信息，在获得更多信息的同时，消费者的权益也在提升。因此，在一定程度上，消费者具有对商品价格的定价权利。此外，由于互联网上的信息共享和商品价格透明度的提高，企业和消费者可以通过网络来了解所有商品或服务的销售价格。因此，网络营销不同于传统市场营销，企业应该考虑互联网功能对产品价格的影响。

### （六）网络销售渠道策略

互联网的不断发展不仅为消费者带来了方便，同时也大大降低了企业的人力、物力等成本。可以说，交易的网络化为人们带来了极大的便利。

不过，尽管互联网的发展为人们带来了极大的便利，问题却也随之而来。网络渠道逐渐复杂化便是其中的一个问题。需要注意的是，企业在进行网络营销平台的创建时，需要根据自身的网络渠道来进行成员的分配，这就需要具体的规划，如何做到同传统的销售渠道区别开来，在发展新的网络渠道的同时不会与传统方式发生冲突至关重要。

### （七）网络销售促进策略

作为具备双向通信功能的渠道，互联网无疑是成功的，它以其跨越时间与空间的直接连接方式，使通信更为简捷方便，同时大大降低成本。现如今，广告新媒体等业务已经变成新型的产业。作为新型的产业，它具备传统报纸、杂志等媒介所不具备的特点，即互动性以及直接性。

### （八）网络营销管理

互联网的缺点是没有实名制，这就导致政府相关部门无法对网络营销进行实时监控，随之而来的就是诸如网络销售产品的质量问题、消费者的个人信息安全问题等。这也是传统的营销活动所没有的问题。在这方面，企业必须严格把控，密切关注这些问题，否则在互联网这样一个传播迅速的通信渠道，会使其形象受到影响，进而导致问题持续恶化。因此，若要成功地进行网络营销，就一定要对网络营销的管理进行严格把控，否则无法达到网络营销的预期效果。

## 三、常用网络营销工具简介

### （一）企业官方网站

企业的官方网站具备八大功能，分别为品牌服务、信息展示、产品陈列、客户关系、客户服务、资源协作、网络营销以及网络研究。在企业的网络营销建设方面，官方网站的作用尤为重要，是其他网络营销工具所不能及的。

### （二）第三方电子商务平台

第三方电子商务平台的具体功能为客户服务、产品陈列、信息展示以及网络营销等。通过第三方电子商务平台，企业能够大大节省时间成本，简化电子商务流程，从而以最快的速度构建自身的官方平台。

### （三）搜索引擎

利用搜索引擎能够提高企业的点击率与关注度，能够通过简短的搜索，大大提升企业在网络上的知名度，为自身的脱颖而出起到铺垫作用。

### （四）社交媒体

所谓的社交媒体是指人们分享自己的意见，相互交流经验的平台。这样的网络社交平台很多，诸如微信、博客、论坛等，都是现阶段较为热门的社交平台。通过社交平台，我们便可以大大提升企业的知名度，为企业的宣传起到很大的作用。与此同时，我们还可以通过社交平台同客户建立良好的关系，从而更好地为客户服务。

### （五）网络视频

网络视频集合了诸多优势，现已成为当下线上营销的一种趋势，通过诸多的叙述方式穿插自身的品牌和产品介绍，其中不乏娱乐、情感等故事题材。

### （六）网络广告

网络广告作为现今主要的广告形式，以其覆盖面广、传播性强以及不受时间和空间限制等特点已经逐渐被人们接受，人们也逐渐习惯这一新兴的宣传媒介。

### （七）电子邮件

电子邮件作为互联网上最广泛使用的通信方式，其作用是通过网络进行信息的交流。因此，企业也可通过电子邮件的方式来进行业务推广以及信息发布、市场调查等活动。

## 四、常见网络营销推广方法

### （一）网络平台营销

通过为营销企业以及相关的第三方平台建设独立的官方网站，能够使网络营销的效果大大增强，通过网络平台的运营推广以及其他管理方式能够使网络平台更好地发挥其作用。

### （二）搜索引擎营销

所谓的搜索引擎是指在用户输入想要查询的信息时将结果显示出来的网站。其通过满足用户搜索信息的需求来吸引用户的注意，并且在其中加入相关链接，使用户能够进一步了解官方信息，以此来全面实现企业的网络营销计划。

搜索引擎营销是在搜索结果中显示信息，以在用户使用搜索引擎搜索信息时引起用户的注意，并诱使用户点击搜索结果中的链接进入网站以便获取更多详细信息，以此实施网站产品的促销。

### （三）网络广告营销

借助广告平台的在线播放模式，可使企业的宣传信息、产品广告等在互联网上发布，这也是企业面向互联网众多用户的宣传方式之一。

### （四）网络视频营销

企业将众多剪辑视频放到互联网上，供人们了解，以此来达成宣传的目的。

### （五）软文营销

软文是指企业的策划人员或是企业内部的广告设计人员通过相应的计划设计出来的文字广告。同硬广告相比，软文更加贴合实际，并且大众的接纳程度较高，客户在进行阅读的同时不仅可以了解企业的特点，还能够从更大程度上了解企业所要宣传的产品，可谓一举两得。

### （六）事件营销

事件营销是指企业通过与具备一定社会影响力的人物进行合作，从而大大提高企业的知名度，而这类具备社会影响力的人物通常是社会名流、影视明星以及网络红人等。通过与这些具备社会影响力的人物合作，企业能够提升知名度，从而营造出自己的品牌。

### （七）病毒营销

病毒营销是指通过用户的社交网络传播信息如传播病毒一样，快速复制到数千万人手上。

## 五、跨境电商网络营销

跨境电商网络营销是一种新型的基于互联网的营销方式，它利用数字信息和在线媒体的互动来实现跨境电商营销的目标。实现跨境电商营销目标的主要手段包括跨境电商网络广告营销、跨境电商社交网络营销等。

目前来看，跨境电商网络广告的营销价值主要体现在以下几个方面。

### （一）品牌和产品推广

在所有网络营销方式中，促进跨境电商网络广告品牌和产品营销是提高跨境电商信息网络可靠性的最直接途径。同时，跨境电商网络广告的丰富性也为跨境电商更好地展示产品信息和企业形象提供了渠道和条件。除了促进在线销售外，跨境电商还致力于提升品牌的知名度。

### （二）网站和网店推广

跨境电商营销，特别是跨境电商网络广告营销的关键作用是推广企业网站（包括跨境电商商店），并尽可能多地吸引有效访问，这是评估跨境电商营销是否成功的关键标准之一。跨境电商的网络广告通常与跨境电商商店或产品页面相关联。每当国外用户点击国外网站上的广告链接时，对商店的访问次数就会增加。因此，跨境网络广告有利于推动跨境电商网站或在线商店的发展。

### （三）跨境电商网店的销售推广

实践表明，消费者的购买决策越来越受到不同形式广告的影响，特别是网络广告。当国外网站上的不同形式的广告与跨境电商产品页面相关联时，它能够直接促进跨境电商销售某类产品。随着各国网络广告的深入发展，跨境电商广告模式不断发生变化，产品内容和广告日益融合，这也改变了传统网络广告的价值。无论形式或价值如何变化，它在本质上是向受众传递营销信息的渠道或手段。其主要目的是吸引国外网络用户的注意力并提供跨境电商的营销信息。关注传输渠道和信息宽度，提高产品知名度和增加网上商店流量是跨境电商网络广告营销的直接目标。

# 第二节　跨境电商网络营销工具

## 一、主流：搜索引擎营销

### （一）搜索引擎营销的内容与内涵

#### 1. 搜索引擎的定义

所谓的搜索引擎指的是根据一定的策略或方式，利用计算机程序从互联网上进行信息搜索，并且将信息全部收集进行整理、筛选后，提供给用户观看的一种互联网工具。搜索引擎的类别较多，有全文搜索、目录搜索、门户搜索，以及免费链接等。

#### 2. 搜索引擎的工作原理

搜索引擎一直被人们认为是神秘且复杂的，其实不然。搜索引擎的工作原理其实非常简单，其筛选的结果并非收集信息即时显示，而是在搜索的时候将所有信息都已经整理完毕，这时用户进行关键词的输入，搜索引擎进行关键词的筛选，最终将筛选结果显示出来，如此而已。

（1）搜集信息形成快照

网页快照是指搜索引擎通过网络爬虫在互联网上搜索并将搜索结果以快照的方式进行储存。通常网络爬虫能够遍及各个网站，并且能够快速处理网站的信息内容，这也为搜索引擎的搜索工作提供了数据方面的支持。

（2）整理信息建立索引

通常用户看到的网页都是一些较为直观的文字、图片之类的信息，不过搜索引擎看到的却是网页的源代码，并且依据这些源代码来推断网页当中的重点信息。由此可见，确定重要的文字或是词组是搜索引擎搜索网页内容的其中一个流程。

搜索引擎进行信息的收集整理被人们称为"建立索引"。而"建立索引"这一步骤不只是将信息进行收集，同时还要将信息按照一定的规律进行重新整理。这样一来，用户在进行搜索的时候，才能够快速搜索到自己想要知道的内容。

（3）接受查询搜索排序

通常搜索引擎还能够根据用户在搜索时输入的关键词进行潜在词语的搜索。举个简单的例子，有些用户在搜索"宠物"与"狗狗"的时候，就会出现"犬""宠物犬"等标题，这就是潜在搜索。有时搜索引擎甚至会将"人民"与"百姓"这两个词语统一处理。另外，搜索引擎在进行查询的时候，还有可能会根据词语的主题来进行扩展，如在搜索到"SEO"的时候，系统会将"网络营销""网站优化"等专有名词归为一类，一同来进行处理。

用户在进行搜索的时候，搜索引擎接收到用户所发出的信息并及时向用户回复资料。搜索引擎几乎每时每刻都会接收到大批量的用户信息，根据每个用户的需求返还其相关的信息。目前,搜索引擎最常见的返还信息的方式就是通过网页链接的形式将用户需求的信息数据进行返还。

### 3. 搜索引擎营销的定义

（1）什么是搜索引擎营销

搜索引擎营销是目前应用最广泛、时效性最强的一种网络营销推广方式。它根据搜索引擎的特点,利用用户使用搜索引擎检索信息的机会,配合一系列技术和策略,将更多的企业信息呈现给目标用户,从而实现盈利的一种网络营销方式。搜索引擎营销是以关键词搜索为前提,以盈利为目标的一种营销推广方式,被广大的跨境电商作为首选营销推广策略。

（2）搜索引擎选择技巧

如果跨境电商想要开拓国际市场,搜索引擎排名将直接影响其营销推广效果。多家企业多年的推广经验表明,选择更大型的搜索引擎进行营销能够让企业获得更佳的推广效果。如果能够得到前几位的搜索引擎排名,企业将比其他竞争对手更早一步吸引到目标客户,进一步扩大外销渠道,从而实现企业利益最大化。

### 4. 搜索引擎营销的特点

（1）以企业网站为基础

通常来讲,搜索引擎作为网站最主要的推送方法,在没有建立网站的情况下,是很少被使用的。也就是说,搜索引擎最终要以企业网站为基础,所以我们也可以认为,企业网站设计的专业性对于营销效果有时有重要的影响。

（2）以信息为向导

搜索引擎能够检索出来的是网页信息当中的索引部分,通常只是某个网站当中的简介部分。这就是称其为索引的原因,其实这些搜索结果并不是全部内容,而只是搜索引擎自动抓取的一部分内容。因此,如果要着重研究搜索引擎的主要内容,那么就应该尽可能地将优质的、有吸引力的内容呈现给用户,并且要使用户依据这些简单的信息激发出想要观看的欲望,这时用户就会点击进入网站。

（3）以用户为主导

在通常情况下,几乎没有哪个企业能够强迫用户使用某一信息检索引擎,所以,使用哪一种搜索引擎完全取决于用户的个人意愿,在搜索结果当中,用户点击哪里也是企业无法掌控的。搜索引擎最大的好处就是它完全是由用户自主使用的,因此减少了营销活动对于用户的影响。

（4）以精准定位为特点

搜索引擎为用户进行精确分析并且实现精准定位的功能受到用户的一致好评。搜索引擎在用户的定位方面以及搜索广告关键词方面,有着较高的效率以及高度的准确性。这也为营销信息的推广作出了一定的贡献。

（5）以网站访问量的增加为效果

搜索引擎的最终目的就是通过搜索增加访问量，而访问量也是网站进行宣传推广的重要手段。这从侧面说明，增加网站的访问量是搜索引擎的重要功能之一。不过，需要注意的是，增加访问量不是搜索引擎的全部内容，因为访问量能否转化为盈利，这并不是搜索引擎所能决定的，而是由众多因素决定的。

5. 搜索引擎营销的推广手段

（1）关键词竞价排名推广

关键词竞价排名最常用到的地方就是在搜索引擎当中。企业通过购买关键词，使企业的广告能够被用户搜索到。这时企业的宣传内容就会出现在搜索结果的上、下端或是右侧位置，这是为了方便用户观看，同时也是为了更好地宣传该企业。由此可见，企业如果想更容易被消费者看到自身的宣传内容，最好的办法就是购买关键词广告并且对广告的排名进行大力推广。

（2）搜索引擎优化

所谓的搜索引擎优化其原理较为简单，即通过一些技术手段使网站当中的商品或是宣传信息更容易被用户检索到，在提升了关键词检索的排名之后，提高曝光率，从而达到扩大网站销售规模以及宣传范围的目的。搜索引擎包含了两个方面，即网络内部优化和网络外部优化。内部优化是指通过网站自身的结构、内容、关键词等元素进行搜索优化。这是因为搜索引擎所推送的网站多为内容较为优质、结构较为清晰、口碑较好的网站，这样的网站更具备搜索的价值。至于外部优化则是指优化网站的外部链接，在此暂不赘述。

（3）网站联盟广告推广

通过自动搜索匹配的技术，企业的广告能够传遍互联网的各个角落。在这里需要注意的是，并非所有的网站都能够遍布互联网各个角落，必须是优质的、热门的、人气较高的网站才能够有这样的推广。至于技术方面，网络平台自然会解决所有技术问题，企业只需要依照自身的要求将产品详情、语言、推广区域、时间以及资金及时提交给平台即可。

## （二）搜索引擎优化

### 1. 搜索引擎优化的原理

搜索引擎优化（SEO）是根据搜索引擎对网页的检索特点，让网站建设的各项基本要素适合搜索引擎的检索原则，使之对用户更友好，从而尽可能多地获得搜索引擎的收录，并在搜索引擎的自然检索结果中排名靠前，最终达到网站推广及品牌建设的目标。搜索引擎优化的过程是逆向推理，通过架设符合搜索引擎索引排序算法的网站结构、内容、代码及外链达到预先设定的排名目标，通过排名获取流量，达到营销推广的目的。

**2. 搜索引擎优化的优缺点**

第一，SEO的优点。

①成本较低。SEO是一种"免费"的搜索引擎营销方式，对于个人网站而言，只要掌握一定的搜索引擎优化技术就可以达到目的。对于企业而言，只要聘用专业的技术人员或让代理公司进行代理优化即可，而网站优化的费用相比竞价广告而言要便宜得多。

②稳定性强。用正规网站优化手法做好了排名的网站，只要维护得当，排名的稳定性非常强，所在位置数年时间也许都不会变动。

③精准度高。对于通过搜索引擎优化获得的用户，大部分都是依据搜索需求来的，比那些广告推广精准度会高很多，因此转化率也高。因为竞价广告大多统一指向首页，而不是指向用户真正需要的页面。

④不用担心无效点击。通过正规SEO技术所优化的网站排名效果比较稳定，是自然排名，不按点击量付费，不论竞争对手如何点击都不会浪费企业的费用。

⑤所有搜索引擎通用。网站优化最大的好处就是没有搜索引擎的各自独立性，即便用户只要求针对谷歌进行优化，但结果无论是雅虎还是其他的搜索引擎，排名都会相应的提高，这在无形中带来更多的有效访问者。

第二，SEO的缺点。

①见效较慢。通过网站优化获得排名是无法速成的，一般难度的词需要2～3个月的时间，如果难度更大的词，则需要4～5个月甚至更久，建议可以在销售淡季进行网站优化工作，到销售旺季时排名也基本稳定了。

②排名的不确定性。由于搜索引擎对排名有各自的不同规则，有可能在某天某个搜索引擎对排名规则进行了改变，那时也许就会出现原有的排名位置发生变动的情况，这是很正常的。

③排名位置在竞价排名之后。这是由搜索引擎的规则所决定的，自然排名所在的位置只能在竞价排名的网站之后。

## 二、有效：社交媒体营销

### （一）社会化媒体营销定义

社会化媒体是以多对多的沟通交流为目的、以大众创造的信息为内容、以互联网技术为应用方式的新型大众媒体。它是旨在帮助人们建立社会化网络的互联网应用服务。社会化媒体营销是随着网络社区化而兴起的营销方式。

社会化媒体营销是利用社会化网络，如在线社区、博客、百科或者其他互联网协作平台和媒体来传播和发布资讯，从而形成的营销、销售、公共关系处理和客户关系服务维护及开拓的一种方式。

### （二）社交平台的选择

想要做好社会化媒体营销，首先要选对社交平台，要根据产品的品类和特点，选择更适合、更容易维护的社交平台。如今各类社交平台的数量已经非常多，跨境电商要根据自己的需要，选择真正适合自身品类的社会化媒体营销推广平台。

跨境电商在选择社交平台之前，要先分析一下自己的产品特点、目标国家客户的消费习惯及客户活跃的一些社交平台等。一些转化率低的社会化媒体营销往往存在两种问题：一是选择的社交平台不适合；二是运作的方法或策略不到位。

对跨境电商领域而言，因为客户来自不同国家、不同地区，所涉及的社交平台也比较多，所以在做社会化媒体营销时可能也要覆盖好几个平台。但是，这并不意味着所有能够涉猎的平台都要去做，应该选择一个或几个最适合的平台。因为我们的资源是有限的，不能只求数量而不求质量。只有找到最适合的社交平台，才能在提高流量转化率的基础上，节省营销推广的成本。

## 三、方便：社群交流营销

### （一）认识社群营销的内涵与价值

#### 1. 社群营销的定义

社群是关系连接的产物，而关系要经过媒介才能连接。媒介在发展，关系的连接方式也一直在改变。传统的社群形式大多受时空限制，社群的直接沟通也相应地存在局限性。不同社群之间沟通的媒介在历史上曾经有书信、电报、广播、传呼、电话、邮件、聊天室、QQ 群等。

社群形态其实一直都存在，但由于连接方式的限制，其发展被地理空间所约束。随着移动互联网的快速发展，基于互联网的通信手段开始普及，受地理空间限制的社群关系开始逐步跨越时空，进入了虚拟空间连接的阶段，如微信的出现使社群组织开始摆脱这些限制，让社群组织互动更容易、管理更方便。这是社群兴起和火爆的主要原因。

社群是一群有相互关系的人形成的网络，其中人和人要产生交叉的关系和深入的情感连接。社群营销就是基于相同或相似的兴趣爱好，通过某种载体聚集人气，通过商品或服务满足群体需求而产生的商业形态。社群营销对企业最大的好处就是增加与用户直接交流的机会，增加用户对品牌的了解，而且能使企业在第一时间得到用户的反馈，及时调整商品的性能特点或发布计划等。

#### 2. 社群的构成要素

为了对社群有更直观的认识和评估，可以从社群运营的实践过程中总结出 5 个构成完整社群的要素，它们分别是同好、结构、输出、运营和复制。根据这 5 个单词的英文首字母，社群的构成要素可简称为"ISOOC"

（1）同好——社群成立的前提

社群构成的第一要素——同好，它是社群成立的前提。

所谓"同好"，是对某种事物的共同认可或行为。我们为了什么而聚到一起？最重要的是一起做什么。任何事物没有价值就没有存在的必要。

（2）结构——决定社群的存活

社群构成的第二要素——结构，它决定了社群的存活。

很多社群为什么走向沉寂？那是因为最初就没有对社群的结构进行有效规划，这个结构包括组成成员、交流平台、加入原则和管理规范。这四个组成结构做得越好，社群活得越长。

（3）输出——决定社群的价值

社群构成的第三要素——输出，它决定了社群的价值。

持续输出有价值的东西则是考验社群生命力的重要指标之一。所有的社群在成立之初都有一定的活跃度，但若不能持续提供价值，社群的活跃度会慢慢下降，最后沦为广告群。没有足够价值的社群迟早会被解散，也有一些人会屏蔽群，再去加入一个新的群或选择创建一个新群。为了防止以上情况的出现，优秀的社群一定要能给群员提供稳定的价值，如坚持定期分享、某些行业群定期可以接单等。

（4）运营——决定社群的寿命

社群构成的第四要素——运营，它决定了社群的寿命。不经过运营管理的社群很难有比较长的生命周期，一般来说，从始至终通过运营要建立"四感"：

仪式感。如加入要通过申请、入群要接受群规、行为要接受奖惩等，以此保证社群规范。

参与感。如通过有组织的讨论、分享等，以此保证群内有话说、有事做、有收获的社群质量。

组织感。如通过对某主题事物的分工、协作、执行等，以此保证社群的战斗力。

归属感。如通过线上线下的互助、活动等，以此保证社群的凝聚力。

如果一个社群通过运营这"四感"有了规范，有了质量，有了战斗力，有了凝聚力，就可能持续发展！

（5）复制——决定社群的规模

社群构成的第五要素——复制，它决定了社群的规模。

由于社群的核心是情感归宿和价值认同，那么社群过大，情感分裂的可能性就越大，所以在"复制"这一层，有这样两个问题需要考虑。

第一，是不是真的有必要通过复制而扩大社群规模？

人们有时候会有一种误区，认为没有几万人都不好意思称为社群。其实经过前面4个维度考验的群，完全可以称为社群了，小而美也是一种，而且大多存活得还比较久。

第二，现在很多人进入一个人数很多的群，第一件事是遴选信息的成本高，人员相互认知成本也高。

相反，小圈子里，人员较少，大家的话题相对集中，所以小圈子里人人都容易活跃起来。从微信群、QQ群等社群的大数据中发现，90%的用户在不足20个人的小群里活跃。人人都想组建人多的大社群，但是许多大社群非常不活跃。所以社群规模要看社群的成长阶段，每一个社群都有一定的成长周期，不同的阶段用不同的节奏进行控制。

### （二）了解社群的运营方式

**1. 如何完整构建一个社群**

**（1）同好**

在社群"同好"主题之下，要尽可能构建大家共同认可的价值观，有共同认可的价值观，才能保持长期的连接，如罗振宇的"U盘式生存"，趁早社群的"女性自己的活法"。这些价值观一般来自创始人或者某一商品的理念。

明确建立社群的目的。这里的目的即建群动机，它是后续一切活动开展的初衷。只有这样才可以明确后续整个社群运营及管理规则如何设置，用户价值闭环如何成型，商业闭环如何搭建。如果一个社群的存在既能够满足成员的某种价值需求，又能够给运营人员带来一定的回报，就会形成一个良性循环，甚至可以形成自运行的生态。

社群既然应该为大家提供价值，那就必须找到一个能够产生经济回报的承载物。"同好"的标签固然可以把同类特质的成员快速聚集起来，但如果没有相匹配的回报载体满足群成员深层次的需求，这样的"同好"就会陷入组织一群人热闹、自己什么回报都没有的窘境。如趁早社群有自己的微店，出售各种衍生产品；"罗辑思维"社群有自己的电商平台，仅凭卖书就创造了一亿多元的销售额。

**（2）结构**

在社群的结构方面，有两个主要组成部分：一个是成员结构；另一个是社群规则。

社群里的成员必须有不同的特质，才能创造各种可能，才会让社群丰富起来。没有多元化的社群成员，就很难有好的社群生态，这被称为社群生态中的"杂交效应"。"多元化"是社群持续的根本。一般来说，在一个运作完善的社群中，有以下多元化的角色：创建者、管理者、参与者、开拓者、分化者、合作者及付费者等。

运营好社群要制定一个符合自身定位的运营规则，规则模式可以先从一个社群做起，验证模式的可行性，最后进行大规模复制。从本质上来讲，社群规则不是规定能做什么不能做什么，而是规定这个社群的文化是什么。

**2. 如何保持社群的活跃度**

**（1）提高社群价值**

想要提高社群活跃度，首先要提高社群价值。无价值的社群随着社群人员的增加将会出现各种无意义的聊天。这时候，社群的元老、有价值的成员渐渐发现这里开始变得毫无意义，因此主动选择沉默或退群。无意义的闲聊越来越多，让有追求的社群成员渐渐离开，有追求的社群成员的离开，导致社群影响力日趋下降，就这样，形成了恶性循环。提高社群价值的方法有社群成员筛选、社群资源共享以及持续提供内容。

**（2）分享社群内容**

分享社群内容可分为两类：线上内容分享和线下沙龙活动。分享社群内容是提高社群活跃度最有效的方式。不管是哪种形式的分享，都需要耗费一定的人力、物力进行筹备。

线上内容分享具有低成本、易传播的特点，成为社群提供价值、活跃成员的主要方式。线上内容分享主要有"领域达人分享""成员话题讨论"两种方式。社群类型不同，线下的活动内容也会不同，相对应的团队分工也会有所区别。沙龙形式的线下活动是各个社群比较普遍的一种线下活动方式。

（3）开展线下活动

在社群运营过程中，要营造社群成员的归属感，产生自己人的效应。除了线上的互动外，线下的活动也很重要，真实的接触更能促进成员之间的联合。线上聊得再多，不如线下见一面更能增强社群成员之间的感情。在社群运营的过程中，成员要不定期地开展线下活动，如同城聚会、大型的社群聚会等。

各种线下活动可使社群成员之间产生连接，形成强关系，增加对社群的黏性，有效地提高社群的持续活跃度。

（4）发放社群福利

红包对于社群建设有很大的作用。巧妙地利用红包，可以提高社群成员的活跃度。但红包是建立在直接利益之上的，是"弱吸引力"。红包只是提高社群成员活跃度的手段之一，不能太过依赖。

第一，全员红包。全员红包可以选择在重大节日，如春节、中秋节、劳动节、国庆节等时间进行发放。因为在节假日期间，大部分人都处于休假状态，心情较为放松，渴望暂时摆脱过于专业、牵涉工作的话题，所以此时一个节日红包，就可以立即让大家兴奋起来，在轻松之余，还有意外惊喜。通过这种方式可以让社群成员感觉到社群成员对他们的友爱和关怀，提高社群成员的归属感，同时也能引发社群成员之间的祝福，增进成员之间的友谊。

第二，定向红包。如果社群成员对社群作出了较大贡献，这时候，不妨私下对其发送一个定向红包，让其感受到物质奖励。每个社群都可以采取这样的方式，向对社群有贡献的社群成员派发红包，并在社群内提出特别表扬，这样能最大限度地提高社群活跃度。

红包可以提高社群活跃度，不过这类物质动力或多或少都存在缺陷，如专属度不足，不能非常有效地让社群成员产生社群归属感与社群印象感。所以，为了补充专属度不足的缺失，社群专属产品应当成为社群物质刺激的组成部分。相比较现金而言，社群专属产品不一定价值非常高，但一定要突出社群特色。社群周边产品选择包括 T 恤、马克杯、雨伞等实用物品。这些产品统一印制社群的标志和口号，让社群成员在使用过程中，始终可以看到，这类产品通常造价不高，因此很适合赠送给社群成员。

# 第三节　跨境电商网络营销策略

## 一、海外零售市场调研与分析

随着经济全球化和跨境电商的快速发展，市场和市场竞争的范围已经扩展到全世界，因此，海外市场研究已经成为网络营销理论和实践的重要组成部分。海外市场研究指的是运用科学的研究方法和手段，通过系统地收集、记录、组织和分析海外市场的基本条件和影响因素，帮助企业制定有效的营销决策，实现企业国际化的目标。

### （一）海外市场调研的三大要素

#### 1. 新的参数

第一，关税、外汇和货币波动，不同运输方式，不同国际单证等新的参数。

第二，各种国际业务模式也产生新的参数，如进出口活动的开展、产品许可证管理系统的实施、合资企业的创建等。

#### 2. 新的环境要素

当一家企业进入海外国际市场时，它必须面对一个陌生的环境，需要理解和认识当地的政治、经济、文化、法律等，特别要注意商业活动中的各种风险和机会。

#### 3. 竞争的广泛性

在海外市场上，企业面临着更多的竞争和挑战。因此，企业必须确定竞争的范围和程度，跟踪竞争活动，并评估这些活动对企业运营的实际影响和潜在影响。

### （二）海外市场调研的内容

为了经营商品进出口业务，企业必须首先了解海外市场的环境，做到相互了解，相互认可。这往往要求企业进行海外市场调研，如海外市场环境调研、海外市场商品情况调研、海外市场营销情况调研和海外市场客户情况调研。

#### 1. 海外市场环境调研

企业海外市场环境调研的核心内容主要体现在以下几个方面。

第一，国外经济环境。经济发展环境是企业确定海外市场发展方向和目标的重要依据。它包括一个国家的经济结构、经济发展水平、经济发展前景、就业、收入分配等，以及价格、税收、对外贸易和经济政策的相关信息。

第二，国外政治和法律环境。国外政治和法律环境包括政府制定的重要经济政策，政府对贸易实施的激励、限制，特别是对外贸易的法律法规，如关税、配额、国内税收、外汇限制、卫生检疫和安全法规等。

第三，国外文化环境。国外文化环境包括目标国使用的语言、教育水平、习俗和价值观等。

第四，国外技术环境。对国外技术环境的研究主要是为了理解对企业有用的并被他人获得的详细科学技术成果或发明专利的材料。科技信息对实现企业的长远目标具有重要的战略意义。

#### 2. 海外市场商品情况调研

企业想要使商品在海外市场上实现出口，其不仅要了解海外的市场环境，还要了解海外市场商品的情况。

第一，海外市场商品的供应条件。供应条件包括供应渠道，供应来源、海外生产商、生产能力、数量和库存等。

第二，海外市场商品的需求条件。需求条件包括海外市场的多样性、对商品的要求等。

第三，海外市场商品的价格情况。价格包括海外市场上的商品价格、价格和供需关系的变化。

第四，海外市场相关信息。市场信息包括国家人口、市场结构、运输条件，国家对进口商和出口商的总体要求，某些商品在其国内消费或生产中的进出口份额以及商品的盈利能力等。

### 3. 海外市场营销情况调研

海外市场营销情况调研是对海外市场营销组合情况的调研，除已经提到的商品及价格外，一般还应包括以下几个方面。

第一，商品销售渠道。商品销售渠道包括销售网络设立，批发零售商的经营能力、经营利润，消费者印象，售后服务等。

第二，广告宣传。广告宣传包括消费者购买动机，广告内容，广告时间、方式、效果等。

第三，竞争分析。竞争分析包括市场竞争结构和垄断程度，主要竞争对手企业的占有率，当地供货商利用政治影响提高关税和非关税壁垒的可能性，竞争者产品质量、价格、政策、广告、分配路线、占有率等。

### 4. 海外客户情况调研

每个商品都有自己的销售（进货）渠道。销售（进货）渠道是由不同客户所组成的。企业进出口商品必须选择合适的销售（进货）渠道与客户，做好海外客户情况的调查研究。一般来说，企业对海外客户情况的调查研究主要包括以下几个方面的内容。

第一，客户政治情况。这主要是了解客户的政治背景、与政治界的关系、企业负责人参加的党派及对我国的政治态度。

第二，客户资信情况。这包括客户拥有的资本和信誉两个方面。资本是指企业的注册资本、实有资本、公积金、其他财产以及资产负债等情况。信誉是指企业的经营作风。

第三，客户经营业务范围。这主要是指客户经营的商品品种。

第四，客户业务。这是指客户是中间商还是专营商或兼营商等。

第五，客户经营能力。这是指客户业务活动能力、资金融通能力、贸易关系、经营方式和销售渠道等。

### （三）海外市场调研的程序

#### 1. 明确调研目标

企业开展海外市场调研的目的可以分为以下三类。一是对出口活动进行研究，研究的目的明确，即分析海外市场机会。因此，在企业准备进入特定国家的市场之前，需要回答两个基本问题：我们的产品或服务是否在东道国有市场？如果有，市场潜力怎么样？二是对进口业务进行的研究。这类研究的重点是了解海外供应商的可靠性、产品和服务质量的一致性、交付时间的准确性和灵活性（可通过银行或大使馆获得信息）。此外，企业还可以对政策和法规进行分析，来确认某种原材料是否被限制进口。三是为了获得市场扩张而进行的研究，这类研究主要是了解关于业务扩张和政治环境的信息。

### 2. 制订调研计划

调研计划是预先设计和规划研究活动，并围绕研究目标来进行制订。调研计划的主要内容围绕"做什么"和"如何做"进行。"做什么"是研究活动的主要任务。"如何做"是指具体研究活动的路径、手段、方法和方式。

### 3. 实施调研计划

调研计划的实施主要涉及信息的收集、整理和分类。信息收集的过程可以由企业自己完成，也可以交给专门的研究机构进行。如果直接进入海外市场考察，一般期限为半年以上，需要聘请当地的礼仪顾问和法律顾问，还需要熟知当地的保险公司、代理商和政府人员，要完成市场调查，如销售目标、分销商、渠道和促销方法等，可以通过与外国人交流以获取研究信息。目前，全球速卖通的主要市场是俄罗斯、巴西、美国、西班牙、法国等。卖家可以向这些国家的朋友进行市场调研，也可以浏览海外的购物网站查看相似商品的价格等，通过买家渠道分析畅销商品的特点，从消费者的角度进行思考和分析，进而了解买家的需求。

### 4. 完成调研报告

海外市场调研的最后一步是完成调研报告。报告中最重要的不是数据和公式的统计，而是数据和公式所总结出来的结论。如在轻工产品方面，俄罗斯的价格是中国的 3 倍；在吃穿方面，巴西的价格是中国的 2～3 倍；美国的物价低于工资水平，但也有一些商品价格较高。

### （四）海外市场调研的主要方法

企业获得的海外市场调研信息一般根据其获取方式可分为两类：一类是通过个人观察、研究和注册获得的，称为原始数据信息；另一类是其他人搜集的信息，研究人员根据自身研究的需要将这些信息用于自己的研究，这被称为二手资料信息。数据采集方法主要包括案头调研方法和实地调研方法。

### 1. 案头调研方法

案头调研方法是二手数据研究或文献研究，是通过室内访问收集和研究项目相关材料的过程。二手资料信息的信息来源有多种途径，如企业内部信息、国家或外国政府和研究机构信息、国际组织出版的国际市场信息和国际工商协会提供的信息等。中国已经开展了以下三种主要的案头调研活动。

第一，进入市场的可行性分析。也就是说，在进入海外市场资格分析时，首先列出所有潜在市场，然后分析目标国家需要的信息资料。

第二，获利的可能性分析。这是了解海外市场价格、市场需求等，并与相关竞争产品的成本进行比较。

第三，市场规模分析。这是粗略估计市场的规模和市场的潜力。

2. 实地调研方法

实地调研方法是海外市场研究人员通过实际研究直接向海外市场收集情报信息的一种方法，该方法能够收集到第一手的信息资料，称为原始数据。在海外市场研究中，对于出口的初期市场、发展潜力较大的市场、售后服务需求旺盛的市场，企业可派人员或团体到当地市场进行现场调查，掌握第一手资料。

实地调研常用的调研方法有三种：询问法、观察法和实验法。

例如，企业进行海外市场环境、商品及营销情况调查，一般可通过下列渠道、方法进行。

第一，派出国推销小组深入海外市场以销售、问卷、谈话等形式进行调查（一手资料）。

第二，通过各种媒体、报纸、杂志、新闻广播、互联网等寻找信息资料（二手资料）。

第三，委托海外驻华或我国驻外商务机构进行调查。通过以上调查，企业基本上可以解决应选择哪个国家或地区为自己的目标市场、企业应该出口（进口）哪些商品以及以什么样的价格或方法进出口。

跨境电商的快速发展将为中国零售商未来拓展海外市场带来更多的机会。在海外发展之前，企业需要对整体投资环境进行长期、全面的研究和分析，还要研究所投资国家的政治、经济、文化、法律、贸易等商业环境，对人口、收入、市场零售、消费习惯、区域经济环境、文化、政府宏观政策等因素进行详细分析，以确保信息的准确性和可靠性。以上都是企业能否成功进入海外市场的先决条件。

## 二、跨境电商中的具体网络营销策略

网络营销是企业整体营销战略的一个重要组成部分，无论是传统企业还是基于互联网开展业务的企业，无论企业是否正在进行电子交易，都需要进行网络营销。跨境电商也需要网络营销，但网络营销和跨境电商研究的范围是不同的。跨境电商具有广泛的内涵，它的重心是跨境电子交易，强调交易方法和流程的各个方面。网络营销则侧重于基于互联网的营销活动，其重心是宣传与推广。网络营销与跨境电商之间的这种关系也表明，跨境电商流程中交易的在线支付和交易后的产品分发问题，并不包括在网络营销中。

### （一）产品策略

事实上，跨境电商运营的成功有很多因素，如人才和资金，以及运营平台的正确选择，但我们认为跨境电商的第一步是如何正确选择产品，如果选择错误，即使投资许多人力和资源，也难以挽回败局。

1. 跨境电商产品选择的策略

（1）以市场为导向来选择产品

产品的选择最终应以市场为导向。事实上，电商特别是跨境电商，选择产品的本质是选择质量与价格。跨境选择产品首先需要选择适合自身定位的产品，并满足市场需求，需要避开红海战略，拥有自己的产品。在电商市场中，客户有更广泛的选择，如果卖家提供的产品或服务不能满足他们的需求，客户将转跨境电商网络营销理论与实务向其他卖家。所以问题的关键是，卖家要了解客户的需求并尝试满足客户的需求。由于不同客户群体的需求不同，这要求卖家细分市场并提供不同类型的产品。如果不注重市场导向，结果只能是为竞争对手的成功创造机会。

（2）产品线的选择

产品线选择主要是产品专业化与产品综合化选择之间的衡量，根据跨境电商的定位，可以将综合产品的管理能力、资本能力、市场资源和渠道资源设置为不同的产品线选择模式。目前，跨境电商的选择一般是，20%是用来引流的产品，20%是有利可图的核心产品，60%是传统产品，并且产品线之间是相关联的。其关联性方便客户进店采购，也可以增强客户的黏性，但产品线不宜过长，如果产品线过长，就会造成库存压力问题，这会带来很多在运营成本上的压力。对于产品线的核心，仍要在市场实践中不断优化和完善，如基于日常经验数据、客户反馈、竞争对手的销售能力，通过结合跨境数据统计，最终创建出一个符合我们自身竞争力的产品线。

（3）爆款产品的选择

爆款产品无疑是非常受欢迎的产品，其具体表现为高流量、高曝光量、高订单量。通过创造爆款产品，可以使店铺流量持续增加和产生关联销售。爆款产品是店铺生存的核心，因为爆款产品可以产生持续的现金流，还因为爆款产品可以建立自己稳定的客户群体，增加客户信任度。要制造爆款，就必须选择合适的产品。产品的质量、款式、价格和细节应该能激发人们购买的欲望。选择爆款产品的方法主要有分析店铺的客户流量数据，或分析在热销店铺销售的产品，或结合相关热点问题来推测现在的热点产品。例如，可以选择跨境电商平台，如全球速卖通，选择在自己行业中领头的卖家，并选择其最畅销和评价最好的产品之一进行产品分析。当然，要想在海外市场上占据一个搜索量很大的区域并选择一个偏向于这个区域需求的产品，可以使用相关工具查看自身产品在海外的销售情况。

（4）产品种类的选择

在选择产品类别时，需要选择"小、便、轻"的产品。最重要的是要考虑国际快递的成本。产品过大、重量过重，会导致抛货量产生，增加抛货价格，因此，国际快递不具成本效益。产品应易于运输，在运输过程中不易损坏，否则，产品的退换将是一件令人头疼的事，会造成交易纠纷，不仅需要人力解决，还会造成更多的运费损失。最好选择一些易耗品，会产生重复购买，可以轻松培养消费者的消费习惯，也有利于客户的保留和产品的传播。

在选择产品类别时，卖家还需要考虑海关因素。有些产品不能过关或国际快递不接受，除了国家法律禁止的产品外，还有不能运输的液体、粉状物品、药品（需要特殊快递）和易燃易爆物品。此外，有必要查明哪些国家不接受哪些产品的进口（例如，澳大利亚不接受化妆品、珠宝等的清关），具体情况可以根据自己的产品咨询相关物流公司，也可以咨询同行业资深人士。

### 2. 跨境电商产品选择的具体方法

（1）以跨境平台为搜索平台确定热销产品

这是许多跨境卖家最常见的做法。例如，进入全球速卖通网站并输入关键词，全球速卖通的搜索框将包含关键词的热门搜索，然后将这些热门词与第三方数据工具相结合，可以得出有利的结论。

（2）浏览海外网站选择热销产品

想要了解海外市场，可以通过浏览众多海外网站，点击海外网站的热销产品，特别是那些热门的爆款产品。据了解，某个 Wish 卖家曾经模仿英国的网站进行产品的推送。该网站上的大部分产品都是从中国进口的。而该卖家通过关注海外网站进行有关销售，最终选择了畅销的产品，并且因此形成了良好的市场效果，这一点值得其他卖家一同学习。

（3）查看社交媒体的热词

跨境电商平台核心内容就是抓住客户。新时代市场需求最大的是一些较为新型的社交媒体，其中微博、推特等较为著名。企业通过了解不同地区、不同国家人群的习惯以及兴趣爱好，并且着重分析当地的热门词，这将有利于其对核心客户的抓取。如化妆品行业，就可以运用这样的方式，关注当地不同的社交媒体，讨论有关化妆品的风格以及类别，在相互交流的同时收集资料。由此可见，抓住了社交媒体就是抓住了市场发展的方向。

（4）进入全球速卖通等跨境平台学习榜样卖家

对于许多跨境小卖家来说，这种方法是最直接的。例如，按关键词搜索同行领头的店铺，进入店铺的买家页面，对其进行研究和分析，可以找到许多跨境产品的商机。通过研究领头卖家的页面，可以了解爆款产品的标题、关键词、市场定位、市场活动等，还可以查询交易记录，如淘宝记录。在这些买家的记录中，可以看到客户资源、买家满意度和买家对产品的评价，也可以通过研究领头店铺来学习如何运营爆款产品。

### 3. 跨境电商产品选择需要注意的问题

（1）注重知识产权保护

随着中国电商出口市场的快速发展，整个行业面临的法律监管和知识产权风险也在增加。在跨境电商中，婚纱礼服、服饰珠宝、手工艺品等产品赢在款式，因此，很容易形成设计侵权的问题。与欧美发达国家相比，中国的知识产权保护制度还不完善，导致一些山寨产品和侵权产品在电商平台上出现。此类侵权行为在具有较强知识产权保护意识的发达国家中，会需要支付较高的侵权成本，以及市场对其限制进入。因此，在选择跨境电商产品时，有必要根据知识产权保护原则选择销售非侵权的产品。目前，越来越多的国家正在改进和更新各种标准体系，这对跨境电商出口行业构成了巨大压力，同时也让跨境电商出口买家认识到了知识产权保护和专利保护的重要性。

（2）注重市场调研

通过对产品功能和产品市场的深刻理解，以及对产品和市场的敏锐观察，我们才能更好地了解买家的心理需求。同时，我们需要对适合销售产品的市场进行研究。跨境电商贸易对于国内电商来说，整个市场文化基本上没有明显的差异，消费者的消费习惯数据获取较为容易，只要曝光量增加，有流量，就会产生订单。在消费习惯上，国内外有着很大的不同，这些习惯导致了国内的热销产品在国外不受欢迎，冷门产品却成为爆款产品。因为每个国家都有自己不同的文化和习惯，适合的产品和消费者类型，企业要通过市场调查来了解。此外，不同的产品在选择平台方面也有所不同。例如，eBay 平台更适合美国、澳大利亚、英国等发达国家的市场，适合销售一些更有特点的产品，而全球速卖通更适合相对来说价格较低的产品，适合巴西、俄罗斯等市场，为了做出科学和正确的决策，企业要对内部和外部数据进行充分研究和分析。

（3）注重产品决策以数据为基础

在跨境电商交易中，企业应根据具体的产品类型、产品数量和产品销售平台来制订具体方案。从数据来源的角度上来看，数据分为外部数据和内部数据。外部数据是指企业外的其他企业和市场产生的数据。内部数据是指企业内部运营期间产生的数据，这类数据可通过市场调查获得。可以将行业相关数据作为基础，如中国电子商务研究中心的一些跨境行业数据，还可以通过信息产业协会和行业展览进行研究，为产品选择最合适的海外市场，同时还能定期处理目标市场的需求分析，分析不同地区客户的特定需求和基于大数据的客户的行为特征，并提供不同形式和不同类型的产品。可以跨平台进行行业调查，如在全球速卖通中输入产品关键词，以及查看特定产品的销售数据来查看市场是否具有足够的竞争力。核心工作仍需要使用数据分析工具，如全球速卖通使用纵向和横向工具来进行市场评估并选择产品类别。

### （二）价格策略

**1. 网上市场产品的价格特点**

（1）价格水平趋于一致

在全球互联网市场环境中，需求者和竞争对手都可以通过网络从特定企业获取产品价格信息，并将其与其他类似产品价格进行比较，这样做的最终结果是让某个产品的价格永远变化，价格水平的差异会对实施不同价格策略的企业产生重大影响。

（2）非垄断化

通常互联网的竞争都伴随着垄断现象。不论是垄断市场还是垄断技术，甚至是价格方面的垄断都是暂时的，都是较为短视的，对于市场的发展不利。

（3）趋低化

网络营销大幅度降低了企业的开发以及推广的成本，这也使产品的价格有下降的空间，通过降低产品的价格来吸引客户就成为一种可能。另外，伴随着互联网的发展，企业为了能够更好地参与竞争，更好地吸引消费者，降价销售也不失为一种解决办法。

（4）弹性化

网络营销的互动性允许客户与企业就产品的价格进行谈判，以实现价格的弹性。

（5）智能化

通过网络，企业不仅可以充分了解产品对消费者的价值，还可以根据不同的消费者的要求生产定制产品。在产品的设计和制造过程中，数字化处理可以准确计算出每个产品的设计和制作成本。因此，企业可以建立一个智能的定价系统，并对每个不同的定制产品设置合适的价格。

**2. 网上市场的定价方法**

由于企业面向全球互联网市场，在制定产品和服务的价格策略时，有必要考虑各种国际因素，并根据海外市场的需求情况确定企业的价格策略。在网络环境中，传统的基于生产的定价方式正在逐步被淘汰，客户需求已成为企业开发、制造和开展营销活动的基础。这也是企业在为其产品定价时必须考虑的第一要素。这种新的价格策略创造了价格优势，其主要体现在以下几个方面。

第一，因其符合客户特定的要求，所以它降低了客户对价格的敏感度。网络营销功能让客户慢慢意识到，实惠的价格不仅表现为更低的价格水平，而且需要完美的服务和强大的技术支持。

第二，完全可定制的生产是根据消费者的需求量身定制的，这意味着企业的库存压力会降低。较低的库存产生的利益允许企业与其客户分享这些降低成本带来的好处，以获得价格优势。

**3. 跨境电商产品价格的制定**

理想的产品价格在 50 ~ 500 美元。首先，跨境交易需要考虑国际运费，如果产品的单价太低，运费却远高于产品价格，购买者的购买意愿也会降低。此外，产品的单价太低，利润低，很容易吸引竞争对手。其次，买家和卖家很难建立信任关系，买家下订单并不容易，因为一些奢侈品、贵重物品价格太高。最后，产品的价格需要有利可图，这个价格范围内的产品有足够的利润空间。

**4. 影响跨境电商产品价格的因素**

除产品价格本身外，影响跨境电商产品价格的因素包括关税成本、物流成本和售后服务成本。

（1）关税成本

关税是影响产品价格的重要因素。例如，在海淘模式下，入境货物按海关总署发出的税率缴税。目前大多数跨境电商试点城市采用保税进口模式，跨境电商的海关监管程序更为严格，从跨境电商平台购买的产品必须报备消费额度，偷税漏税问题得到了纠正。因此，跨境电商产品的价格应考虑到关税成本。

（2）物流成本

物流成本不仅与产品的销售效率有关，还会影响产品的价格。物流成本管理问题也越来越突出。跨境电商发展迅速，但物流和运输手段的发展却相对滞后，导致产品的积压或者更换更昂贵的物流公司。目前，跨境电商以国际快递和小型航空包裹为主，运费很高，无法实时确认包裹的状况，欧美包裹需要 1～3 周，俄罗斯、巴西包裹需要一个月、两个月或更长的时间。通常，国际物流的正常包裹运费几乎都超过 100 元，物流费用占产品价格的 20% 以上。

（3）售后服务成本

在跨境电商中，当在海外市场购买产品时，如果产品出现问题，消费者通常无法享受国内的保修服务，不得不支付额外的维护费用，特别是如果需要退货，消费者必须支付高额的退货成本。进口电商从国外进口大量商品并将其存储在保税仓库中，在一个国家内进行交货和收货。目前，大多数跨境电商进口平台在中国已形成特殊的后台仓库，可以一次性将退货返回给海外贸易商，而国内买家只需承担退回国内仓库的快递费用。例如，一公斤物品通过顺丰速运退回的成本可控制在 20 元左右。

（三）渠道策略

销售渠道是指从生产者到消费者的整个货物流程，以及相应的营销机构设置。使用正确的销售渠道可以使企业及时地将产品转移到客户手上，实现扩大商品销售、加快资金周转、减少流动费用的目的。任何想要销售产品的企业都应该正确选择产品的销售渠道。选择销售渠道有两个方面：一个是选择销售渠道的类型；另一个是选择某个中介。

1. 网络营销渠道的功能

与传统营销渠道一样，一个完善的网络营销渠道应有以下三大功能：订货功能、结算功能、配送功能。

第一，订货功能。它为消费者提供产品信息，同时促进制造商获取消费者需求信息，实现供需平衡。一个全面的消息系统，可以最大限度地减少库存，降低销售成本。

第二，结算功能。消费者在购买产品后，有很多方法可以实现轻松付款，因此制造商要有多种应对方法。国外有几种流行的方法：信用卡、电子货币、在线支付等。国内支付方式主要包括邮局汇款、货到付款、信用卡、在线支付等。

第三，配送功能。通常，产品分为有形产品和无形产品。对于服务、软件、音乐等无形产品，可以直接在线分发。而有形产品的分发配送存在运输和仓储等问题。对此，国外有公司已经建立了专业的配送公司，如美国的联邦快递，可以实现全球快递服务，在线销售的戴尔公司就将配送业务都交给了联邦快递。因此，专业配送公司的存在是国外网络营销快速发展的原因之一，如美国有良好的专业配送服务系统为其网络营销提供支持。

2. 跨境电商平台的选择

跨境电商平台的增多和跨境电商销售平台的定位日益多元化，促使跨境电商产品应基于其运营的电商平台的特点来进行选择，差异化的平台定位有着不同的目标客户群体。目前，电商平台主要包括敦煌网、大龙网、兰亭集势、跨境通、天猫国际和阿里巴巴国际站。

敦煌网旨在为中小企业提供面向海外市场的 B2B 平台，主要通过电子邮件营销拓展海外市场，为买家和卖家提供高质量的产品信息，在多个世界市场上占有很大的市场份额。兰亭集势主要集中在美国 B2C 市场，通过定制婚纱进入美国市场。跨境通依靠低成本来获得竞争优势，现面临随着物流成本、存储成本和利率险的上升。天猫国际主要通过代购、海淘等形式进行 B2C 营销。阿里巴巴国际站主要是 B2B 模式。海外平台有 eBay、亚马逊等，由于海外平台对产品质量和安全性要求很高，因此需要进行一定的审核才能在平台上运营。在选择产品时，企业需要根据不同平台的定位，调查平台的目标客户群，才能够制定针对这个平台的产品类型和数量等策略。

# 第四节　跨境电商网络营销运营模式

## 一、SEO 营销技巧

随着"互联网 +"思潮的兴起，众多传统产业也在寻找把自己固有模式通过互联网延伸到外贸营销领域的方法，越来越多的企业开始深入使用 SEO 对网站进行内部及外部的调整优化，改进网站在搜索引擎中关键词的自然排名，获得更多的展现量，吸引更多的目标客户点击网站，从而达到网络营销及品牌建设的目的。

虽然目前国内 SEO 还处于初级阶段，但是 SEO 本身并没有想象中那么难，SEO 的技术壁垒越来越低，对相关从业人员的综合能力和技术的依赖程度越来越高。SEO 其实没有什么秘籍，简单的事情做到极致就是绝招。目前国内的 SEO 市场环境也正在不断改善，相信不久的将来，中国 SEO 市场将进一步发展壮大。

### （一）SEO 的含义

网站的前台界面要美观，网站内容要对用户有吸引力，网站的细节要对用户表述友好，网站的外链要足够多、足够好，要利用媒体获得更多的网站流量。

SEO 由英文 Search Engine Optimization 缩写而来，中文意译为"搜索引擎优化"。SEO 是指从自然搜索结果获得网站流量的技术和过程，是在了解搜索引擎自然排名机制的基础上，对网站进行内部及外部的调整优化，改进网站在搜索引擎中的关键词自然排名，获得更多流量，从而达成网站销售及品牌建设的目标。

### （二）为什么要做 SEO

网站做 SEO 的原因，主要是 SEO 获得的流量比较稳定、长久，排名靠前只要不出大问题很难掉下来，这也是提升自身品牌的最佳方式。网站只有被用户知道、访问才能产生价值与意义，而网站能够被用户知道的前提就是宣传与推广，像 SEO、PPC、EDM、SNS 等有许多推广和宣传方式，其中 SEO 就是一种比较常见的网络推广方式，SEO 相比于其他营销方式有以下几个方面的好处。

## 1.SEO 相对于竞价方面的优势

SEO 相对于竞价花费的金钱微乎其微，只要很少的钱就可以做到网站排名提升，并且效果会持续存在。做竞价一般会对时段、地域、性别、关键词、日最高消费做一定的限制。比如：竞价时段为白天，那么晚上就不会显示；地域设置为北京，那么其他地区就不会显示。某一个关键词当日搜索量很高，但因日最高消费有限制而导致无法展现，这时候可能就会流失一部分的客户。此外，竞价可能会出现竞争对手的恶意点击，一天的花费全打水漂，而 SEO 却不会发生这样的事情。

## 2.SEO 对广告具有强适应性、灵活性，并且更贴近真实的客户

想要通过广告获得一些流量的话，需要考虑广告投放页面和指向页面的相关性，假如网站所需要着陆页很多的话，投放广告的过程会非常麻烦，需要为每一个着陆页设置合适的广告，选择合适的投放平台，而且也不能保证广告是非常适合用户的，也无法杜绝一些恶意点击等行为的发生。

## 3.SEO 对直接的网址推广针对性强，可信度高

我们做的一切网络推广都是为了获得用户，采用借助第三方的平台推广的话会出现问题。自己所在平台可能排名很好，但是会被第三方放置了自己对手的广告位；自己发布的信息可能会一段时间就被删除或者被对手覆盖，排名消失或者成为对手的广告；自己发布的平台如果有第三方评论的话，无法防止对手恶意的诋毁。

如果是直接用 SEO 将排名做上去的话，除了可以防止上述缺点外，还可以美化着陆页，用更加美观的着陆页来争取用户的信任；可以放置商务通、在线 QQ、微博地址等来增强和用户的沟通，提高转化；也可以在自己的网站上做任何想做的栏目，而不受外界的干扰。

## 4.SEO 适应性广

许多网站每个用户所能带来的利润很低，不适合投放广告。同时，这些站点的需求很大，比如有的电影名称每天都有几十万甚至上百万的搜索量，做其他推广方式显然没有直接做 SEO 效果更加明显。

## 5. 竞争对手的逼迫和营销资金的关系

在很多行业，由于竞争激烈，而 SEO 又是一个流量着力点的话，会对整个公司业务造成巨大的影响。比如分类信息站，目前排在前几位的分类信息之所以出名，几乎都是因为开始时 SEO 做得好。而在一个地域性行业中，自己的竞争对手排名一直在自己前面，它不仅会抢走自己的用户，而且会使其他的用户更加信任对手，原因或许就是它在搜索结果的前面。

## 6.SEO 的精准度、性价比高

对于通过 SEO 获得的用户，大部分都是依据搜索需求来的，比那些广告推广精准度会高很多，因此转化率也高。同时，如果做竞价的话，很多竞价的着陆页都非常的单一，统一指向首页，而不是指向用户真正需求的页面。这个也是竞价无法完全消除的问题。

虽然不是所有的业务都必须依赖 SEO 或者必须做好 SEO 才能超越对手，但是对于大中型网站来说，SEO 做不好的话基本上就会慢慢落后于对手，会被行业淘汰出局。比如竞争激烈的旅游行业，曾经一度风光的某些旅游站点因为 SEO 技术原因，SEO 流量大幅度下滑而使公司业务停滞不前，这些都是很常见的事情。

### （三）SEO 关键词

**1. 关键词分析**

（1）了解行业概况

①搜索行业主关键词

搜索结果前 5 页的网站基本上可以说明该行业的情况。比如 building materials 这个关键词排前 50 名的基本上都是非常专业的产品站点，而且域名中包含 building materials 的居多。

②分析竞争力

了解站点的建站时间、专业性、站点规模、主关键词等，分析竞争力。

③判断网站性质

分析在行业关键词搜索结果的前 10 的站点，判断其主要是竞价网站、行业网站、企业网站，还是个人网站。如果竞价网站和行业网站居多，则说明关键词商业价值强；如果个人网站居多，说明该行业大多采用广告联盟形式，具有创新盈利模式的公司可以考虑切入；如果简单企业网站居多，则说明行业竞争性不强。

④关键词研究

关键词的研究可以从排名靠前的竞争对手网站处进行，当然也可以使用一些 SEO 工具来进行（如关键词规划师、站长论坛、站长工具等），这样关键词就能大概确定下来了。

（2）行业关键词集合

具体做法如下：①搜索行业主关键词，点击搜索结果第一页底部的"更多相关搜索"；从这里获得行业关键词的集合，做适当的筛选；②从百度指数获得每个关键词的每日搜索量；③如果需要更多的行业关键词，可以采用中文版 Google 关键词工具。

（3）竞争性分析

具体有以下几个方面：①从行业关键词集合中选择适合自己的，包括关键词相关性、关键词搜索量、关键词商业价值；②针对选择的关键词（或称二级关键词），按了解行业概况的方式去了解二级关键词的排名概况；③二级关键词的竞争往往没有那么强，如果搜索结果第一页出现目录链接或内容页，则可以确定为目标关键词之一；④需要对自然排名前 5 位的站点进行分析，包括 SEO 水平、主关键词、网站规模、建站时间、PR 值等；⑤关键词排名一般需要 3 ~ 6 个月的时间，如果觉得时间太长，那么只能选择竞争力较低的关键词了。

### 2. 关键词挖掘

（1）通过谷歌和百度的相关关键词挖掘长尾关键词

首先我们必须选取几个核心关键词，然后到搜索引擎中进行搜索。以百度为例，当在搜索框中输入核心关键词时，在百度最下方会出现 10 个相关的关键词，并且这些关键词都是在近期有大量用户进行搜索过的关键词，而这些便是需要找寻的长尾关键词。

（2）通过简单的用户调查挖掘长尾关键词

只有贴近用户，才能最大限度地接近用户的搜索心理，得到用户的搜索想法与搜索精度。

（3）分析竞争对手

研究竞争对手的目录关键词、词库页面，研究竞争对手的目录导航是哪些关键词，然后分析网站内页、词库，整理出网站的关键词。

### 3. 关键词选择

（1）找到关键词词库

找到关键词的方法很简单，知道对方的行业及使用网站的目的就可以进行搜索。找到关键词的方法又很复杂，需要了解公司主要业务方向、产品及作用、面向人群、产品上下游产业联系等，以及潜在用户可能会关注的东西。

（2）关键词拓展渠道

有了关键词词库，就可以开始进行关键词拓展。关键词拓展自然少不了好用的工具，金花、飞鲁达、关键词规划师都是不错的选择。

除此之外，搜索引擎的下拉菜单，搜索结果页的相关搜索，所使用流量统计工具中的搜索词，站长工具中的展现词，都可以全方位利用起来。

### 4. 竞争判断

（1）搜索结果页

把选择好的关键词在搜索引擎中搜索一下，看看搜索框下面的一行小字，大意是"为您找到相关结果约 ×× 个"。一般来说数字越大，竞争就越激烈。但这些结果也是有分水岭的：①结果数值在十万以下，说明竞争很小或几乎没有竞争；②结果数值在几十万，说明竞争有一定难度；③结果数值在百万以上，说明关键词比较热门；④结果数值在千万以上，说明竞争异常激烈，通常是行业通用词。

（2）Intitle 结果数

Intitle 的意思是标题中含有这个关键词的搜索结果数，其实如果搜索出来的结果数值大也不用立即放弃，试试在搜索的关键词前面加上"Intitle"，这样搜索出来的结果才是自己真正的竞争对手。如果在这个结果页搜索出的结果也在千万级别的话，就不用再犹豫了，可以选择其中一个了。

（3）竞争对手情况

在结果页排在前面的都是主要竞争对手，我们可以从外链的数量及质量、网站结构、页面关键词优化等方面入手。正所谓"知己知彼，百战百胜"，充分了解自己的竞争对手是必需的。

（4）内页排名数量

内页是除首页以外的页面。这个首页指的不是搜索引擎结果页的第一页，而是众多门户网站的主页。一般来说，排在前面的内页数越多，说明竞争越小。因为通常网站首页是权重最高的页面，排名能力也最强。还需要注意的是，如果排在前面的有很多是大型门户网站的频道首页，这种内页实际上应视同网站首页。

5. 关键词处理

初步筛选：主要针对的是重复词、单复数词、相近词、无关词的剔除。

二次筛选：对初步筛选后的关键词进行分类，可分为地区类、服务类、询问类等。

三次筛选：与站内数据结合，以关键词部署前后为依据进行分类。

6. 关键词部署

当用户搜索一个关键词时，Google 等搜索引擎主要根据网站的相关性、权威性和实用性三大核心原则来进行网站排名。大家在进行网站 SEO 时，只要以这三条原则为优化准则，就能够在最短的时间内获得最好的优化效果。

（1）相关性原则

当用户在搜索引擎搜索关键词时，搜索引擎首先会从大量的网站数据库中寻找与搜索词最相关的网站来加以展示。一般来说，相关性越高，网站的排名越靠前。在 SEO 中最核心的第一步便是在网站中大量地布置关键词和长尾关键词。

长尾关键词即非目标关键词，但搜索的同时也能够对目标网站带来流量的短语词汇等。例如，目标网站是外贸，外贸创业、发起外贸项目、外贸产品推荐便是长尾关键词。

关键词和长尾词的部署策略如下：①在 title、description 和 keywords 标签中布局关键词。title 是目前所有影响 SEO 排名因素中最为重要的一个。在网页的 title 中一般融入 1～2 个核心关键词，如果有需要再通过长尾关键词重复一次。然而在部署关键词的过程中，需要着重注意用户体验，不可盲目部署，损害用户对于网站内容的直接体验。②在网站导航、栏目名称和文章标题等重要位置布局关键词。③在链接中布局关键词。链接中部署关键词分为内部链接和外部链接两种方式，内部链接指的是网站内部的不同关键词链接，外部链接指的是从其他网站部署关键词后锚定目标网站的锚链接。内部链接往往通过导航文字和内容页中的关键词链接来实现。外部链接通常是通过友情链接、博客及论坛上的外链接来实现。④在文章中布局关键词（在网站的内容页中自然部署关键词）。

（2）权威性原则

网站权重是 SEO 权威性原则的一个体现。所谓网站权重，是指搜索引擎给网站（包括网页）赋予一定的权威值，对网站（含网页）权威的评估评价，一个网站权重越高，在搜索引擎所占的分量越大，自然就越好。

网站权重是一个综合概念，是由域名的权重、内容的质量、链接的权重来综合决定的。网站权重一般是通过 PR 值、快照日期、收录数、外链数等指标表现出来的。

①域名的权重

一般来说，年数越久的网站在搜索引擎中的排名会越高。

②内容的质量

搜索引擎对于用户体验是非常看重的，所以对于内容的质量，搜索引擎鼓励原创内容。对于一个网站而言，只有产生大量的原创内容，才能够在搜索引擎的权重竞争中取得优势。对于内容质量的衡量而言，网站发布文章的转发率、阅读率都是衡量其权重的标准。

③链接的权重

外链所在网站的 Alexa 排名、PR 值、快照日期、网站内容的数量与质量、链接页面的 PR 值等是对于外链权重的一大判断标准。选择高质量网站部署外链，对于网站的 SEO 排名有事半功倍的效果。

（3）实用性原则

网站的实用性主要体现在网站的 IP、PV 上，同时访问时间也是网站实用性衡量的一大标准。衡量标准如下：①用户的访问数、访问时间和跳出率。跳出率是指用户到达网站后，没有打开其他页面，就直接关闭网站的概率。如果跳出率过高，就说明网站的内容用户不喜欢，对于用户来说也没有帮助，从侧面也能反映出网站的质量不高。②网站的评论数和转载数。

（4）长尾关键词部署技巧

很多站长都面临着一个问题，站点本身权重不高，又面临着各种问题，已有的关键词排不上来，新拓展的关键词无法部署应该怎么办？

①利用高权重站点来进行长尾关键词部署

这类站点因本身权重较高的关系，一般长尾关键词都能取得不错的排名，如 wordpress.com 上建立的二级站、百姓网、勤加缘等效果都非常不错。

②建立自己的资源站

可以根据行业的不同而进行不同的资源站点制作，明确主题将整个行业的关键词尽可能多地挖掘过来，然后与一些常搜词进行组合，组合成长尾关键词，如 wholesale chemical pump、wholesale sandwich panel 等，通过特定的方法部署在资源站点当中，通过培养，既能取得不错的排名，为主站带来引荐流量，又能为主站充当高质量链接作用。

## 二、SNS 营销

### （一）LinkedIn 平台的精确使用

#### 1. 什么是 LinkedIn

LinkedIn 是一家面向商业客户的社交网络服务网站，十分受外贸从业人员的青睐。

网站的目的是让注册用户维护他们在商业交往中的人脉，俗称"关系"（Connections），用户可以邀请他认识的人成为连接。作为全球最大的职业型社交网站，Linkedln会员人数在世界范围内已超过3亿，《财富》世界500强公司高管均有加入。Linkedln在中国网络上被网友翻译成邻客音或领英，有"天涯若比邻，海内存客音"之寓意。

**2.LinkedIn更适合SNS渠道**

Linkedln是一个职业化的社交网络，其架构设计给商务人士安全、可信任感，同时将社交网络的概念最小化、精确化。Facebook业务范围很广，其注重社交游戏和分享，Twitter注重信息的分享。人们认为Facebook和Twitter是"个人的"，而Linkedln是"职业的"，外贸注重职业。相对于Facebook、Twitter等，Linkedln的注册用户大多是维护人脉关系的BOSS、采购人员、产品经理等与外贸人群，一致度较高。与Linkedln实名的高端社交相匹配的是高学历、稳定的中年用户群，这样的用户群非常有价值，且有盈利潜力可挖掘，而且Linkedln注重专业化，用户信息全面，真实度较高，全面真实的客户信息可以使我们快速地找到潜在客户，与之加强联系，提高业务效率。

**3.LinkedIn找客户的方法和技巧**

Linkedln可以使用三种方法找到客户：客户直接收集、按公司分类查找、按个人查找，用这三种方法可以查找我们要找的客户的邮箱，甚至电话。下面详细讲解一下具体这些方式是如何实现的。

（1）客户直接收集

在Linkedln里面，人脉圈中的会员称为联系人。人脉圈由一度联系人、二度联系人、三度联系人及自己所在领英群组的成员组成。

一度联系人：与自己直接建立联系的会员，即自己接受了他们的建立联系邀请，或他们接受了自己的邀请。在搜索结果和会员档案中，可在其姓名旁看到一度图标，可通过领英站内信联系他们。

二度联系人：与一度联系人建立联系的会员。在搜索结果和会员档案中，可在其姓名旁看到二度图标。可点击建立联系发送邀请，或者通过InMail向其发送消息。

三度联系人：与二度联系人建立联系的会员。在搜索结果和会员档案中，可在其姓名旁看到三度图标。

如果需要显示会员全名，则可以点击"建立联系"，向他们发送邀请。如果没有显示会员全名，则不可点击建立连接，但仍然可以通过InMail来联系他们。

（2）按公司分类查找

将分类选为"Companies"，在搜索框中输入关键词进行搜索。查看信息，筛选符合条件的公司。

确定好后点击进入，比如我们选择GE Power Water点击进入，有些公司会直接显示自己的联系方式，直接找到即可，不过大部分都不显示。

没有写公司联系方式的点击"website"进入网站，在"Contact us"里面找到邮箱即可。

（3）按个人查找

将分类选为"People"，在搜索框中输入关键词进行搜索，查看信息，筛选符合条件的人。

**4. 如何用 LinkedIn 快速建立自己的行业人脉圈**

刚建立账户的时候不要添加陌生人，可以先点击"Connections"中的"Add Connections"，或者是点击右上角输入有大量客户的邮箱的邮件地址，批量给自己的客户发邀请。如果自己的客户对自己的信任度高，让他们先成为自己的关注者。

如果要添加 LinkedIn 群内成员，需选择加入的群，在群里面找到"Members"，点击"Members"显示群成员列表，选择目标客户，点击"Personalize Invitation"，这样就可以避免点击"Connect"发送默认的内容被举报。

修改 LinkedIn 默认的邀请内容，最好提到客户的名字和公司，然后点击"Send Invitation"。这样被举报的概率低，修改后对方接受自己的邀请的概率大概在 45%。

在搜索框中输入关键词进行搜索，选择类目为"People"查看信息，筛选自己的客户，确定好自己的客户后，点击他的资料进入他的主页，点击"Personalize Invitation"，修改邀请后，发送即可。

在搜索框中输入关键词进行搜索，选择类目为"People"，如果客户跟自己的关系显示是"Group"，需要借助 Google 搜索引擎来破解，在 Google 里面输入该用户的名字和公司等，通过 Google 进入他的 LinkedIn 账户，按照方法操作增加关注者即可。按照以上方法一个月可以增加 800 名关注者左右。

**（二）Facebook 的人脉挖掘**

**1. Facebook 的介绍**

（1）Facebook 是适合外贸 SNS 渠道之一

Facebook 将用户的线下关系搬到线上，通过 Facebook 平台可以帮助用户维持好友关系（Connections）及建立新的人际关系（Connections）。Facebook 是一种封闭式的综合性社交网络，也是全球领先的照片分享网站。Facebook 的总部位于美国加利福尼亚州，在全球共设立 48 个分部或办事处。

（2）Facebook 在外贸销售方面的优势

Facebook 在外贸方面的应用是通过关键词搜索寻找到目标客户，与目标客户建立好友关系，通过逐步建立信任，进而业务沟通，进行产品推广和促进成单的一系列操作，也可以通过在主页上发布与更新公司产品信息吸引目标客户。Facebook 具有信息传播速度快、范围广、互动性强、体验性强、影响力大、成本低、客户精准等特点，是目前国内开展国际贸易的主要途径之一。

**2. Facebook 找客户的方法和技巧**

Facebook 可以使用以下三种方法找到客户：用户查找、公共主页查找、小组查找，可以通过三种方式来查找我们要找的目标潜在客户的邮箱和电话方式，下面我们具体来讲解一下是如何实现的。

用站内关键词搜索找到相关的用户，如在搜索框里输入"Refractory"，会出现职业与"Refractory"有关系的公共主页、用户、小组。在结果类型中选择用户，如打开其中"简介"，即可看到该用户信息。

可以看出客户是耐火材料行业的，对其职位、地点、个人网页也可以有更多的了解。如果公司是我们要找的公司，而客户不是我们要找的关键人，可以通过其他途径了解，如Google、Linkedln等，直至找到关键联系人，如确认其是行业内的，则可以加为好友，与之进行互动。

另外，用户主页左边工具条中会显示客户的好友，点开后可以查看是否有目标客户，找到后步骤与上述类似。

结果类型中选择"公共主页"，如打开其中"Refractory"公共主页，右击打开个人信息，则可以看到页面信息。

通过左上侧客户的好友，找到与我们相关的人，步骤方法与上述类似。另外，也可以多注意左下方客户点赞的公司及客户参加的小组，多用类似的方法找寻目标客户。

输入关键词"Refractory"，选择"小组"，出现很多相关小组。小组有"封闭"和"开放"两种状态，封闭状态的需加入小组后才能看到最近动态，开放状态的直接进入就可以看到。进入小组后，可将其他成员加为好友并对其主页进行关注。鼠标右击用户，通过查看潜在客户主页中的"简介""联系方式和基本信息""大事件""概览"，以及主页中的更新情况，判断客户最近的动态。查看客户的"好友"，看其中有没有潜在客户。点开潜在客户主页，"更多"中的"小组"看客户是否加入了相关小组。进入客户小组，可以申请加入，也可以看小组中的相关组员，判断是否有自己的相关客户。有潜在客户则加为好友，并关注。

通过其他方式获得的公司、具体联系人名称，可以直接放入搜索框中查找。关注同行主页了解他们的动态，在他们的页面关注点赞或者发表评论的人，选择可能是对产品感兴趣的加为好友。通过"搜索好友"用E-mail、Skype Cloud、Yahoo等方式将老客户加为好友。当通过一些其他途径找到一个潜在客户，但信息又不全的时候，可以用Facebook搜索一下，有非常大的概率可以搜索到此人，能不能找到邮箱不确定，但是可以对此人除工作之外的一面进行了解，掌握其喜好、兴趣和性格等，从而用合适的方式来沟通、跟进客户。

同时，Facebook是一个即时聊天工具，有视频、语音聊天等功能，方便我们和客户进行沟通。

### 3. 客户开发心得

开发客户时需抓住"关联"，用户的简介、联系方式中会有其现在所在公司、以往工作过的公司，可以对目标客户公司加关注，通过其他途径找到公司关键联系人的联系方式。通过查看客户好友，看是否有我们要找的目标客户。目标客户点赞的客户也可能是我们的目标潜在客户。此外，同样需要关注帮目标客户点赞的人。通过加入小组，观察小组动态，找寻小组成员中是否存在目标客户。没有准确联系方式的，可以通过 Google、Linkedln 等方式结合起来查找。

与潜在目标客户加为好友后，从朋友做起，中间需掌握好"火候"，先熟悉并建立信任后，再介绍公司和产品，请求其介绍关键联系人，或者潜在客户本人接受并且对我们产品感兴趣。

Facebook 具有营销传播速度快、范围广、互动性和体验性强、影响力大、成本低、精准性、真实性等特点，因此 Facebook 运用到外贸销售中已成为一种必然趋势。

### （三）Google+ 的外延寻找

#### 1. Google+ 的介绍

Google+ 是 Google 的一个外延，本质是一个 SNS 社交网站，其注册用户大约有 22 亿人，月活跃用户有 1.5 亿人。使用 Google 账户登录，在上面可以跟不同兴趣的好友分享好玩的东西。Google+ 的亮点在于朋友和熟人的圈子，从推荐的来自 Gmail 或者 Google 联系人中，选择其并拖到圈子里。其特点是可以按不同的圈子组织联系人，如家庭成员、同事、大学同学等，并在小圈子里分享照片、视频及其他信息。这点非常好，如果有业务员操作多种产品，就可以每种产品建个小圈子，然后在里面发布信息和更新，这样互不影响，也显示出专业性。

Google+ 还支持视频聊天功能，只要参与者不超过 10 人，就可以用它开视频会议。

#### 2. Google+ 找客户的方法和技巧

（1）查找和加入 Google+ 社群

可以加入 Google+ 社群，以便找到与自己有共同爱好的人。这些社群有的可能需要在获得批准后才能成为社群成员，有的则不用，这具体取决于社群的类型。

要寻找适合自己的社群，可以搜索关键词，或者参考系统根据自己的兴趣和热门程度为自己推荐的社群。

在此社群中聚集了志趣相投的一群人，其中很大一部分人都有可能成为自己的潜在客户。查看群内成员，了解其相关信息和背景并展开互动。

（2）在 Google+ 上发布某些信息

在 Google+ 上，可以分享自己撰写的信息、照片、链接和自己的位置。另外，可以利用圈子选择哪些人可以看到自己分享的内容。Google+ 用户可以通过电子邮件地址分享信息。如果通过电子邮件地址与他人分享信息，那么对方会收到一封电子邮件，其中包含自己分享的内容或者是指向该内容的链接（除非他们选择拒绝收到这类邮件）。如果他们与别人分享该电子邮件，那么自己未直接分享的对象也能看到相关的内容。

如果将某条信息在 Google+ 中置顶，则该信息将始终在个人资料的信息标签中置顶，而且需要注意的是，只能将公开的信息置顶，一次只能置顶一条信息。

（3）Google+ 的其他功能

Google+ 将 Google 的在线产品整合，以此作为完整社交网的基础，所以用 Google+ 的一大好处就是 Google 的其他产品也可以结合使用，非常方便。

Google+ 有几个功能比较有用，特别是在聊天方面十分有利。

圈子：分享信息受众的分类管理，不同的圈子分享不同的信息。

视频群聊：可以让用户同时最多跟 10 个人进行免费视频聊天。当用户聊天时，每个交谈对象都会出现在小盒子中，说话的人则会出现在顶部的大窗口中。

Google Earth：得到客户地址后可以精确定位，客户公司附近的地理信息将一目了然，对客户的背景信息会有更加直观的认识。

YouTube：可以将公司或产品视频上传，得到网址后，发布在各个社交网站，也可以发给客户看，避免直接传输的麻烦。

Gmail：因为这是 Google 的产品，而国外的客户使用 Gmail 邮箱又是如此的普遍，所以作为外贸业务员，注册 Gmail 账号是必需的。注册后，如果得到客户或潜在客户的 Gmail 邮箱，系统会直接提示是否加入圈子。加入后，还要点进客户的 Google+ 页面一探究竟，对客户多了解一点。

云端硬盘：云端硬盘可以上传公司简介、产品目录、图片等信息，发送邮件，添加附件，或是分享给客户，也能解决万一外出没带电脑、没带资料的窘境，同时可以将资源一键同步到 Facebook、Twitter 和 Google+ 等。

博客：可以在博客上面去发表软文等类型的文章，同时将 Facebook、Twitter 等链接到博客。

3. 客户开发心得

与其说 Google+ 的资源广泛，不如说 Google 的资源广泛，作为全球第一的搜索引擎，它已经渗透到了世界上大多数国家。也就是说，绝大多数潜在客户都在使用 Google 进行信息搜索。而作为外贸从业者，信息的灵敏度对我们而言是至关重要的，所以在资源上，要达到和目标客户起码对等的程度，才可能在信息的把控上超越客户，为自己赢得更多的机会和有利局面。

从社交过渡到商务，从本质上来说 Google+ 是一个社交平台，人们注册、应用更多为了娱乐而不是完成商业目的，尽管 Google+ 也支持创建信息页来进行公司或产品推广。但既然带有社交性质，一开始就不要太过直接地表明自己的真实销售目的，否则可能会引起客户的反感，所以自然过渡是一种比较理想的做法。

可以先看看与对方有没有共同关注的社群，在彼此之间找到共同话题消除陌生感，然后逐步过渡到业务上。这样做可能会稍微多花一些时间，但第一印象在人际交往中具有首因效应，起到为今后的接触定下基调的作用，所以马虎不得。

# 第八章 大数据环境下跨境电商运营管理创新

## 第一节 大数据环境下跨境电商物流运营管理创新

### 一、EDI 在跨境电商物流中的应用

#### （一）EDI 的概念

由于电子数据交换技术是一项比较新的技术，人们对它有不同的理解，所以，有关电子数据交换的定义就有多种。从跨境电商物流的角度看，EDI 是将与贸易有关的运输、保险、银行和海关等行业的信息，用一种国际公认的标准格式进行编制，并通过计算机通信网络，实现各有关部门或公司与企业之间的数据传输与处理，并完成以贸易为中心的全部业务过程。

EDI 经常被简单地看作用电子单据取代纸张单据的方法，用电子传输的方式取代传统的传输方式，如邮寄、电话或人工投递等。然而 EDI 更是一种电子数据输入取代人工数据输入的方法，一种用电脑处理数据取代人工处理数据的方法。

EDI 的目的不是消除纸张，而是消除处理的延误以及数据的重复输入。

关于 EDI 的严格定义，国际数据交换协会（IDEA）给出的定义基本上可以概括其全部的主要特征：通过电子方式，采用约定的报文标准，从一台计算机向另一台计算机进行机构化数据的传输就可以称为电子数据交换。

该定义基本上涉及了 EDI 概念的要素。它提到了"结构化数据"，实际上指出了用于交换的数据是处于一种可以运用电子计算机进行处理的格式，而非处于一种非结构化、自由文本的格式。所谓结构，就是必须具有一定的框架，根据一定的标准进行组合，以达到利用某种方式可以对之进行操作的目的。

#### （二）EDI 的特点

EDI 的使用对象是不同的组织之间；EDI 传输企业间的报文是企业间信息交流的一种方式。

EDI 所传送的资料是一般业务资料，如发票、订单等，而不是指一般性的通知。EDI 传输的报文是格式化的，是符合国际标准的，这是计算机能够自动处理报文的基本前提。

EDI 使用的数据通信网络一般是增值网、专用网。

数据传输由收送双方的计算机系统直接传送、交换资料，不需要人工操作。EDI 与传真或电子邮件的区别是，传真与电子邮件需要人工的阅读、判断、处理才能进入计算

机系统。人工将资料重复输入计算机系统中，既浪费人力资源，也容易发生错误，而EDI不需要再将有关资料人工重复输入系统。

### （三）EDI 对企业的作用

#### 1. EDI 正在成为企业生存的支柱

在美国，EDI 在许多行业很受欢迎，如汽车制造业、石油和天然气、化工、铁路、仓储、海运、医药、零售、杂货等行业，一般企业都希望贸易伙伴采用 EDI 方式，而且这种发展的势头还在继续，在某些行业中它已成为一种必备条件、一种行业的规范，特别是在跨境电商物流中。因此，许多公司开始相信，他们除了开通 EDI 外，别无选择。

当 EDI 应用在这些行业中持续增长的时候，这些行业中还没有使用 EDI 的公司开展业务的能力就大大减弱，这就促使他们为了维持与行业中其他公司的业务联系也加紧采用 EDI。从 EDI 的发展历史中可以发现，自从 EDI 被采用以来，运用 EDI 的企业（往往是一些大企业）就一直在对他们的贸易伙伴施加压力，要求他们加入 EDI 的潮流中来。随着 EDI 应用的发展，这种压力也越来越大，同时从应用 EDI 中得到的好处也在持续增长。

这种趋势表明，如果一家公司到现在还没有被贸易伙伴要求开通 EDI 的话，那么它的业务在不久的将来就会受到影响。这就是说，尚未开通 EDI 的公司只有两种选择，一种是主动开通 EDI，还有一种就是被动开通 EDI。采用第一种选择可以使开通工作受到的阻力减少，也能使企业从 EDI 中得到更大的好处。

被动开通往往受到时间的限制，以致不能考虑怎样有效地与其他系统连接 EDI，从而也限制了从 EDI 中得到的好处。一般来讲，EDI 要求公司内部处理程序变化，这就需要时间来使职工接受这些变化，因此，按照自己的日程表来开通 EDI 总比按照别人规定的日程表要好。

综上所述，在 EDI 迅猛发展的今天，它已经成为企业赖以生存的支柱，没有 EDI，企业必将被市场淘汰。企业有了 EDI，将有助于改善企业在激烈竞争中的市场地位，使企业处于主动、有利的地位。

#### 2. 为企业节省成本

EDI 帮助企业节约成本是由以下几个途径进行的。

（1）降低单据处理成本

EDI 主要通过减少或消除以下工作来降低单据处理成本：①重复输入大量繁冗的信息。②人工核对不同的单据（如订单、收据、发票）。③纠正由于不正确的数据输入导致的差错。④单据的排序、分类和归档。⑤单据的邮寄。

（2）降低人事成本

由于采用 EDI 后，不用重复输入数据，消除了人工核对，降低了纠正错误所耗的时间，免去了管理岗位上的专职人员，减少了公司的人员，或重新安排人事，从而降低了人事成本。

（3）降低库存成本

通过 EDI 的应用可以节省的另一种成本是库存成本。EDI 缩短了交易时间，缩短了订货周期，同时减少了订货周期中的不确定性。

（4）其他成本的降低

由于 EDI 可以迅速提供精确的信息，因此，可以更好地进行运输管理，从而达到降低运输成本的目的，特别是减少加急货运的成本。例如，美国一个公司在开通 EDI 的头两年中，每年降低货物运费 5%，减少加急货物运费 5%。

EDI 还通过减少含有差错的商业单据和遗失单据的数量来降低差错成本。一般来说，商业单据的一个差错就会导致巨大的经济损失，特别是在国际贸易中损失更大。由于 EDI 减少了同一信息被输入不同计算机系统的次数，从而减少了产生差错的可能性，不需要重新输入，也就没有新的差错产生。EDI 软件中的编辑检验功能，能在数据输入阶段就发现产生的差错。EDI 的功能性数据会自动传递"已接收"给发送信息的一方，这就让发送方及早了解到单据已被接收，这样就不会因单据遗失而导致整条生产线的关闭。尽管 EDI 不会消除所有的差错，但它可以更早、更经济地更正差错。

3. 改进企业内部的操作

在开通 EDI 之前，必定要对企业现行的操作流程进行梳理。换言之，在用电子数据交换系统取代纸张单据流通之前，纸张单据流通的过程和原理必须先搞清楚，这就提供了一个总结和检查现行操作流程的机会。这一步经常使许多企业第一次严谨地审视自己，在这一总结和检查的过程中，往往会发现一些不合理的程序、一些操作管理上的漏洞或潜在的危险，这样就可以重新设计业务流程，改进内部操作，堵塞漏洞。

EDI 的使用，不仅改善了内部管理和操作，也有助于提高人的工作效率。这是因为 EDI 消除了大量通常用在准备单据上的管理工作，为人们腾出时间用于更有效的工作。例如，一个采购部经理过去要花 80% 的时间用于纸张单据的操作，而只有 20% 的时间用于采购。现在，他可以把绝大部分的时间用于真正的采购、找货源和谈判等方面。EDI 消除了许多订单上的问题（如不正确的信息、单据遗失等），使买卖双方都节省了许多管理方面的时间与精力。

4. 改善客户关系

通过 EDI，用户可以极大地提高对客户的服务水平，而且由于 EDI 的快速响应能力，实实在在地提高了销售量及 EDI 快速传递订单的能力，使用户能迅速调整在市场中的位置。许多企业家都认为，EDI 实际上延伸了组织的界限，把贸易伙伴也包括进来。这种由 EDI 产生的联系，是非常有利于加强贸易伙伴之间关系的。

5. 提高企业国际市场竞争能力

EDI 可以帮助企业适应当今全球市场的需要，有效地提高企业在国际市场上的竞争能力。旧的通信方式限制了企业的竞争能力，它们不能提供企业所需要的高效率，不能适应全球商务与物流的快节奏需要。而 EDI 可以使企业与制造商关系更加紧密，同时改善国际贸易单据的流通，有效地帮助公司适应这种快节奏。

由于市场分割的增加，产品生命周期的缩短，制造商们有必要对快速变化的市场做出响应。现在有了 EDI 以后，国际上流行起一种叫作产品／工序同时开发的方式，这种方式使得采购、营销工程、制造等部门能迅速地对报价的询问、工程草图、模型及生产图纸等做出反应，产品的设计与工序的开发可以同步进行，这就大大缩短了产品的生命周期。

## 二、条码技术在跨境电商物流中的应用

条形码与 EDI 一样均属于高科技的产物，是现代信息科学发展的又一个重要的技术服务手段。条形码自动识别技术（简称条码技术），以简便、快速、准确、成本低、可靠等特点，为 EDI 提供一个清晰、简便、国际通用、标准化的信息识别手段，被称为 EDI 的眼睛。条码技术工作组为 EDI 提供了技术上、组织上的保障。由此可见，EDI 与条码技术二者相辅相成，二者的联手服务为跨境电商物流的发展提供了手段。

### （一）条形码的概念

条形码是一种信息代码，由一组宽度不同、反射率不同的条和空按规定的编码规则组合起来，用以表示一组数据的符号。这种黑色的、粗细不同的线条表示一定的数据、字母信息和某些符号。条形码一词来源于英语的"bar code"。人们根据其构成图形的外观结构称其为"条码"或"条形码"等，它是一种用光扫描、阅读设备识读并使数据输入计算机的特殊条码。

### （二）条形码的种类

#### 1. 一维条码

一维条码只是在一个方向上（一般是水平方向）表达信息，而在垂直方向则不表达任何信息，其一定的高度通常是为了便于扫描器对准。一维条码的应用可以提高信息录入的速度，减少差错率；但是一维条码也存在一些不足之处，如：数据容量较小，一般为 30 个字符左右；只能包含字母和数字；条码尺寸相对较大（空间利用率较低）；条码遭到损坏后无法被阅读等。

#### 2. 二维条码

所谓二维条码，简单地说就是将一维条码认存储信息的方式在二维空间上扩展，从而存储更多的信息，从一维条码对物品的"标识"转为二维条码对物品的"描述"。使用二维条码可以解决如下问题：表示包括汉字、照片、指纹、签字在内的小型数据文件；在有限的面积上表示大量信息；对"物品"进行精确描述；防止各种证件、卡片及单证的仿造；在远离数据库和不便联网的地方实现数据采集。

### （三）条形码的优势

条码技术与其他自动识别技术相比，具有以下优越性。

（1）可读性高。如果印刷的条码不超过有关规定的误差范围，那么其首读率几乎

可达到100%。

（2）可靠性高。如果增强软件能力，条码识别可靠性更高。

（3）经济性好。

（4）具有点对点性。用于不同过程中的不同点上，条码技术可以被反复不断地扫描。

（5）信息对应性强。在社会生活中和对外贸易过程中，大量的信息是针对某一确定物品的，离开了物品，信息本身就失去意义，如商品的尺寸、重量等。由于条码可以印刷在各种商品的包装物上，所以，使物流信息和物流的对应性得到较完美的解决，而不会发生混乱。

（6）柔性强。条码具有特殊的灵活性，如条码标签可以用各种扫描装置识别；可以外购或由客户直接将条码印刷在加工件、运输包装件上；用户印刷条码标签可以用点阵式、热传导式、热敏式、激光或喷墨等各种印刷机械实现，只需要配以简单的应用程序。

### （四）条码技术的应用

#### 1. 大型超级市场和购物中心

超级市场中打上条码的商品经光笔扫描，自动计价，并同时做销售记录；公司可用这些记录做统计分析、预测未来需求和制订进货计划。条码技术的推广使得我国的零售业特别是贴近消费者生活的大型卖场、连锁超市和便利店得到了极大的发展。由于这项技术的采用，产品的生产、配送和销售等供应链各环节之间得到了有效的配合，逐步完善了贯通整个物流全过程的数字化、信息化建设，使得大量繁杂的商品交换实现了有序化的管理，大大提高了各环节间数据交换的准确性和可控性。

#### 2. 生产制造领域

条码技术已从在物流中的应用进一步发展到高层次的柔性制造系统。所谓柔性制造系统，是指将市场信息分析、设计、制造、检验、库存、商务管理、包装运输、销售都包含在内的适应市场变化的，实现企业信息共享、全面提高效益的计算机一体化制造系统。处理大量实时性、批量处理方式的数据，是柔性制造系统顺利运转的基本要求。目前能够满足这种信息处理要求的信息媒介就是条码，随之产生的自动识别方法就是条码技术。条码技术在柔性制造系统中主要用于以下方面：物质的储运、废次品运输与处理；工序控制和生产配装跟踪；机械手控制；再加工；检验测试和质量控制；工具跟踪管理；单据反馈控制；物品识别与分类；库存控制；市场信息分析及经营决策；订货管理等。

#### 3. 货物的分拣

（1）机场通道的应用

当机场的规模达到一个终端要在2小时内处理10个以上的航班时，就必须实现自动化，否则会因为来不及处理行李导致误机。当一个小时必须处理40个航班时，实现自动化就是必不可少的了。在自动化系统中，将条码标签按需要打印出来，系在每件行李上。根据国际航空运输协会（IATA）标准的要求，条码应包含航班号和目的地等信息。当运输系统把行李从登记处运到分拣系统时，一组通道式扫描器（通常由8个扫描器组成）

包围了运输机的各个侧面：上下、前后、左右。

扫描器对准每一个可能放标签的位置，甚至是行李的底部。为了提高首读率，通常会印刷两个相同的号码，互相垂直于标签上。当扫描器读到条码时，会将数据传输到分拣控制器中，然后根据对照表，行李被自动分拣到目的航班的传送带上。

（2）货物通道的应用

在美国有三个最大的邮包投递公司，即联邦快递、联合包裹服务和国际速递有限公司。它们每天要处理大约 1700 万件包裹，其中 700 万件是要在 1～3 天内送达的快件。这些包裹的处理量之大难以置信，而且数量还在不断增加，运输机系统变得更复杂，处理速度比以往更快。

包裹运输公司不能像制造厂家那样决定条码的位置，因为包裹在传送带上的位置是随机的，且以 3m/s 的速度运动。为了保证快件及时送达，不能采用降低处理速度的办法。

人们面临的问题不是如何保持包裹的方向，使条码对着扫描器，而是如何准确地阅读这些随机摆放的包裹上的条码，解决的办法就是扫描通道。几乎和机场的通道一样，货物通道也是由一组扫描器组成。全方位扫描器能够从所有的方向（上下、前后和左右）上识读条码。这些扫描器可以识读任意方向、任意面上的条码，无论包裹有多么大，无论运输机的速度有多快，无论包裹间的距离有多小。所有的扫描器一起运作，决定当前有哪些条码需要识读，然后把一个个信息传给主计算机或控制系统。

货物扫描通道为进一步采集包裹数据提供了极好的机会。新一代的货物通道可以以很高的速度同时采集包裹上的唯一条码标识符、实际的包裹尺寸和包裹的重量信息，且这个过程不需要人工干预。因为包裹投递服务是按尺寸和重量收费，这些信息对计算营业额十分重要。通过货物通道可以准确高效地获取这些信息，以满足用户的需要。

4. 在跨境电商领域的应用

由于条码技术的优势，其在跨境电商中的应用范围十分广阔，也很复杂。具体包括以下方面：（1）进出口货物的订货业务。出口商品进入仓库的检查验收处理、商品检查验收及外发、商品在库内的保管等，均采用条码技术进行识别、标签、定位入格等。（2）大型国际配运／加工中心的货物分拣。采用条码技术进行识别分拣、贴签、存放、再出库。（3）外贸商品检验。采用条码技术对拣货单进行扫描，再检验。（4）海关、银行均可采用条码技术。（5）国际出口单证业务采用条码和 EDI 处理，能更加高速化、准确化。

5. 在物料搬运业中的应用

20 世纪 70 年代，美国的凯洛格（Kellogg）公司生产 50 多种产品，每天仅发送麦片就多达 7 万余箱。所有的产品均由生产地运送至仓库，再码成托盘，然后由铁路发送出去。随着公司的壮大，生产线增加到了 70 多条，如果对 70 余种不同的产品进行人工码盘作业，就必须扩大场地，增加人员。解决的办法就是采用自动码盘系统，并实现货物的自动分拣。为了实现自动分拣，需要在货物包装箱上贴上打印好的条码，并在每个分拣点安装一台条码扫描器。当然，还需要安装一台计数器，用以统计通过货物的数量。可见，采用条码技术是唯一可行，也是极其简单的方法。

由上述可知，条码技术是一种通用性很强的技术，除商品领域外，还可应用于工业自动化领域中零部件的信息描述及加工指令的输入、邮件自动分拣、图书资料细目和借阅的自动化，以及仓储、货运、票证、医院和血库等其他许多领域。

### 三、射频识别技术在跨境电商物流中的应用

#### （一）射频识别技术的含义

RFID 是射频识别技术的英文缩写，简称射频技术，又称电子标签。射频识别技术是20 世纪 90 年代开始兴起的一种自动识别技术，射频识别技术是一项利用射频信号通过空间耦合（交变磁场或电磁场）实现无接触信息传递，并通过所传递的信息达到识别目的的技术。

#### （二）射频技术原理

射频技术的基本原理是电磁理论，其优点是不局限于视线，识别距离比光学系统远，射频识别卡具有读写能力，可携带大量数据，难以伪造，且有智能。

近年来，便携式数据终端（PDT）的应用多了起来，它可将那些采集到的有用数据存储起来或传送至一个管理信息系统。便携式数据终端一般包括一个扫描器、一个体积小但功能很强并带有存储器的计算机、一个显示器和供人工输入的键盘。在只读存储器中装有常驻内存的操作系统，用于控制数据的采集和传送。PDT 存储器中的数据可随时通过射频技术传送到主计算机。操作时先扫描位置标签，货架号码、产品数量就都输入到 PDT，再通过 RF 技术把这些数据传送到计算机管理系统，最后得到客户产品清单、发票、发运标签、该地所存产品代码和数量等。

#### （三）射频技术的应用

##### 1. 商品出库与入库

商品配送中心所派车队进入仓储中心时通过门禁、阅读器读取到射频标签信息并在仓储中心系统显示此时车队所载物资为空。车队装载物资完毕离开仓储中心时再次通过门禁，物流系统将出库物资信息写入系统数据库中并上报给物资配送中心，这样就等于射频标签承载了其所运物资的相关信息，自动完成物资出库，此时运送物资的车辆和物资进入在途状态。运输车队到达仓库时再次通过门禁，阅读器读取到射频标签中的信息后传输给仓储中心系统，系统即显示待入库物资的相关信息并写入数据库，自动完成物资入库，并上报给物资配送中心，通知配送中心配送任务已经完成。

##### 2. 存储与库存盘点

在仓库里，射频技术最广泛的应用是存取货物与库存盘点，它能用来实现自动化的登记、存货和取货等操作。在仓储管理中，通过将供应计划系统与射频识别技术相结合，能够高效地完成各种操作，可增强作业的准确性和快捷性，提高服务质量，降低成本，

减少物流中由于偷窃、损害、出货错误等造成的损耗，实现快速供货并最大限度地减少储存成本。

### 3. 运输跟踪

在运输管理中，通过在货物和车辆上贴 RFID 标签，完成设备的跟踪控制。接收装置收到 RFID 标签信息后，连同接收地的位置信息上传至通信卫星，再由卫星传送给运输调度中心，送入数据库中。利用射频技术可准确、迅速地完成配送任务，并实现对在途物资的跟踪。在物资运输期间，物资配送中心根据发 / 收物仓储中心上报的数据可知在途物资的名称、品种和数量等信息，达到在途物资的可见性。

### 4. 物流配送

在配送环节，采用射频技术能大大加快配送的速度和提高拣选与分发过程的效率与准确率，并能减少人工、降低配送成本。到达中央配送中心的所有商品都贴有 RFID 标签，在进入中央配送中心时，通过一个阅读器，读取托盘上所有货箱上的标签内容。系统将这些信息与发货记录进行核对，以检测出可能的错误，然后就 RFID 标签更新为最新的商品存放地点和状态。这样就确保了精确的库存控制，甚至可确切了解目前有多少货箱处于转运途中、转运的始发地和目的地，以及预期的到达时间等信息。RFID 技术可以实现合理的产品库存控制和智能物流技术。借助电子标签，可以实现商品对原料、半成品、成品、运输、仓储、配送、上架、最终销售，甚至退货处理等环节进行实时监控，使整个供应链管理透明而高效。

## 第二节 大数据环境下的跨境电商平台与企业运营模式创新

### 一、大数据环境下跨境电商发展的影响因素

#### （一）企业内部的因素

作为网络贸易的成功结合，跨境电商的成功，与整个企业的设施机构等支持是离不开的：企业的网络设备发达、企业成员对网络研究透彻、对电商企业能够进行一系列的研究。在国际贸易的不同时期，电商有着不一样的用途，所以对电商网站有着不一样的要求。要求网页的加载速度和稳定性、对于物品的信息全面、对于各类消息的及时更新、与客服联系的简便、能够在线对订单操作、提供厂商信息、共同研讨客户的意见、有资料库、对客户的意见认真对待。

跨境电商可以说是对外贸易与信息技术结合的产物，正是这两种元素的结合，决定了跨境电商的发展必须要有一定的基础条件，即企业的内部应该要具有一定的信息基础设施，为跨境电商发展做出支持和保障。在企业内部运营过程中，信息化程度对跨境电商的发展有很大的影响，而且企业内部员工的技术与素质以及企业的信息系统、维护技术等，都直接决定了跨境电商的发展态势。

### （二）外部营销因素

了解国外客户的网购习惯，能够让自己的网站更加容易被大众发现并使用。进行这样的模式，能够使自己的公司产业在世界里展现出来，通过电商达到企业登上世界舞台的目的，达到拥有世界客源的目标，对于客户需要什么，公司应该时刻关注。对外贸易的企业，尤其是主打欧美市场的，欧美国家的电商发展得较为完善，他们更加喜欢利用电商交易。所以大部分用户都偏爱网购，所以对外贸易的公司也应该加快自身电商的发展。对外贸易的公司应该完善自身电商的各个环节，如若不完善，将会无法在海外市场立足。

企业在跨境电商中发挥了十分重要的作用，企业是制定电子商务营销战略的主体，为了满足国外更多客户的需求，企业必须要加强对国外市场的了解，并且要对这些信息进行综合，从而获得更加全面的消息，设计出更多适合国外消费者的产品，促进企业营销水平的提升。由此可见，外部市场环境对跨境电商的发展也有一定的影响。

### （三）领导层决策因素

对开展跨境电子商务的企业而言，领导者的决策对企业的发展也有十分关键的影响，企业的领导者决策是跨境电商能否正常发展的重要保证，尤其是对一些中小企业而言，企业的决策者的任何一个决策，都可能会导致企业飞速发展或者受到影响。上层领导的决策标志着电商的成功与否。对于中小企业来说，国际环境过于庞大，在电商发展需要明确的方向、对于世界的市场拥有一个智囊团，如建立电商的网络平台，应该对客户的需求来进行建立，在世界已被认可的平台进行推广。领导不应该只是口头的认可，也应该积极参与对于各项方针的表决中去，对外贸易的企业还应该时刻关注国际贸易的动向，了解各国用户喜欢什么，对于国际市场的动向一手掌握，在对于方针决策上要拥有全方位的眼光，看向世界，不断创新。因此，企业的领导者必须要加强对跨境电子商务行业的了解，对市场进行分析，才能做出更加科学的决策。

### （四）运用大数据深耕跨境电商

对许多企业来说，以前企业仅仅使用来自交易产生的数据报表，但随着大数据时代的到来，大量来自网络的数据迎面而来，一部分企业将这些数据拥有并利用，来提高自身经营效率。绝大多数电商希望能够利用所谓的大数据，使得企业得到进步，他们投入大量资金对大数据进行研究，结果却不尽如人意，大数据仍然停留在云端，并没有带来多少现实的收益。将国内现有的企业对大数据的使用进行总结归纳，研究先进企业的案例后，我们发现，如果有理化使用大数据来进行自我的发展，我们接下来从四个方面进行描述：大数据用于企业对外销售、大数据用于对内管理、大数据用于上层领导的方针以及大数据用于产业和核心技术。

#### 1. 大数据用于对外销售

与过去的死缠烂打或者等鱼上钩的模式相比，大数据下的销售模式在各个方面都有优势。大数据的销售是在基于各种用户数据研究下的结果，影响消费者的心理，在消费者购物前，直接影响其对目标商品的选择。大数据的销售模式除了帮助顾客选择自身所需的商品，使顾客购物方便快捷。它还具有以下功能：

（1）实现渠道优化

从网络上的数据中了解从何种渠道能够吸引更多的客户，哪种来源的顾客的购买数量比较多，是不是所需的目标顾客等，从而将各种资源有理化地投入所需要的市场中去。例如，豪车的经销商，对客源的追寻，来对网络渠道中的商品资源进行改变，如官方网站、搜索和博客的投放。

（2）精准营销信息推送

客户在互联网对于商品进行搜索查看后，其浏览记录将会留在数据库，企业希望能够得到这些重要的数据。一些企业通过对这些数据的收集研究，按照消费者自身的要求来进行发展，找寻自己的顾客，然后根据这些，对于万千个体顾客进行消息推送。比如，网络服装品牌七格格，他通过对微博里的用户评论，日常搜索来进行数据分析，将一部分可能对其产品有兴趣的用户归纳在一起，对他们实行信息的推送。

2. 大数据用于内部管理

相比大数据销售，大数据在企业的自身管理中，对企业自身的数据库以及对于数据的收集和分析要求也是极高的。将企业的大量对外贸易数据以及企业自身内部管理决策数据有理化地相结合，在对其经行专业的研讨分析，对于提高企业内部运营效率的大数据应用包括：

（1）优化自身商务网站

利用大数据所提供的信息来改变自己的网络平台。了解消费者对网络平台的使用习惯以及对网络平台外观的要求，来不断完善自身的网络平台。

（2）改进店内运营

关注客户对自己网站的评论，研究客户在评论中所表达的需求。了解客户需要什么，利用大数据进行各方面的条件进行研究。最终将自身对于环境客户的了解情况达到极致。

（3）提升顾客忠诚度

如优衣库利用大数据来研究客户的忠诚度，如一次购买多种产品的客户类型以及顾客减少的标志，如曾经进入网站，仅仅是看了看就离开的，然后对此进行一系列的措施，对于可能成为老顾客的人，推动其购买的决心，对于可能减少的顾客，则提高优衣库在其内心的印象。

（4）帮助企业进行商品需求预测

淘宝上的化妆品电商，通过网络顾客对化妆品品牌的搜索量来决定是否销售该品牌的产品。

（5）提升供应链效率

农夫山泉综合各地区需求、路费、天气、配送范围、季节、不同地区的价格、各地人工成本、突发情况等场景来决定每个地区分配多少产品，对线路的指挥，资源的去向，最大限度地节约物流开支。

（6）改善顾客服务

一些电器企业通过大数据了解自身产品的有关性能，及时掌握故障前兆，为顾客提供贴心准确的服务。

### 3. 大数据用于领导层决策

在大数据时代，企业将面临各种来自网络世界的信息，能否深刻地研究使用这些信息数据，这将成为企业优势的一项前提。利用大数据对外贸易和利用大数据对内管理，对于将大数据进行合理的收集分析是更难的。因为它需要一种对数据依赖的习惯，已经有少部分的企业开始进行试验。比如国内某些金融机构，在展现出新的金融产品时，会尽可能地分析该产品的实际效果、将会有多少顾客、各种交易数据和价格数据等，最后才决定是否出售这类产品。但是，研究表明，目前中国利用大数据进行决策的企业少之又少，大部分的企业领导进行表决时，依旧习惯利用过去的经验以及自己的直觉。

### 4. 大数据用于产业和核心技术

创新驱动：大数据分析推动企业在产品和服务上的创新，满足市场新需求。

技术优化：企业可以利用大数据优化现有技术，提高产品质量和性能。

研发管理：大数据有助于企业在研发过程中实现资源的合理分配和项目的高效管理。

产业分析：通过对整个产业数据的分析，企业能够更好地定位自己在产业链中的位置，寻找新的增长点。

## 二、大数据环境下的商业价值和商业模式变革

### （一）大数据的商业价值和数据经济

#### 1. 大数据的商业价值

大数据已经作为一种新的生产要素融入经济生活中，就像资本、土地和劳动力一样重要。信息要素全面升级，数据变成整个经济社会的核心，大数据涵盖了技术和商业两个方面：技术方面，计算机技术的出现以及迅速发展使得数据的产生与存储大大的提高；商业方面，大数据能够提供服务创新的机会，通过更好地服务企业可以获得更多的效益。在网上用户的每一次浏览、点击和评论都是搜集大数据最好的来源。这些数据链接起来，通过相互的信息关联和互动并加以分析，成为具有商业价值的商品，数据服务成为新兴产业。

#### 2. 大数据的数据经济

大数据在客户管理、运营决策、商品策略、产品个性化设计、服务内容、精准营销、供应链优化等方面改革传统商业模式。DT（数据经济）时代下的商家，需要学会利用数据提升运营效率和商业沟通效率。大数据驱动商业服务有三个核心关键点，分别是数据获取、数据分析和数据产品。传统外贸商业模式重视展会和客户体验，参展和拜访客户的成本高，新客户开发慢。传统外贸商业模式下数据获取渠道有限，缺少专业的数据收

集、整理和分析人员，统计数据又相对宏观，利用价值有限，非常不利于市场和产品开发。大数据背景下的商业运作则是专人动态跟踪数据，时时关注产品、消费行为、商家行为等数据。基于大数据的商业运营关键还在数据整理和分析，传统外贸商业模式是用经验做数据管理和分析，主观性强，缺少科学严谨性，而智慧商业运营模式的整个逻辑是倒过来的，通过数据的中间状态和动态变化，指导商业运营决策，这就是传统商业与智慧商业的区别。数据给企业带来的商业价值主要表现在以下五个方面：可以辅助商家进行管理决策，实时监测整个营销活动；优化供应链；精准营销与个性化服务；产品、服务、模式方面的创新；商品策略调整。

### （二）大数据与 C2B 商业模式

C2B 的商业模式是以消费者为中心，以需求为导向形成新型的协同价值链创造体系。C2B 模式的演化在互联网零售业中最为突出，互联网商圈汇聚了大量的、分散的个性化需求，这些需求通过分类、整理、归纳后形成数据生产要素，以倒逼之势，从销售端反馈到价值链的各个环节，促使企业在生产方式和管理方式上改革创新，具备更强的柔性化能力，并进一步推动企业的整条供应链乃至整个产业，形成新型的价值链系统，适应快速多变、高度个性化的市场需求。以消费者为中心的 C2B 模式，其创新和探索目前还只是发生在部分的商业服务环节，全链条的商业模式创新尚处于萌芽阶段。虽然由于行业属性、行业竞争结构存在差异，让 C2B 的特性在不同行业那里得到了不同程度和不同形式的体现，但所有行业的企业，看到的却都是同样的未来：以消费者为中心的商业模式将逐渐取代以厂商（制造）为中心的商业模式，以把握和理解消费者的需求为核心，把消费者引入到生产和设计的过程中来，改革和创新供应链与内部管理系统。

#### 1. C2B 的过去与现在

电子商务是指在互联网、企业内部网和增值网以电子交易方式进行交易活动和相关服务的活动，是传统商业活动各环节的电子化、网络化。自 20 世纪 90 年代初至今，电子商务已经发展了将近 25 个年头。期间按模式的出现时间顺序，电子商务先后经历了B2C（如阿里巴巴）、C2C（如淘宝网、易趣网）、B2C（如天猫网、京东商城、一号店等）三个阶段。而从今年开始，一种新的模式正呈现出方兴未艾的发展势头，这就是 C2B。

这一概念最早在美国流行起来。该模式的核心是通过聚合分散但数量庞大的用户形成一个强大的采购集团，以此来改变 B2C 模式中用户一对一出价的弱势地位，使之享受到以大批发商的价格买单件商品的利益。

#### 2. C2B 的未来：大数据定制

上面的种种 C2B 模式，用户都需要主动参与其中。互动、调研、预售、团购、定制、选配都是主动行为。为了让用户"主动"参与，企业势必要下一番功夫，费一番心思，消耗人力、物力、财力以及时间成本来哄着这些用户玩。那么有没有办法利用高科技，更为智能、更为经济达到这一目的呢？

众所周知，阿里在天猫、淘宝平台上积累了大量交易数据、用户属性数据。通过时下最为流行的大数据分析技术，阿里可以凭借所掌握的数据以及分析成果，去指导这些生产线的研发、设计、生产、定价。这种开创性做法令人耳目一新，因为同样是指导厂家的设计、生产、定价，但用户却是被动地参与这个过程。这是一种用户不知不觉参与的 C2B 模式，可以总结为"大数据定制"。要做到大数据定制必须具备以下几个条件：①有海量的数据；②这些数据能够挖掘出对生产商家有指导价值的结果；③具备挖掘这样的数据的技术能力；④有能力整合生产、流通和销售这些关键环节。

符合以上几点要求的企业其实并不多，甚至可以说是凤毛麟角。这也是为什么只有像阿里巴巴这样规模的公司才敢于尝试。这种方式既能够帮助厂家更好地满足用户的需求，也有助于帮助厂家减少库存、提升销量。规模化的结果是用户和厂家一起瓜分减少的成本。这种 C2B 模式的 C 是全网用户，并不需要兴师动众地组织团购，组织投票，组织调研。

用户在电商平台的所有行为，包括搜索记录、浏览记录、驻留时间、商品对比、购物车、评价数据被天猫全程记录，同时用户的个人资料，如性别、地域、年龄、职业、消费水平、偏好、星座等信息早已被天猫用来进行分析并给出了用户画像。这时候可以对用户进行交叉分析、定点分析、抽样分析、群体分析。将它们沉淀的行业数据分享给厂商，从价格分布、关键属性、流量、成交量、消费者评价等维度建模，挖掘出功能卖点、主流价格段分布、消费者需求、差异化卖点等有价值的信息来指导厂家的研发、设计、生产。大数据挖掘只有通过这种方式才能落地。最终分析的结果，可能是 80% 的用户会购买某种颜色的冰箱，也可能是 20% 的用户在购买泸州老窖白酒时希望买到度数低一些的酒，也可能是一部分购买洗衣机的用户希望厂家能送个外罩。这些结果自然可以帮助到家电进行特别的功能设计。除了指导功能之外，天猫还可以通过地域和时间分析指导生产线不同季节的产量和不同地域的库存。

## 三、大数据环境下跨境电商平台运营模式创新

跨境电商平台是一个"自由，开放，通用，普惠"的全球贸易平台，在这个平台上，全世界消费者可以买全球，中小企业可以卖全球，真正实现了全球化无缝链接。国内 B2B 出口综合平台有阿里巴巴、中国制造网、环球资源等，还有各类行业专业出口平台。同时，Google，Yandex 等涉及跨境贸易有关营销推广的部分搜索引擎、广告类平台属于 B2B 出口平台。阿里等 B2B 平台运营的盈利模式主要还是会员制，搜索关键词竞价、P4P 点击付费、其他贸易增值服务等。B2B 出口平台上的卖家主要是境内的生产商、贸易商，买家主要是境外的贸易商、批发零售商、生产商、网店主等。

Alibaba.com 平台是目前全球最大的跨境 B2B 平台。平台为客户提供商品信息展示、交易撮合的基础服务，并开始打通外贸综合服务模式。阿里巴巴已经初步发展形成国际 B2B（阿里巴巴国际站）、国际 B2C（阿里全球速卖通、淘宝海外、天猫进口）以及国际支付（国际支付宝 ESCROW 与支付宝跨境使用）、物流（菜鸟物流）与外贸综合服务（阿里一达通）等各类应用、平台、服务互动发展的跨境生态圈。

### （一）信息展示平台到交易平台转型

#### 1. 信息展示平台到交易平台转型概况

在电商 1.0 时代，阿里巴巴 B2B 网站作为信息平台帮助不少外贸企业解决了信息的展示和获取问题。随着电商进入 2.0 时代，单纯作为信息通道 B2B 网站难以满足外贸企业的新要求。

2.0 时代，对 B2B 网站的定义是交易平台，这个平台要从以前的信息展示平台转变为承接交易的平台。2015 年，阿里巴巴推出的信保产品就是其转型成果的一个体现。信保依托阿里巴巴平台积累的大数据，为企业提供交易上的权益担保，主要体现在安全性和履约性两个方面，由阿里巴巴进行背书，让买卖双方交易更加放心。如今，阿里巴巴国际站正处于从信息展示平台向交易平台转变的爬坡期。这个转型既包括顶层设计和组织架构的调整，也包括市场策略的转变。

#### 2. 自贸区跨境电商平台运营模式

在自贸区跨境电商交易平台上，零售电商对各企业的跨境商品都要经过严格的查验，并且所有商品在跨境电商平台上都明确标明商品价格、关税以及邮费。跨境电商交易平台不仅与物流企业、支付企业、仓储企业等进行信息对接，还依托于电子口岸信息平台，通过对接公共信息服务平台与税务、海关、检验检疫等部门信息共享。在消费者购买跨境商品后，跨境电商平台将对每样跨境商品进行即时追踪，让消费者可以及时获取商品定位、检验、通关、税收等信息，让跨境交易更加透明化和公开化。

### （二）大数据——跨境商业企业的金矿

实现线上交易平台的功能并非阿里巴巴转型的最终目标，阿里的下一步在于大数据挖掘。按照阿里巴巴的创始人马云的说法，大数据将是未来除了石油之外的另外一块重要能源，将是一个革命性的事物。在以往的传统线下交易模式中，数据是无法积累的，但线上交易却完全可以实现数据积累。当前阿里巴巴已经将数据积累放到了前所未有的高度。"因为数据能体现出企业的信用，而信用最终能转化为财富。""对企业来说，数据将是一个最大的金矿。"这个金矿的价值表现在：一方面，商家可以通过数据获取更多的商业机会，且科学有效地维护自己的客户体系；另一方面，数据还可以转化为物流、金融方面等其他分层分级增值服务的全面支持，助力企业更好、更顺利地展开跨境贸易。

"通过大数据来反哺网站上的买卖双方以及第三方等各个相关者，将是未来五到十年内 B2B 网站的一个发展趋势，这可以称为电商的 3.0 时代"。电商 3.0 时代，阿里巴巴国际站对客户的核心价值将体现在"快、准、省"三大方面。

随着平台交易模式的升级，Alibaba.com 已经计划将信保产品和一达通外贸综合服务平台在全球范围内进行推广，用阿里巴巴平台的力量、经验、资源为全球卖家背书，一方面彻底解决线上交易信任这个核心问题，另一方面也为企业扫除出口、退税、结汇等方面的壁垒。作为专业综合服务平台，一达通可以不断帮助企业解决出口、退税、结汇方面的难题，提高效率，降低成本，同时帮助企业积累数据，沉淀数据。"对于供应商而言，我们的转型升级以及我们对于数据积累的运用将会在未来给供应商带来不菲的价值。"在电商3.0时代到来之时，交易流程透明化无疑是大势所趋，当贸易流程和成本控制不再成为商家的痛点，信息安全却有可能成为很多商家担心的问题。"首先，Alibaba.com是秉承开放、透明、公平这六字原则来进行运营的，从技术层面上阿里巴巴完全有能力确保交易数据的安全。"任何新的变革都需要时间去适应，率先拥抱变化的商家一定很快享受到信息数据的红利，因为阿里巴巴交易平台体系其实是向原有供应商和采购商都开启了一扇彰显自身实力和信用的大门，而开启的大门之外非但不是已有商机流失，反而是更多优质商机的呈现。从平台的定义和属性来看，国际站本身不做自营业务，阿里巴巴国际站转型升级的本质是通过搭建互联网＋外贸的基础设施，建设"外贸生态圈＋交易大数据"，从而为中小外贸企业赋能。

不管是信用体系的培育还是综合配套服务的完善，在大数据模式的驱动下，平台交易化都将是阿里巴巴国际站必须跨越的第一步。平台交易化和全球化是阿里巴巴国际站的长远战略，Alibaba.com将在外贸大数据时代到来之前，完成向交易型平台模式的彻底转型，并让它尽可能覆盖到全球更广阔的市场。

## 四、大数据环境下跨境电商企业运营模式创新

数据最大的一个特征就是，它不再是样本思维而是一个全体思维，大数据不再进行抽样调查、不再分析部分数据，而是尽可能地全面分析所有数据。同样，大数据与跨境电商相结合也不再追求的是"大生产＋大零售＋大品牌＋大物流"，而是基于个性化定制与柔性化生产的供应链的结合。其实大数据不在于数据的大，也不在于数据的多，其核心就在于谁能把手中拥有的数据创造更多的收益价值。对跨境电商市场来说，如果一个跨境电商企业的期望完全来自纯粹的技术层面来对大数据的运用从中获取利益，是对数据资源的一种浪费。任何的大数据最开始都是空洞的数字，只有在商业的领导下，大数据才能帮助跨境电商企业做到全局性和系统性的统一。

### （一）按需定制模式

现阶段下的跨境电子商务处于一种随机选择的状态，企业通过展会、网络等方式来吸引消费者，然后再随机地选择消费者群体。而大数据时代跨境电子商务最突出的一个特点就是对消费者进行个性化需求的满足，也就是按需定制的模式。这种按需定制模式有以下三个特征：①运用跨境电商平台或者社交网络以及移动终端来收集属于消费者有价值的信息，再借助目前正在发展的云技术分析消费者数据，从根本上了解消费者的需求，按需定制个性化产品和服务；②根据消费者的潜在需求，了解消费偏好，按需定制属于消费者自己的产品和服务；③在企业价值链上了解其他企业的情况，共同合作，取长补短，快速地定制定型化产品和服务，更大程度地满足消费者的需求心理。

按需定制模式仍然处于发展的初级阶段，各种技术仍然不完善，但伴随着大数据和数据分析技术的发展，按需定制的模式一定会满足更多人的服务，从而带动消费者的需

求。按需定制模式是精准有效的营销模式，精准且有效的营销和策划一直以来都是跨境电商企业追求利益最大化的有效方法。以云技术为核心的数据分析使得精准的策划和营销成为可能。例如，大数据对广告的精准投放能够起到促进的作用，通过数据的挖掘，然后建立数据库，分析了解每一个消费者的消费心理，最后配以最合适的广告，真正地做到每个客户看到的广告都不一样。

### （二）线上线下结合模式

跨境电子商务的价值链不仅包括实体的价值链，同时还包括虚拟的价值链。在这个信息使用率越来越频繁的时代，虚拟价值链的地位就会越来越重要，对外贸易会逐渐地从实体贸易转向虚拟化。对外贸易实体企业与跨境电子商务的结合实现了线上和线下的结合，对于所处的阶段不同，两者之间的结合也是有差别的，最后也会带来不同的效果。第一阶段，社交软件、移动终端与跨境电子商务平台相结合，实现初步的线上线下结合；第二阶段，消费者的消费习惯迁移，实现线上线下的深度融合。在这个阶段，消费者已经完全适应了线上的购物方式；第三阶段，线上线下资源的全面融合。这种模式影响了消费者的生活习惯，跨境电子商务企业能够利用碎片化的时间来管理好企业，从而能满足消费者的需求。对跨境电商来说，提升用户对跨境电商平台的用户体验是服务的核心。哪个企业能够从用户中占据好的口碑，哪个企业就能占据市场。提升跨境电商平台的用户体验也离不开大数据的支持。当跨境电商行业已经拥有了面对大数据所带来的巨大财富时，意味着数据服务必将成为跨境电商行业发展的趋势，出售数据和相关服务已经成为行业热点。这样的结合便产生了很多处理大数据的公司。比如，E店宝就是专门针对跨境电商的后台，专门做数据分析处理的云计算公司。E店宝的CEO陈涛说"在整个跨境电商甚至是电子商务行业，有一半的企业都在使用我们的产品"，该企业的服务目的就是在于帮助客户搭建专属的数据中心。

# 参考文献

[1] 黄建平，陈忠．跨境电子商务知识 [M]．福州：海峡文艺出版社，2018.08.

[2] 孙东亮．跨境电子商务 [M]．北京：北京邮电大学出版社，2018.11.

[3] 鲁丹萍．跨境电子商务 [M]．第 2 版．北京：中国商务出版社，2018.09.

[4] 张式锋，孙圣涵．跨境电子商务专业英语 [M]．上海：立信会计出版社，2018.01.

[5] 周芳．跨境电子商务网页制作与网站建设 [M]．北京：中国商务出版社，2018.08.

[6] 姚克勤．大数据背景下的跨境电子商务体系研究 [M]．成都：电子科技大学出版社，2018.02.

[7] 许辉，王健总．跨境电子商务操作实务 [M]．第 2 版．北京：中国商务出版社，2019.08.

[8] 代承霞．跨境电子商务物流管理模式创新及发展 [M]．北京：经济日报出版社，2019.06.

[9] 王廿重，李雨佳．跨境电子商务背景下国际贸易实务研究 [M]．北京：北京工业大学出版社，2019.11.

[10] 钟苹著．跨境电子商务与快递物流联动发展研究：以广西北部湾经济区为例 [M]．沈阳：沈阳出版社，2019.01

[11] 徐慧婷，陈志铁．跨境电子商务 [M]．厦门：厦门大学出版社，2019.10.

[12] 王健主．跨境电子商务 [M]．北京：机械工业出版社，2019.10.

[13] 逯宇铎，陈璇，孙速超．跨境电子商务案例 [M]．北京：机械工业出版社，2019.10.

[14] 许辉，张军．跨境电子商务实务 [M]．北京：北京理工大学出版社，2019.11.

[15] 李倩．跨境电子商务 [M]．北京：中国财富出版社，2019.12.

[16] 唐红涛，谭颖．跨境电子商务理论与实务 [M]．北京：对外经济贸易大学出版社，2019.02.

[17] 苏为华，张崇辉，王玉颖．我国跨境电子商务政策效应的统计研究 [M]．杭州：浙江工商大学出版社，2020.03.

[18] 杨楠楠．跨境服装电子商务 [M]．北京：中国纺织出版社，2020.06.

[19] 徐振领．跨境电子商务教程 [M]．北京：旅游教育出版社，2020.08.

[20] 王冰主．跨境电子商务基础 [M]．重庆：重庆大学出版社，2020.07.

[21] 张夏恒. 跨境电子商务概论 [M]. 北京：机械工业出版社，2020.01.

[22] 夏先玉，唐偲祺. 跨境电子商务实务教程 [M]. 重庆：重庆大学出版社，2020.04.

[23] 唐红涛，谭颖. 跨境电子商务实训教程 [M]. 北京：对外经济贸易大学出版社，2020.08.

[24] 郑春贤. 跨境电子商务法律问题研究 [M]. 北京：中国商务出版社，2020.11.

[25] 刘静. 跨境电子商务英语人才的培养研究 [M]. 北京：中国纺织出版社，2021.12.

[26] 王庆年. "一带一路"倡议下的跨境电子商务理论与实践 [M]. 北京：中国商务出版社，2021.10.

[27] 冷玉芳. 工作页式教材·跨境电子商务实务 [M]. 北京：机械工业出版社，2021.09.

[28] 李晓燕. 跨境电子商务实务 [M]. 重庆：重庆大学出版社，2021.12.

[29] 谢蓉. 跨境电子商务发展研究 [M]. 北京：北京工业大学出版社，2021.10.

[30] 孙天慧. 跨境电子商务运营实务 [M]. 武汉：武汉大学出版社，2021.01.

[31] 唐红涛，谭颖. 跨境电子商务实践基础 [M]. 北京：对外经济贸易大学出版社，2021.08.

[32] 曹五军. 跨境电子商务实务 [M]. 北京：北京邮电大学出版社，2022.02.

[33] 周庭芳，周娜，赵国庆. 跨境电子商务实务 [M]. 重庆：重庆大学出版社，2022.07.

[34] 董彦龙，吕华，葛婉玲. 跨境电子商务概论 [M]. 北京：中国商务出版社，2022.06.

[35] 王庆年. 光明学术文库·经济与管理书系·区块链＋跨境电子商务理论与探索 [M]. 北京：光明日报出版社，2022.10.

[36] 汪新兵. 跨境电子商务系列精品教材. 跨境电商选品维度与技巧 [M]. 重庆：重庆大学出版社，2023.03.